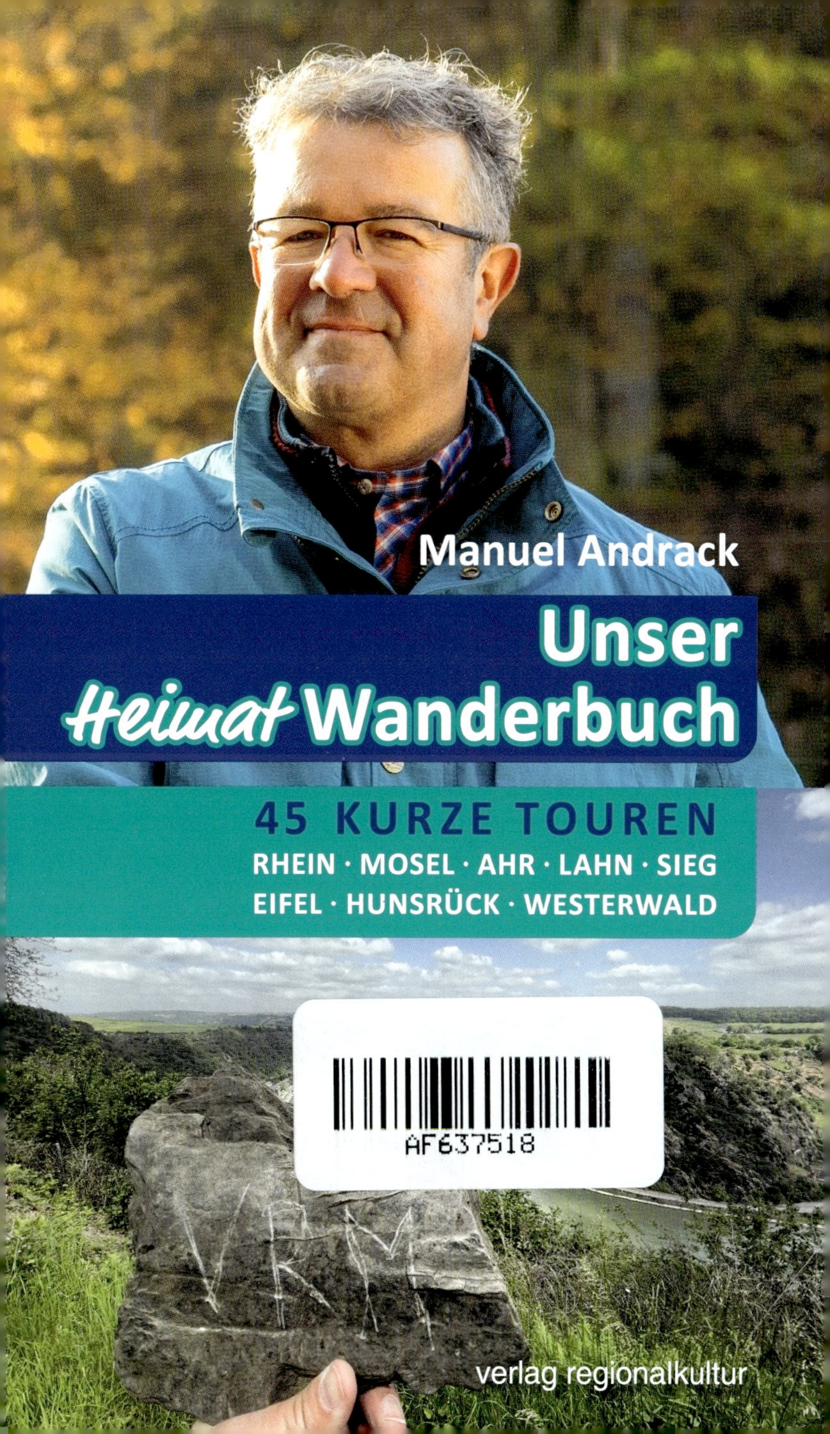

Manuel Andrack

Unser *Heimat* Wanderbuch

45 KURZE TOUREN

RHEIN · MOSEL · AHR · LAHN · SIEG
EIFEL · HUNSRÜCK · WESTERWALD

verlag regionalkultur

Leichte Touren

Mittelschwere Touren

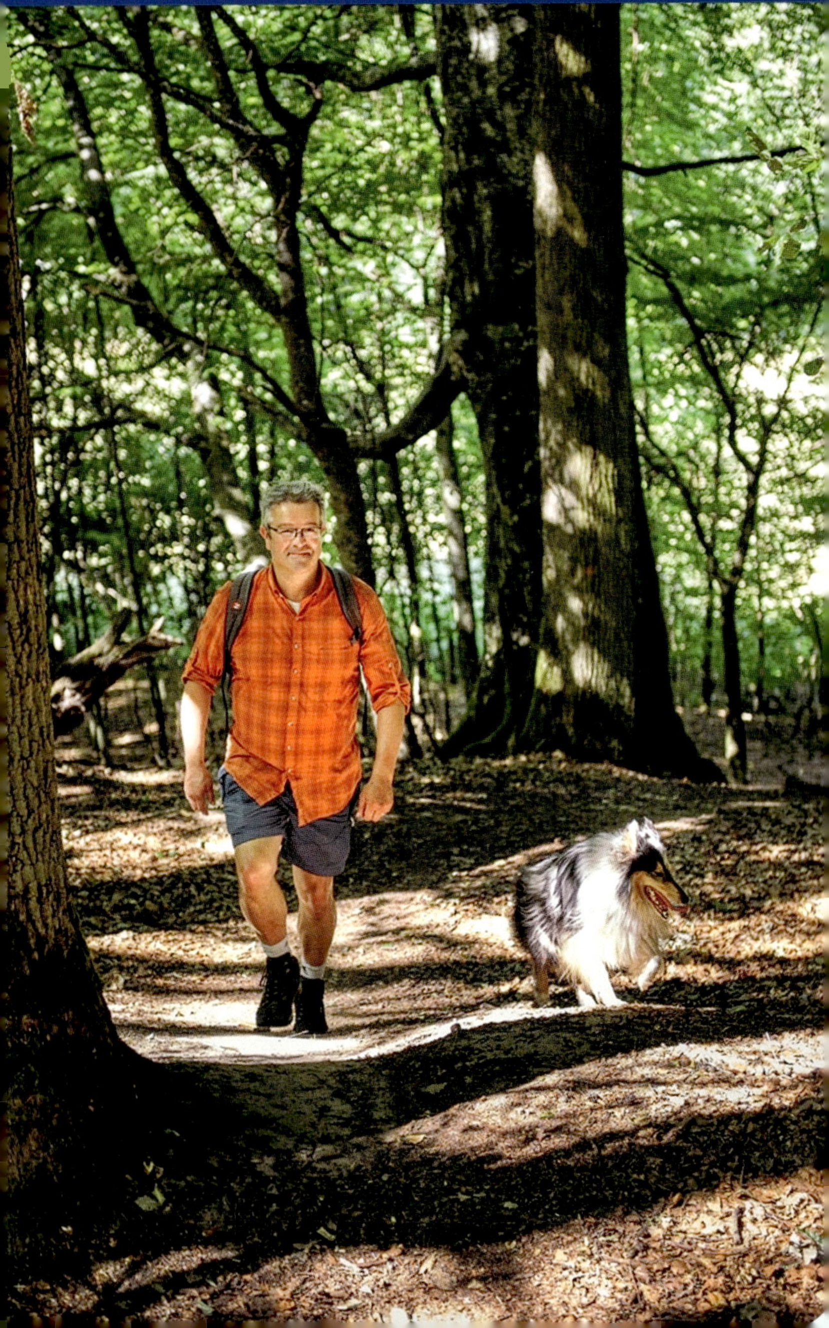

Es hat mich sehr glücklich gemacht, die Touren dieses Wanderführers zu erwandern. Warum? Weil meiner Meinung nach in der Ahr-Rhein-Mosel-Lahn-Region rund um Koblenz die schönsten Wanderwege Deutschlands zu finden sind.

Überragend sind zunächst einmal die Flusslandschaften, allen voran Vater Rhein. Viele Touren in diesem Buch starten am Rhein oder verlaufen entlang des Stroms. Dabei wird es nie langweilig, weil die unterschiedlichen Ortschaften jeweils ihren ureigenen Charakter haben. Der mythische Rolandsbogen, das malerische Linz am Rhein, die Deutsches-Eck-und-Festungsstadt Koblenz, die Weinstadt Boppard, St. Goar gegenüber der Loreley und die Türme-Stadt Oberwesel. Alle diese Orte und die Naturwunder an den rheinischen Wanderwegen geben die Antwort auf die Frage, warum es am Rhein so schön ist.

Ganz besonders liegt es mir am Herzen, dass ihr euch die Touren an der Ahr, in Mayschoß, Walporzheim, Bad Neuenahr und Bad Bodendorf anschaut. Auch wenn immer noch die Verwüstungen der Flutkatastrophe sichtbar sind, funkelt wieder die außergewöhnliche Schönheit dieses Tals zwischen Weinreben und Wäldern.

Die Touren an der Mosel – zum Beispiel in St. Aldegund (unter dem Motto „Felsen Fässer Fachwerk"), in Burgen oder auf dem Moselsteig an der Burg Eltz vorbei – nehmen euch mit in die wunderschönen Landschaften am mäandernden Fluss. Weinberge, spektakuläre Kerbtäler, Burgen und immer wieder die Ausblicke auf die Mosel – das macht alle Wanderer glücklich.

Eine persönliche Entdeckung waren die Touren an der Lahn, in der Höhenluft von Bad Ems, von Nassau nach Dausenau, von Laurenburg nach Balduinstein und die Tour zur Perle des Lahn-Weinbaus nach Obernhof. Lasst auch ihr euch verzaubern von wilden Felsen, schmalen Pfaden und jeder Menge Burgen.

Extrem abwechslungsreich sind die Mittelgebirge der Region. Den sanfthügeligen Westerwald entdecken wir in diesem Wanderführer von der Sieg im Norden bis zur Lahn im Süden. Unsere Leitwege sind dabei der Westerwald-Steig, der neue Wiedsteig sowie der Druidensteig. Die Eifel ist in diesem Wanderführer vor allem mit einigen Traumpfaden und Traumpfädchen auf dem Maifeld vertreten, aber auch die Vulkaneifel rund um Ulmen und das zauberhafte Monreal ist sehr gut wanderbar. Und schließlich erkunden wir den Hunsrück – eine jahrelang etwas vernachlässigte Region, die aber Wanderfreunden spätestens seit Erfindung der Traumschleifen (das sind die Premiumwege des Hunsrücks) ein Begriff ist.

Wo wir schon beim Thema Premiumwege sind: Kann man eigentlich die Qualität eines Wanderweges messen? Ja, man kann. Es gibt Zertifikate für Wanderwege in Deutschland, Premiumwege und Qualitätswege. Bewertet

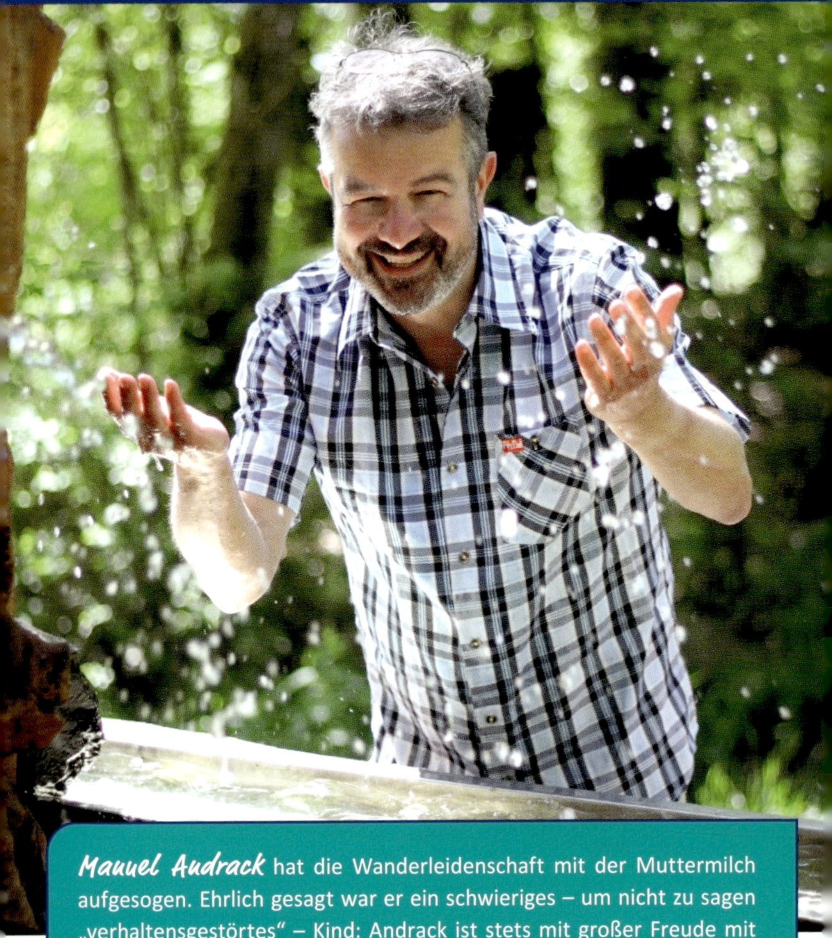

Manuel Andrack hat die Wanderleidenschaft mit der Muttermilch aufgesogen. Ehrlich gesagt war er ein schwieriges – um nicht zu sagen „verhaltensgestörtes“ – Kind: Andrack ist stets mit großer Freude mit seinen Eltern gewandert. Am liebsten in der Eifel (seine Mutter kommt daher) oder an der Mosel (sein Vater ist Moselaner). Das Motto: Hauptsache wandern.

Die Wanderlust ist geblieben. Seit Jahren hat Manuel Andrack das Wandern zur Profession gemacht. Er schreibt Bücher über seine Leidenschaft, veranstaltet Praxis-Seminare über das Wanderglück. Andrack empfiehlt Outdoor-Klamotten und kontrolliert Premiumwege als der Typ vom Wander-TÜV.

Andrack ist Wanderexperte, Wanderkumpel, Wandermeister.

wird, wie naturnah ein Weg ist, wie abwechslungsreich, ob der Weg unverlaufbar markiert ist. Alle drei Jahre müssen diese Zertifikate erneuert werden, die Wanderwege müssen zum Wander-TÜV. Daher sind fast alle Wege in diesem Buch zertifizierte Wege oder Abschnitte von zertifizierten Wegen. By the way: Mit den QR-Codes bei den Touren kann man sich GPX-Daten aufs Handy laden – sie machen die Wanderungen noch „unverlaufbarer".

Warum habe ich manchmal nur Abschnitte und nicht den kompletten Rundweg ausgewählt? Dieser Wanderführer soll ein niederschwelliges Wanderangebot machen. Wandern sollte nicht als mühsam, beschwerlich, anstrengend wahrgenommen werden. Deshalb sind nur Wanderungen unter 10 Kilometern in diesem Wanderführer beschrieben. Obwohl es auch durchaus anspruchsvolle Touren mit vielen Höhenmetern gibt, beispielsweise den Mittelrhein Klettersteig in Boppard. Deshalb die Unterteilung in „leicht" – „mittelschwer" – „schwer" und darin jeweils nach Länge sortiert, so dass man das geeignete Level für sich finden bzw. sich quasi mit den Füßen herantasten kann. Und die sehr sportlichen Wanderer können einfach zwei oder sogar drei Touren an einem Tage machen. Mit Bus und Bahn ist man im VRM schnell von einer Tour zu anderen unterwegs.

Womit wir beim Thema ÖPNV wären. Man kann es nicht oft genug betonen, Wandern ist nicht automatisch nachhaltig. Wenn ich mit dem PKW zum Wanderparkplatz fahre und losmarschiere, ist mein CO_2-Abdruck ein ganz anderer, als wenn ich mit Bus und Bahn zum Wandern fahre. Alle Wege in diesem Buch sind tiptop an das Verkehrsnetz des VRM angeschlossen, sieben Tage die Woche. Auch sonntags fahren also die Busse und Bahnen im VRM verlässlich zu den 45 Wegen dieses Wanderführers.

Da ich unterstelle, dass jeder Fan des öffentlichen Nahverkehrs auch eine hohe Affinität zur Geschichte des Schienenverkehrs hat, erzähle ich in der Rubrik „Eisenbahnromantik" die kleinen und großen Geschichten rund um Schienen, Signale und Schaffner.

Um historische Kuriositäten und Alltagsbeobachtungen geht es in der Rubrik „Geschichte(n)". Von der keltischen Priesterin am Druidenstein über den Rittersturz bei Koblenz bis zum Mähroboter des Fußballvereins von Niederhövels.

Last, but not Least: der „Gastro-Tipp". Unverzichtbar, weil von hohem Nutzwert. Eine Tour ohne Einkehrmöglichkeit werdet ihr in diesem Wanderführer nicht finden. Wandern ohne Einkehr ist wie Liebe ohne Zärtlichkeit – es fehlt etwas. Abgesehen davon, dass es auch ein Ausdruck von Heimatliebe ist, im wahrsten Sinne des Wortes Wirtschaftsförderung zu betreiben – mit einer Einkehr machen wir nicht nur uns glücklich, sondern unterstützen auch die Gastronomen der Region.

Euer Manuel Andrack

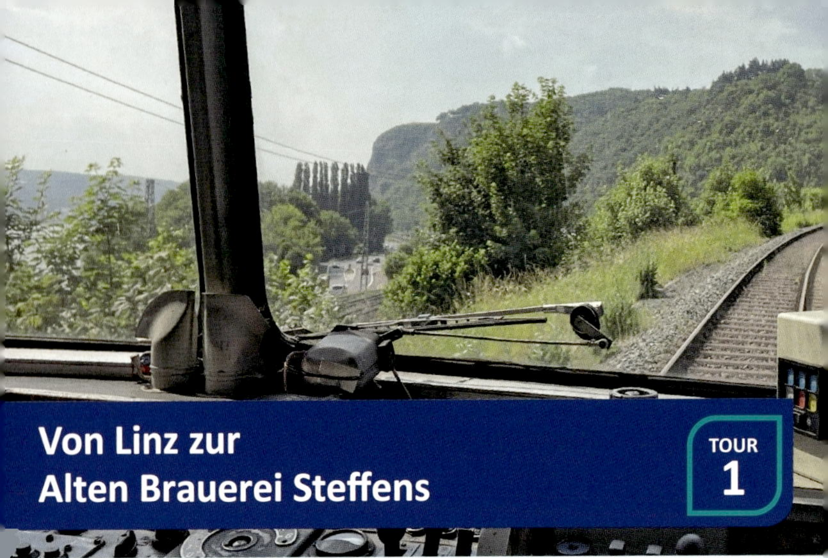

Von Linz zur Alten Brauerei Steffens

TOUR 1

Nostalgie pur auf der Strecke der alten Kasbachtalbahn

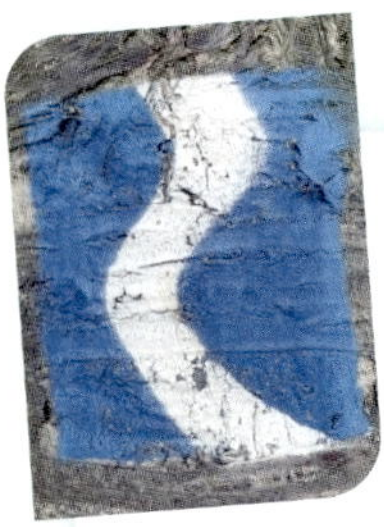

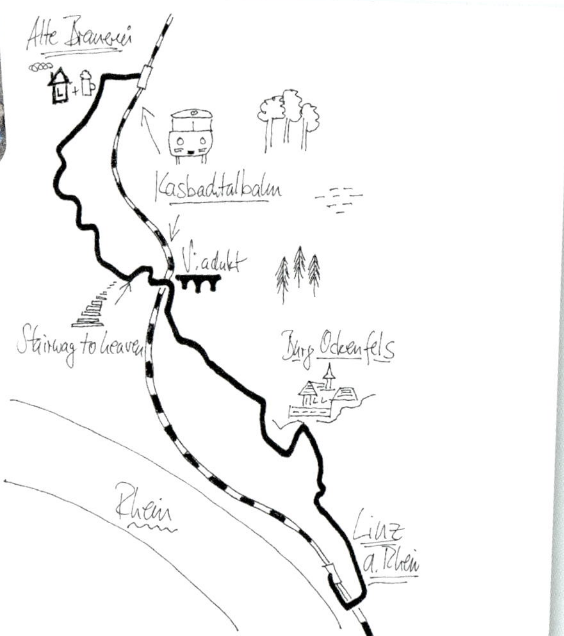

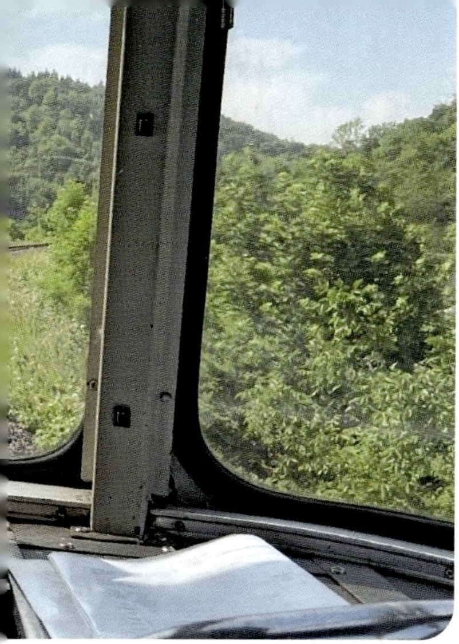

leicht

5,0 Kilometer

217 Höhenmeter

Start:
Bahnhof Linz
Ziel:
Haltepunkt
Alte Brauerei Steffens

Die märchenhafte Museumsbahn im Kasbachtal

DER WEG

Am Bahnhof in Linz (Linz am RHEIN – wer Linz Hauptbahnhof in die Bahn-App einträgt, hat erstaunlich lange Fahrtzeiten außerhalb des VRM) folgen wir zunächst den gelben Zuweg-Markierungen in Richtung Altstadt. Nach der Unterführung sparen wir uns den Schlenker zum Markt und gehen scharf links an der schattigen Bank vorbei die Straße hinauf. Hinter dem „Norma" gehen wir über den Zebrastreifen, dann direkt links und dort sehen wir die erste blaue Rheinsteig-Markierung. Wir gehen eine Villenstraße hinauf, an einer kleinen Kapelle links.

Die Straße wird zu einer schmalen Zufahrt, diese wiederum zu einem Waldpfad, der uns auf die Höhen oberhalb des Rheins führt. An zwei Bänken können wir die ersten Panoramablicke genießen. Apropos Blicke, auch die Burg Ockenfels kommt uns Rheinsteig-Wanderern als Blickfang immer näher. Zwar präsentiert sich der Burghof mit weit geöffneten Toren sehr einladend, aber den Wanderern bleibt nur der Boteneingang bzw. -wanderweg rechter Hand. Über den Wiesenpfad gehen wir auch mit einem leicht schlechten Gewissen, sind doch überall Schilder aufgestellt, die das Betreten dieses Privatgeländes untersagen. Na ja, das ist aber der offizielle Rheinsteig.

Auf einer Sinnenliege am Wegrand können wir den markanten Felsen der Erpeler Ley bestaunen. Deutlich sichtbar unterhalb des Felsens ist der rechtsrheinische (ehemalige) Brückenkopf der legendären Brücke von Remagen zu erkennen. Durch Gärten laufen wir weiter, an Häusern des Ortes Ockenfels vorbei, dann wieder auf schönen Wegen durch den Wald. Richtung Kasbach geht es steil hinab und wir sehen erstmals die Schienen der Kasbachtalbahn. Wenn man Glück hat (bei

GESCHICHTE(N)

Burg Ockenfels hieß ursprünglich Burg zur Leyen und wurde seit 1341 vom Ritter Johann von der Leyen bewohnt. Ein Verwandtschaftsverhältnis zur EU-Chefin und siebenfachen Mutter Ursula ist auszuschließen, da dieses Geschlecht der von der Leyens 1420 ausstarb. Und was war mit der Burg? Die wurde schon 1475 zerstört. Es dauerte 450 (!) Jahre, bis die Ruine 1927 im romantischen Stil wiederaufgebaut wurde. Aktuelle Burgherren sind die Gesundheitssandalen-Menschen von Birkenstock.

der Probewanderung hatte ich dieses Trainspotter-Glück) fährt gerade der rote Schienenbus vorbei. Kleiner Tipp: Wenn der Zug pünktlich ist, kann man ihn fünf Minuten und 42 Minuten nach jeder vollen Stunde sehen. Sensationell ist das Erlebnis, kurz danach unter dem Viadukt hindurchzugehen.

Wir wandern durch Kasbach und auf der gegenüberliegenden Talseite auf einer Treppe hinauf. Diese Treppe hat es wirklich in sich, eine regelrechte „Stairway to Heaven" ist das. Schon bald erreichen wir den Wegweiser, an dem wir den Hauptweg verlassen und Richtung Kasbachtal und Kalenborn gehen. Weiter geht es auf einem sehr schönen Waldweg, anschließend auf einem breiten Forstweg. An einer asphaltierten Straße gehen wir nicht mit der gelben Weg-Markierung, sondern wandern schnurstracks zur Brauerei und Gaststätte, die schon bald wie ein gewaltiges Schloss mit vielen Türmen und Gebäuden als Sehnsuchtsort vor uns auftaucht.

Früher Burg zur Leyen, heute Burg Ockenfels

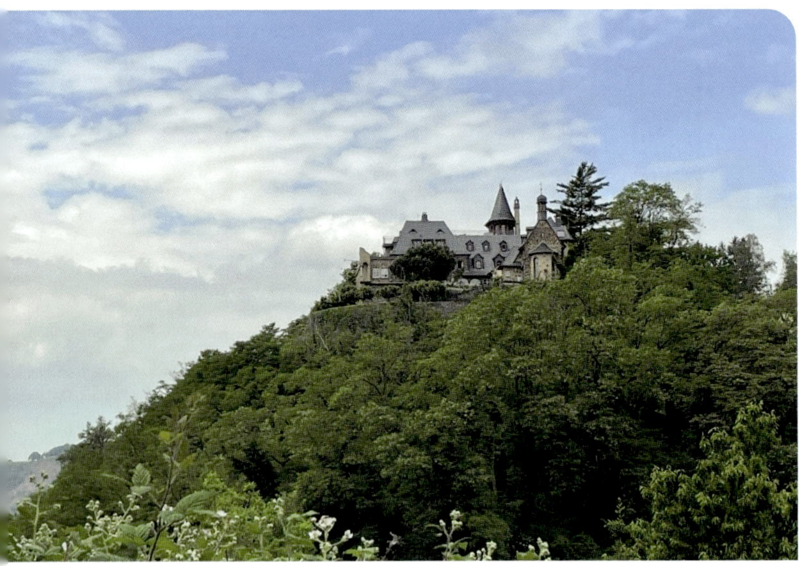

ANDRACKS GASTRO-TIPPS

Wenn ein Gasthaus schon einen eigenen Haltepunkt hat, sollte man dort auch unbedingt einkehren. An allen Betriebstagen der Kasbachtalbahn hat die *Alte Brauerei* auf dem Betriebsgelände der *Brauerei Steffens* geöffnet. Insbesondere die Bierspezialitäten von Steffens sind zu empfehlen. Mein Favorit: das naturtrübe Kellerbier.

EISENBAHNROMANTIK

Es ist eine wunderbare Sache, dass auf der Kasbachtalbahn immer noch erstaunlich regelmäßig (samstags, sonntags, feiertags von März bis Dezember, mittwochs von Mai bis Oktober) der Bahnbetrieb von Linz nach Kalenborn aufrechterhalten wird. Die roten „Uerdinger Schienenbusse" halten übrigens erst seit 1999 am extra eingerichteten Haltepunkt *Brauerei Steffens*. Bei der Kasbachtalbahn werden VRM-Fahrausweise nicht anerkannt.

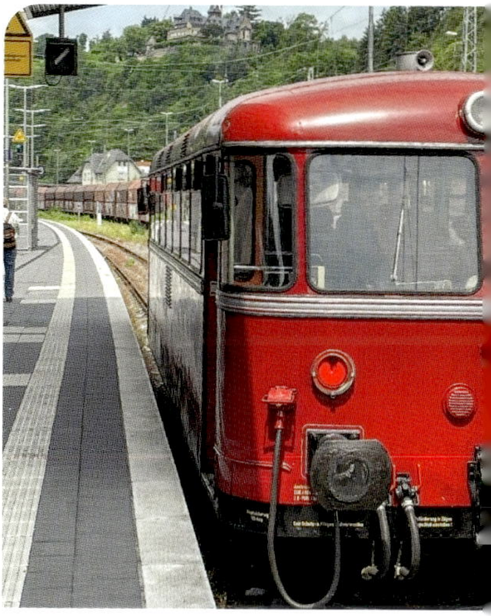

„Uerdinger Schienenbus"

Fährsteig am Linzer Rheinufer

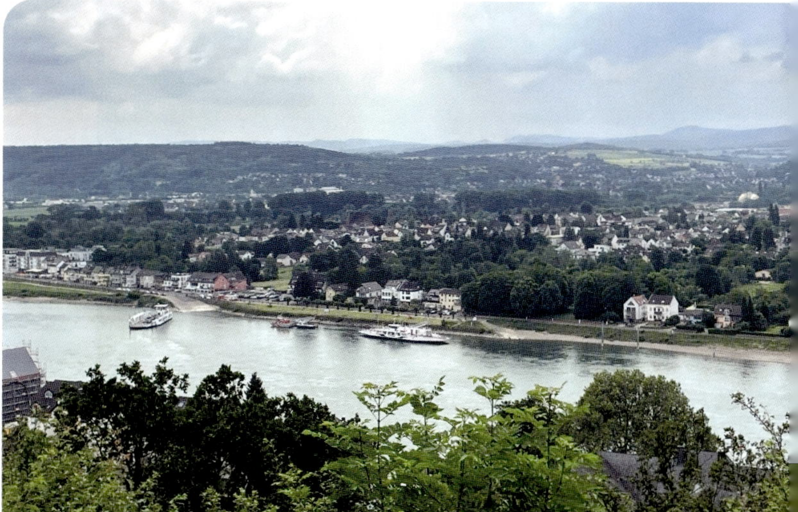

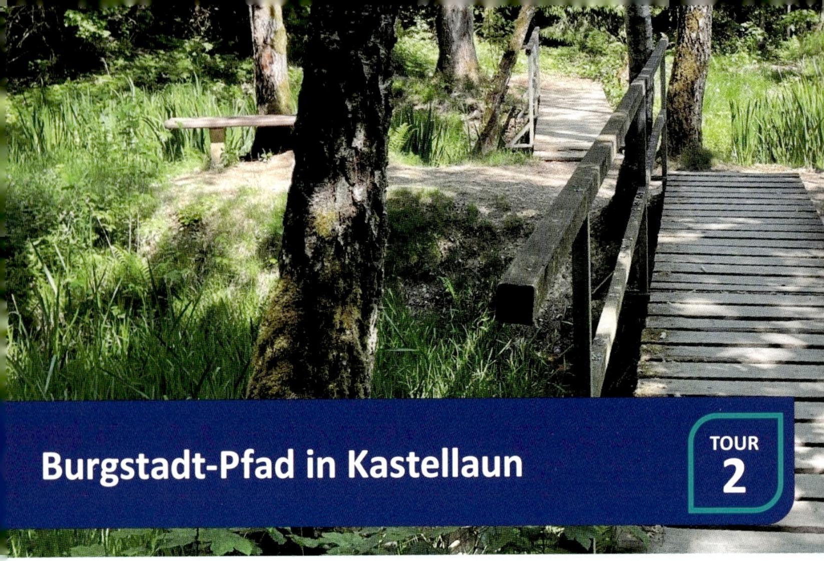

Burgstadt-Pfad in Kastellaun

TOUR 2

Nicht täuschen lassen – der Burgstadt-Pfad ist keinesfalls ein „Holzweg"!

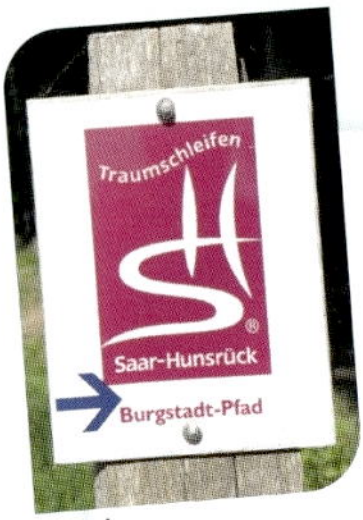

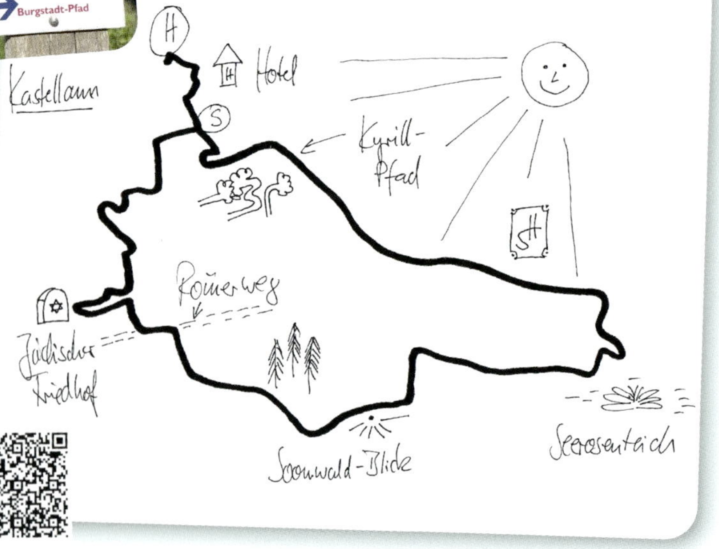

GPX-TRACK

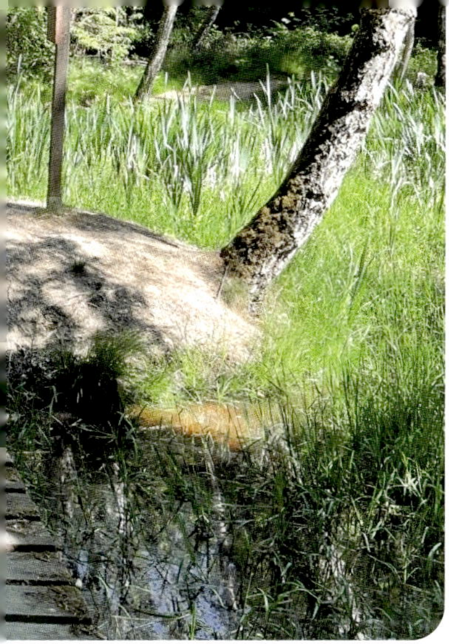

leicht

6,7 Kilometer

85 Höhenmeter

Start und Ziel:
Bushaltestelle Kastellaun,
Burgstadt Hotel

Ein Ort der Besinnung, Erinnerung und des Gedenkens

DER WEG

Wir starten an der Bushaltestelle Burgstadt-Hotel und gehen zum ...? Richtig! Zum Burgstadt-Hotel. Am Hotel vorbei, dann noch kurz auf einem Weg am Bach und schon haben wir den offiziellen Startpunkt des Burgstadt-Pfads erreicht. Mit Burgstadt ist natürlich Kastellaun gemeint, ein Ort, der das römische Kastell schon im Namen trägt. Allerdings werden wir auf unserem Weg keinen Burgblick haben, aber unzählige andere Highlights. Zunächst geht es auf schmalen Pfaden durch einen sogenannten Pfingstwald, dann aber beginnt die Waldschule des Lebens. Auch ohne uns auf die harten Bänke des grünen Klassenzimmers zu setzen, können wir – Rinde öffne dich! – einiges über die heimischen Baumarten lernen.

Wir folgen weiter den violetten Markierungen unserer Traumschleife und kommen zum alten jüdischen Friedhof von Kastellaun. Ein Ort der Besinnung, Erinnerung und des Gedenkens. Gemäß alter jüdischer Sitte sind auf vielen Grabsteinen Steine geschichtet und traditionell tragen Männer beim Betreten eine Kopfbedeckung.

Wenige Meter nach dem Friedhof nehmen wir Geschichte unter die Füße – auf dem Römerweg sind schon vor fast 2000 Jahren römische Legionäre und Händler zu Fuß unterwegs gewesen. Da Römerwege immer sehr langweilig sind und schnurgerade von A nach B verlaufen, biegen wir schon bald rechts in den Wald ab.

Wir erreichen einen schönen Grasweg am Waldrand und genießen auf einer Sinnenbank die Ausblicke auf den Soonwald, diese sehr markante Bergkette am Horizont. Damit der Soonwald und Kastellaun genug Energie haben, drehen sich in Sichtweite auch einige Dutzend Windräder. Zurück im

ANDRACKS GASTRO-TIPPS

Unmittelbar am Start und Ziel unseres Premiumwegs können wir im griechischen Restaurant *Afroditi* am Burgstadt-Hotel einkehren. Es führt sogar ein schöner Pfad direkt zur Außenterrasse. Nach einem Ouzo als Aperitif (in Griechenland trinkt man gewöhnlich den Schnaps vor, nicht nach dem Essen) empfehle ich zuerst die gemischte Vorspeisenplatte kalt und als Hauptspeise die gemischte Vorspeisenplatte warm. Und danach vielleicht besser noch einen Ouzo.

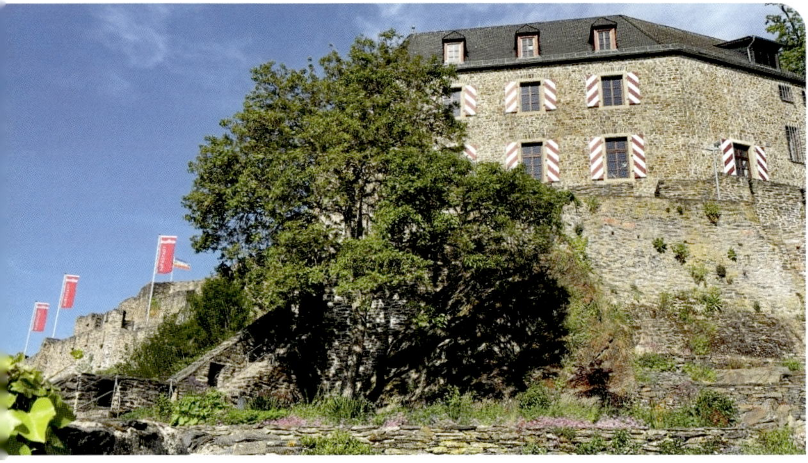

Burg Kastellaun

Wald wandern wir über Holzbrücken an einem verwunschenen Ort vorbei – den Seerosenteich.

Auf der angrenzenden Picknickwiese kann man gut rasten. Wenn Kinder bei der Wanderung dabei sind, können die sich schon bald auf einem Waldspielplatz austoben. Aber auch Erwachsene macht das Schaukeln froh, ich habe es ausprobiert.

Kurz vor Ende unseres Rundwegs gehen wir über eine ganz besondere Wegpassage: Nachdem der Sturm Kyrill 2007 gewütet hatte, hat man im Wald von Kastellaun einen Kyrill-Pfad angelegt. Alle Bäume liegen immer noch so,

EISENBAHNROMANTIK

Aktuell bringt uns der Bus direkt an den Burgstadt-Pfad. Bis 1983 hätten wir auf der Bahnstrecke Boppard–Emmelshausen–Kastellaun–Simmern auch mit dem Zug bis Kastellaun fahren können. Damals gab es allerdings noch nicht den Burgstadt-Pfad. Nun ja, man kann nicht alles haben. Wer sich für die Geschichte der Hunsrückbahn interessiert, dem sei das sehr, sehr schöne Eisenbahnmuseum im Bahnhof von Emmelshausen empfohlen. Sonntags geöffnet, für Gruppen auf Anfrage auch an anderen Tagen.

GESCHICHTE(N)

„Bitte anschnallen, klappen Sie die Tische vor sich hoch und bringen Sie die Sitze in eine senkrechte Position – wir sind im Anflug auf den Burgstadt Pfad.“ Kein Scherz, ihr könnt zum Kastellauner Premiumweg fliegen. Ob mit einer Cessna oder einer Boeing, das bleibt euch überlassen. Tatsächlich kann man vor (und natürlich auch nach) der Wanderung einen Termin an einem der Flugsimulatoren im *BurgStadt-Hotel* buchen. Auch Seminare gegen Flugangst werden angeboten. Von Wanderangst habe ich Gott sei Dank noch nie etwas gehört.

wie sie damals umgestürzt sind, über verwegene Holzbrücken und -leitern klettern wir über die Bäume, die sich für immer in die Horizontale begeben haben. Es wird aber auch klar, wie widerstandsfähig der Wald ist. Rund um die umgestürzten Stämme hat sich in den letzten Jahren eine üppige Vegetation entwickelt. Nach dem Kyrill-Pfad erreichen wir wieder unseren Ausgangspunkt und blicken auf eine sehr interessante Wandertour zurück.

Auf den Spuren des Orkans: Der Kyrill-Pfad

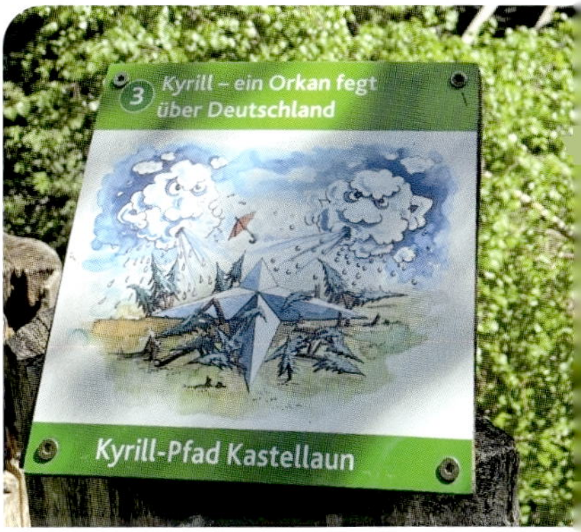

Der verwunschen anmutende Seerosenteich

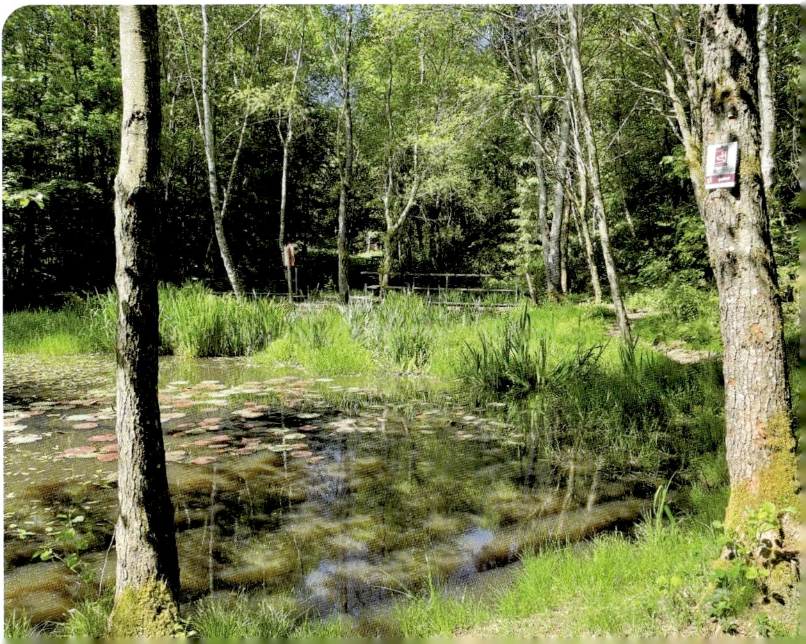

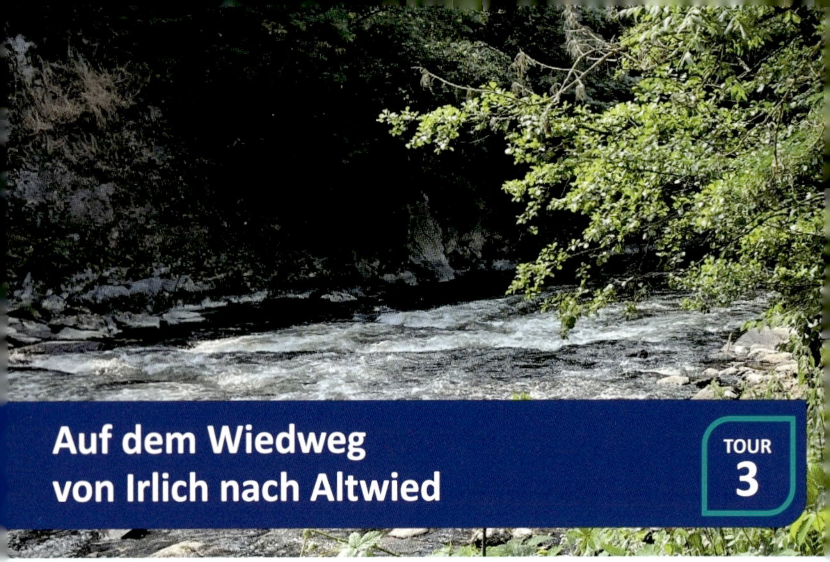

Auf dem Wiedweg von Irlich nach Altwied

TOUR 3

An der Wied gelernt – so sieht eine Schlingleite aus

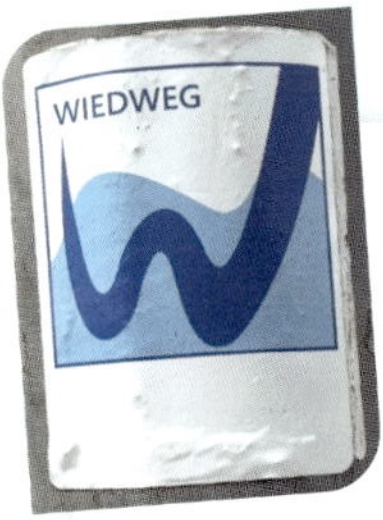

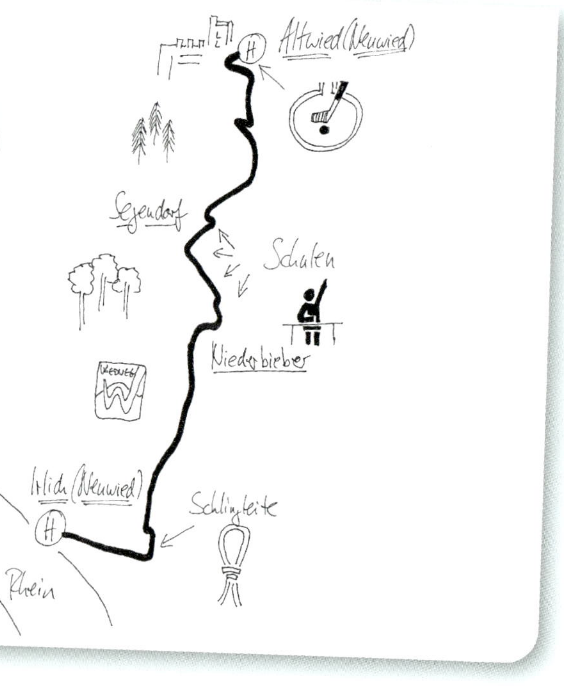

GPX-TRACK

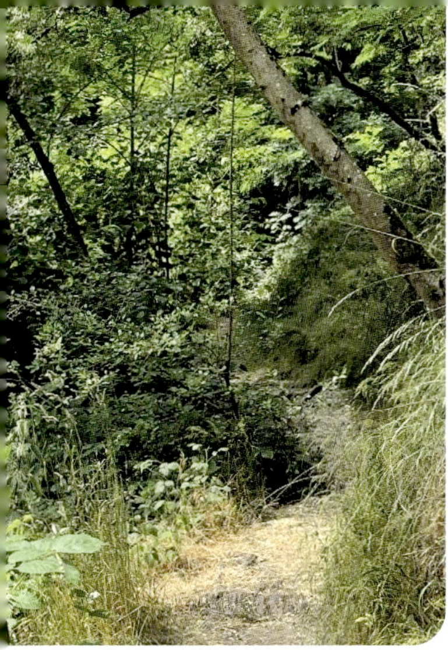

leicht

7,3 Kilometer

109 Höhenmeter

Start:
Bushaltestelle Irlich, Brücke, Neuwied
Ziel:
Bushaltestelle Altwied, Burg, Neuwied

Minigolf an der Burg der rumänischen Königin

DER WEG

An der Bushaltestelle (Wied-)Brücke empfängt uns eine Hauswandmalerei, die uns das romantische Irlich an der Wied anno 1870 zeigt. Direkt an der Haltestelle sehen wir das erste „W" des Wiedwegs (Zuweg) und gehen die Straße am Fluss entlang. Wir passieren das Clubheim des „Modernen Fanfarenzugs Irlich" und tauchen so langsam in die Natur ein. Kurz bevor der Weg zu einem Pfad wird, kann man leicht den Pfahl mit der Markierung nach links verpassen. Bitte ignoriert diese Markierung und geht geradeaus. Das „Wildwandern" lohnt sich, denn wir gehen auf einem traumhaften Pfad direkt an der Wied entlang und können beobachten, wie sie in Stromschnellen Richtung Rhein schießt. Eine Info-Tafel klärt auf: 2014 wurde die Wehranlage, die lange die Wied aufstaute, aus Naturschutzgründen zurückgebaut und eine sogenannte Schlingleite (für mich sind das Stromschnellen) installiert.

Der Pfad wendet sich von der Wied ab und nach wenigen Metern geht ihr nach den alten Baumstämmen rechter Hand auf den Pfad rechts, immer parallel zur Wied. Erst ist das ein Pfad, dann ein breiterer Weg, rechter Hand lugen industrielle Backsteinbauten durch die Bäume. Nach dem Umspannwerk erreichen wir einen Asphaltweg und auch wieder die Markierung des Wiedwegs. Und: Wir folgen jetzt für einige Zeit – erst auf Asphalt, dann auf einem schmalen Pfad – mysteriösen Schienen (siehe Eisenbahnromantik). Am Autohaus in Niederbieber verlassen wir die Eisenbahnstrecke und gehen mit der Markierung des Wiedwegs (ab hier in blau) weiter. Vor einer Holzbrücke befindet sich ein toller Ort mit einer Bank an einer weiteren Stromschnelle. Nach

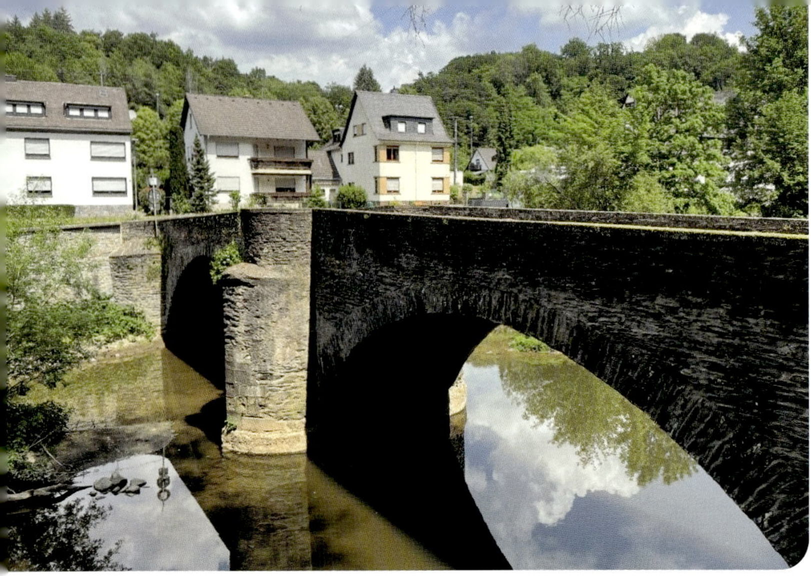

Wiedbrücke Altwied

den Waldhäusern nehmen wir den Fußpfad, der am nächsten zur Wied verläuft und gehen schon bald über zwei Fußgängerbrücken hintereinander. Rechts der Wied laufen wir auf einer Straße an vielen Stätten der Ausbildung entlang: Sportstätten, Verkehrsübungsplatz, Kita, Schulen – ein Sammelpunkt für Fleiß und Intelligenz direkt an der Wied.

Ein weiteres (das vorletzte) Mal queren wir die Wied und erreichen Segendorf. Auf einem breiten, feingeschotterten Fuß- und Radweg gehen wir

EISENBAHNROMANTIK

Auf den ersten Kilometern unserer Wanderung stoßen wir immer wieder auf Eisenbahngeschichte: Schienen blitzen unter Unkraut hervor, Eisenbahnbrücken strecken sich über die Wied. Aber was soll das für eine Strecke sein? Die Wiedtalbahn wurde ab 1869 von Neuwied bis Altenkirchen (!) an der Wied entlang geplant. Aber bis heute wurde aus dem Projekt – nichts. Nur bis Niederbieber wurden Schienen für eine Werksbahn verlegt.

ANDRACKS FREIZEIT-TIPPS

Nach der kurzen Wanderung tut uns noch ein wenig körperliche Ertüchtigung gut, ein Wied-Biathlon sozusagen. Erst gewandert, dann langsam den Puls beruhigen, gut zielen – und schon rollt der Ball Richtung Loch. An der traumhaft gelegenen Miniaturgolf-Anlage unterhalb der Burg in Neuwied kann man sein Handicap verbessern. Und Getränke und Snacks gibt es auch.

GESCHICHTE(N)

Die Burg von Altwied ist – man hätte es sich fast denken können – ziemlich alt. Schon im Jahr 1179 wurde der erste Bauabschnitt abgeschlossen. Die Burg findet sich in den Dokumenten wieder als „Hohe Veste uf den stoelen" (Hochgericht auf den Stühlen). In den Annalen des Internets habe ich gelesen, dass die wiedische Prinzessin Elisabeth, die bekanntlich die Königin von Rumänien war (gestorben 1916), sich sehr gerne auf der Burg Altwied aufgehalten hat. Das Wiedtal ist sozusagen der Außenposten von Transsylvanien.

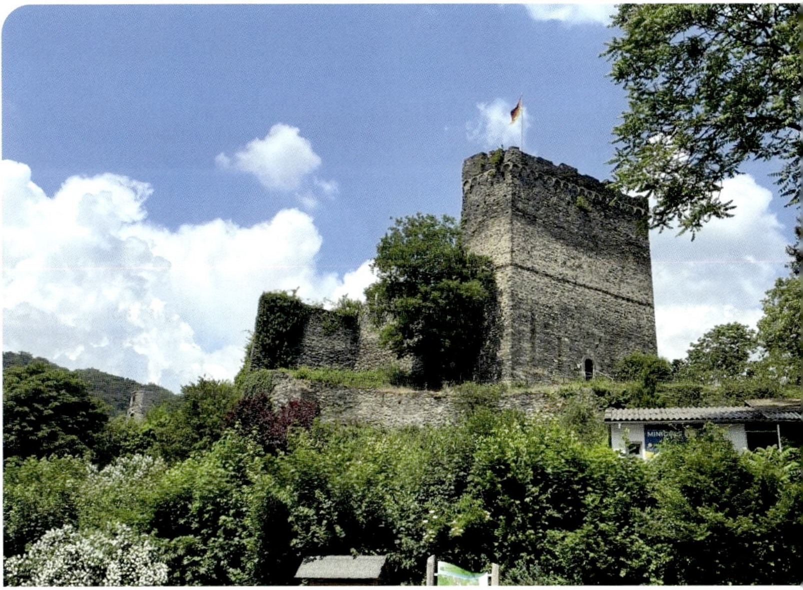

Burg Altwied – Hohe Veste uf den stoelen

oberhalb der Wied weiter. 900 Meter vor Altwied stößt der Rheinsteig auf unseren Weg. Im Wald plätschert idyllisch der Moorbach und schon bald haben wir Altwied erreicht. Über eine wunderbare Steinbrücke gehen wir das letzte Mal – nein, weder über die Wupper noch über den Jordan – über die Wied. An der Burg von Altwied endet unsere Tour.

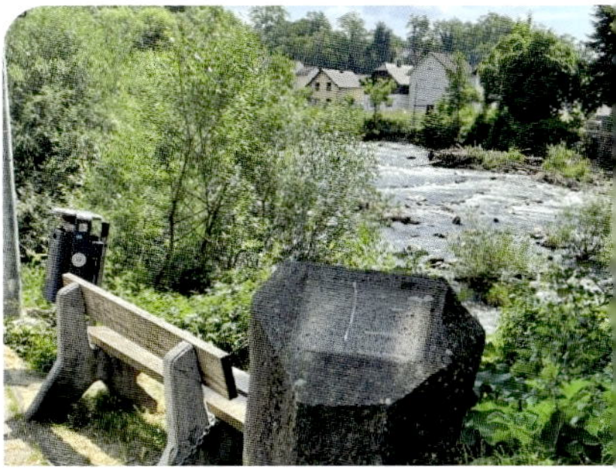

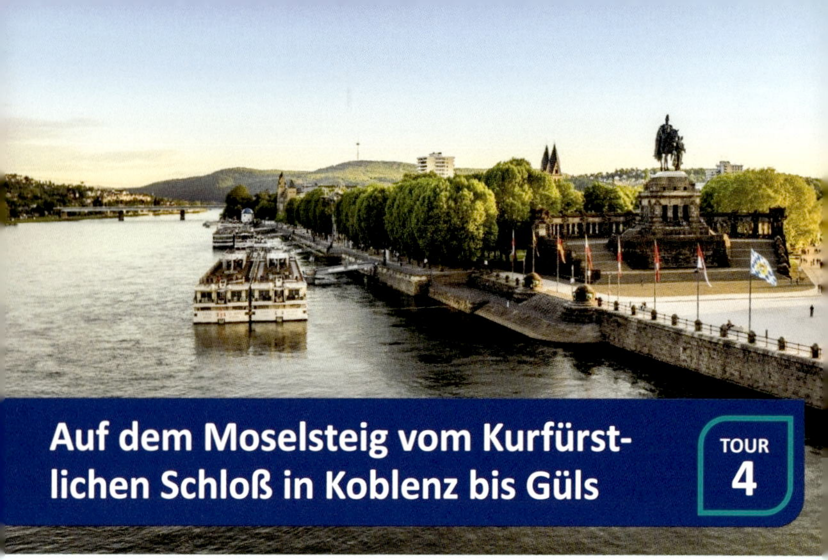

Auf dem Moselsteig vom Kurfürstlichen Schloß in Koblenz bis Güls

TOUR 4

Deutsches Eck Koblenz – wo Vater Rhein auf Mutter Mosel trifft

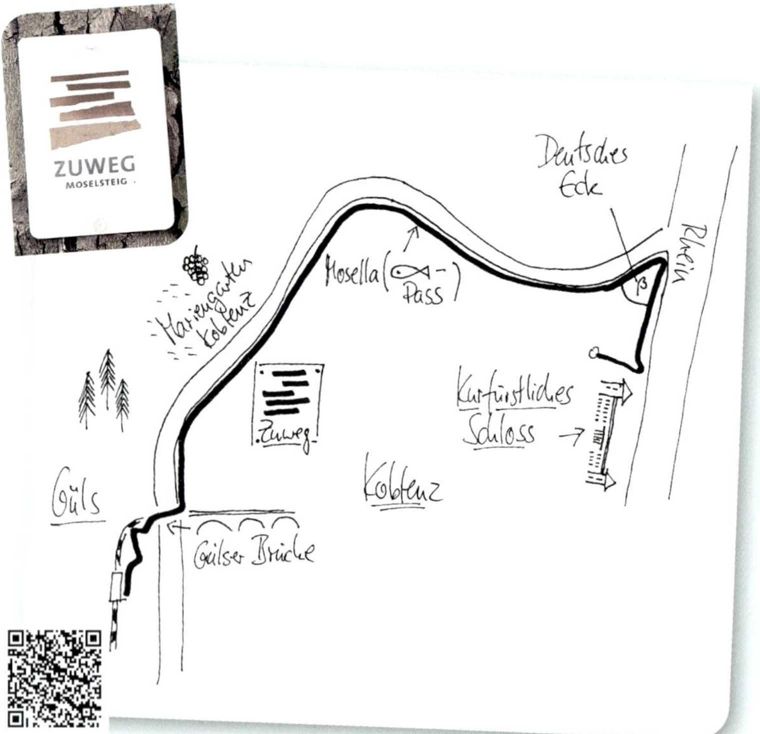

GPX-TRACK

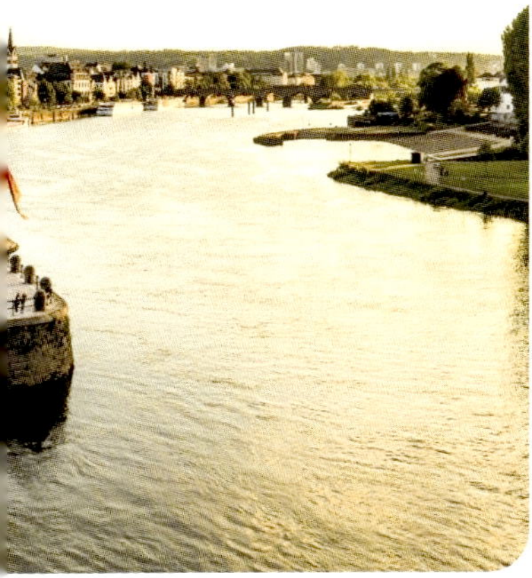

- leicht
- 7,8 Kilometer
- 17 Höhenmeter
- Start: Bushaltestelle Koblenz, Stadttheater/Schloss
- Ziel: Bahnhof Güls

Am Schloss von Clemens August Hubertus Franz Xaver

DER WEG

An der nördlichen Seite des Kurfürstlichen Schloßes startet unsere kurze Stadtwanderung. Auf dem Grünstreifen zwischen Clemensplatz und Stresemannstraße finden wir erstmals die braunen Moselsteig-Markierungen und gehen Richtung Rhein. Wer es nicht eilig hat, sollte einen kurzen Abstecher zu den Parkanlagen am Rheinufer machen, sehr, sehr hübsch ist es dort. Am Rhein gehen wir Richtung Norden, vorbei am Pegel Koblenz, vorbei an der Talstation der Seilbahn, vis-a-vis die imposante Festung Ehrenbreitstein. Schon bald haben wir das Deutsche Eck erreicht, wo zusammenfließt, was zusammengehört. Mosel und Rhein, die Zusammenfließenden, lateinisch Confluentes. Bekanntlich leitet sich der Name der Stadt Koblenz von dieser lateinischen Vokabel (Akkusativ Plural Maskulinum des Partizips Präsens Aktiv des Verbs ‚confluere', wenn ich mich nicht irre) ab.

Nach ein paar Schritten an der Mosel stehen wir vor der ersten Übersichtstafel des Moselsteigs. 365 Kilometer sind es noch bis Perl am Dreiländereck. Obwohl es Sinn macht, dass der Moselsteig an der Mündung beginnt, orientieren wir uns trotzdem bis Güls an den braunen Zuweg-Markierungen des Moselsteigs. Das ist also angeblich noch gar nicht der „richtige" Moselsteig. Ich kann euch

Mosellum – Erlebniswelt am Fischpass Koblenz

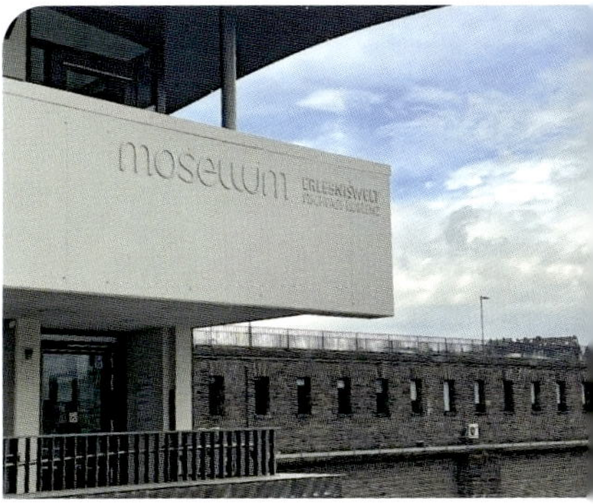

ANDRACKS GASTRO-TIPPS

Am Deutschen Eck fällt es sehr schwer, am *Königsbacher Biergarten* vorbeizugehen. Zumal es ein „richtiger" Biergarten ist, da man den Gerstensaft auch aus dem Maßkrug trinken kann. Dazu gibt es einfache Speisen. Kurz hinter der Erlebniswelt Mosellum lockt der Biergarten am *Contel Hotel*. An der Verkaufsbude gibt es außer den obligatorischen Getränken kleine Speisen wie Süppchen oder Käsewürfel.

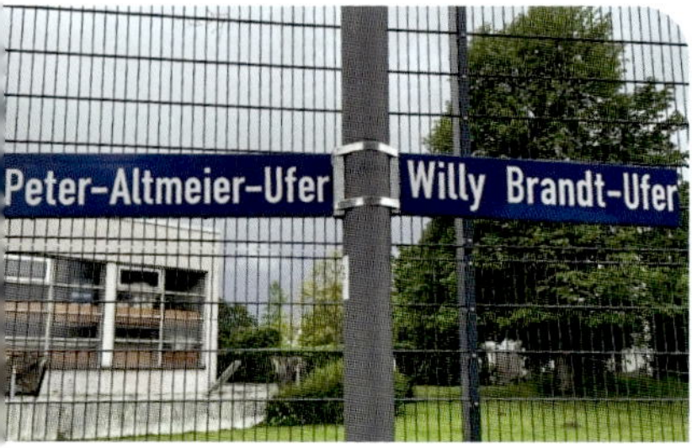

Ein Ufer, zwei Namen

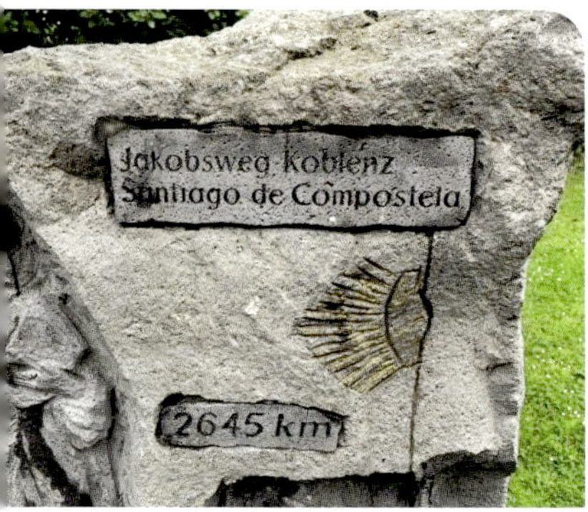

Jakobsweg-Pilgerstein aus Basaltlava

beruhigen, das ist schon der „richtige" Moselsteig, aber: Der Weitwanderweg ist zertifiziert als Qualitätsweg, und ein Qualitätsweg darf nur einen bestimmten Asphaltanteil haben. Daher beginnt der Moselsteig offiziell erst in Güls.

Wir gehen weiter an der Mosel entlang, sehen eine Werft auf der anderen Flussseite, wandern unter drei Brücken hindurch, eine davon ist die Eisenbahnbrücke der Mittelrheinstrecke. Die Angel müssen wir zu Hause lassen, denn Verbotsschilder erinnern daran, dass sich am Koblenzer Moselufer die Fische schonen können. Die Fische müssen sich aus einem einfachen Grund ausruhen – um auf einer Fischtreppe die Schleuse hinauf zu schwimmen. In der Erlebniswelt Mosellum kann man auf allen Etagen nachvollziehen, wie so ein Fischpass funktioniert. Lustig: Genau am Mosellum ändern sich die Straßennamen des

GESCHICHTE(N)

Das Kurfürstliche Schloß wurde von Clemens Wenzeslaus August Hubertus Franz Xaver von Sachsen gebaut. Trotz seines ostdeutschen Migrationshintergrundes trat er 1768 das Amt des Kurfürsten von Trier an. Die alte Römerstadt an der Mosel hat er dreimal in seinem Leben besucht, er zog den Rhein der Mosel vor. Als ihm sein Residenzschloss zu popelig wurde, beschloss er, auf der linken Rheinseite ein größeres Schloss zu bauen. Nach der französischen Revolution wurde Koblenz – Kurfürst Clemens war der Onkel von Ludwig XVI. – eine Art Flüchtlingsunterkunft für französische Royalisten, die der Guillotine entkommen konnten.

EISENBAHNROMANTIK

Auf unserer Tour passieren wir zweimal die Gülser Brücke, zunächst zu Fuß, dann mit dem Zug. Auf der Gülser Brücke, 1878 fertiggestellt, überquert die Moselstrecke von Koblenz kommend erstmals die Mosel, bis Ediger-Eller wird sie am nördlichen Ufer entlangfahren. Zweimal wurde die Brücke komplett saniert. 1926 (seitdem gibt es den Fußgängersteig) und 1948 (die Wehrmacht hatte die Brücke gesprengt). Kurios: Die zwei Stahlbögen auf Gülser Seite wurden von der Gute-Hoffnungshütte in Oberhausen gebaut, den Stahlbogen auf Moselweißer Seite lieferte die Hoffnungshütte aus Dortmund. Die Hoffnung stirbt eben zuletzt!

Moselufers. Wir gehen ab jetzt nicht mehr am Peter-Altmeier-Ufer, sondern am Willy-Brandt-Ufer.

Weiter geht es auf unserem Weg, zunächst im parkähnlichen Ambiente, vorbei am Koblenzer Ruderclub, auf der anderen Flussseite sehen wir die steilen Weinberge der Lage „Koblenzer Mariengarten". Zu diesem Thema gibt es bei Youtube ein schönes Video, man kann sehen, wie ich vor etlichen Jahren alle Weinlagen zwischen Koblenz und Cochem getestet habe. Leider nervt die Bundesstraße neben unserem Weg ein wenig, deswegen ist es gut, dass wir auf der Gülser Brücke die Flussseite wechseln können. Am Brückenkopf in Güls folgen wir dann dem Zuweg des Rheinburgenwegs (600 Meter) bis zum Bahnhof von Güls.

Das Kurfürstliche Schloß in Koblenz

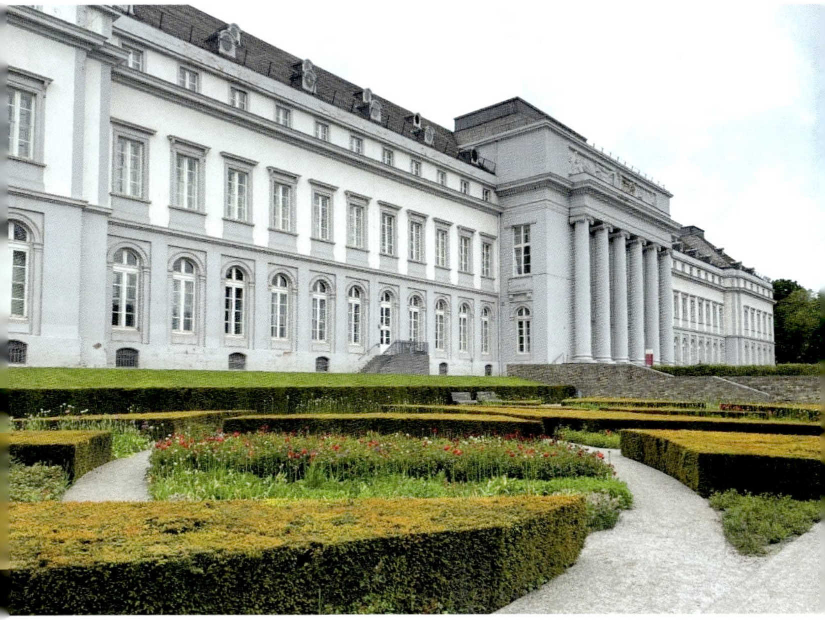

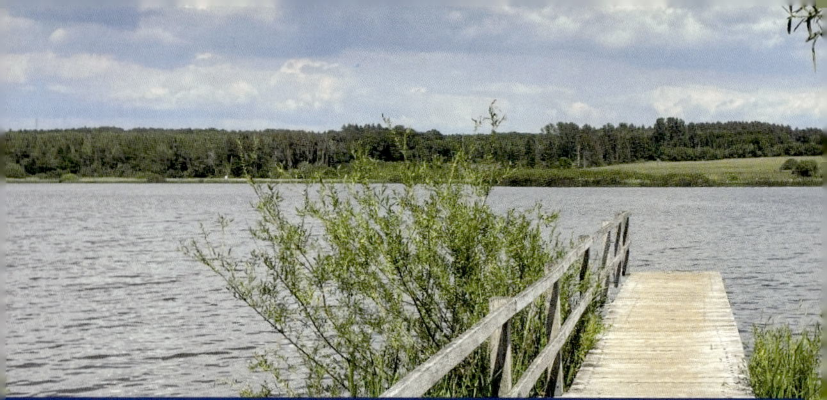

Auf der Heimatspur „Ulmener Acht“

TOUR 5

Angelsteg am Ulmener Jungfernweiher

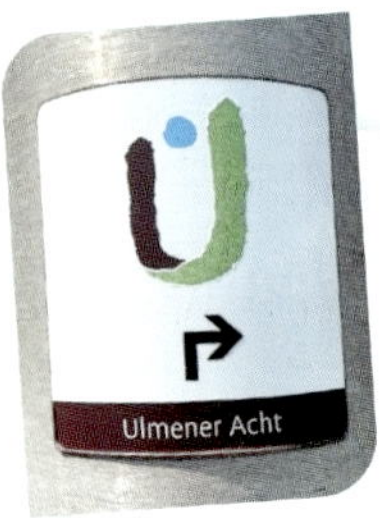

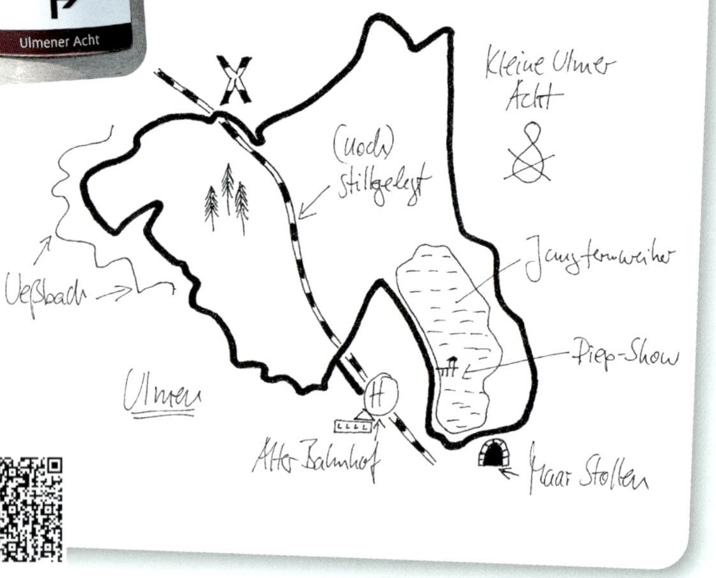

GPX-TRACK

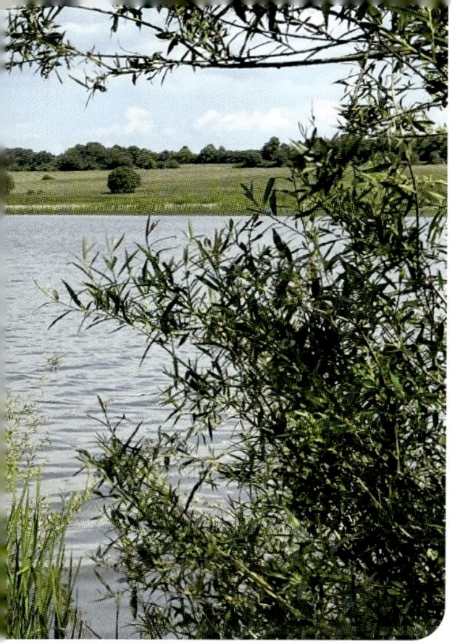

leicht

8,1 Kilometer

87 Höhenmeter

Start und Ziel: Bushaltestelle Ulmen, Bahnhof

In Ulmen, um Ulmen und um Ulmen herum

DER WEG

Von der Bushaltestelle hinter dem Bahnhof von Ulmen gehen wir ein wenig an den Gleisen entlang, dann rechts über den Bahnübergang. Wir orientieren uns an den Markierungen der „Kleinen Ulmener Acht". Dieser Wanderweg beschreibt einen Kreis, es handelt sich also eigentlich um die „Ulmener Null". Am Campingplatz vorbei wandern wir zum Jungferweiher. Der Begriff „Weiher" ist ein wenig irreführend, denn eigentlich handelt sich bei diesem See um ein Trockenmaar vulkanischen Ursprungs, das vor 80 Jahren wieder geflutet wurde. Aktuell ist das (nicht mehr) trockene Maar ein wunderbares Vogelschutzgebiet. Wir gehen gegen den Uhrzeigersinn um das Gewässer herum und sollten dabei nicht das Vogelbeobachtungshaus linker Hand verpassen, das über einen Gittersteg erreichbar ist. Durch Blickschlitze kann man ungestört (und ohne zu stören) die Vögel beobachten – eine regelrechte Piep-Show.

Kurz bevor wir das südliche Ende des Jungferweihers erreichen, lockt ein Holzsteg. Allerdings kann ich nur dringend warnen, einen Köpper ins Wasser zu versuchen. Erstens ist das kein Badesee und zweitens ist der See an seiner tiefsten Stelle nur 80 Zentimeter tief, ein Köpper könnte also weh tun. Das absolute Highlight am Südende des Gewässers ist der Ulmener Maar-Stollen. Fantasievoll und lehrreich ist dieser Stollen gestaltet. Wir wandern weiter am See entlang und sollten am Nordufer nicht die Markierung nach rechts verpassen. In ziemlich gerader Wegführung geht es leicht ansteigend in den Wald hinein. Dieser Wegabschnitt ist etwas öde, man sollte Gesellschaft für eine nette Plauderei dabeihaben. Im Wald geht es nach der langen Geradeausstrecke in einem Linksbogen Richtung Westen. An einer

GESCHICHTE(N)

In Ulmen ist die Schule für Diensthundewesen der Bundeswehr angesiedelt. Dort werden unter anderem Rauschgiftspürhunde, Zugriffsdiensthunde, Therapiebegleithunde und Kampfmittelspürhunde ausgebildet. Da jede Einrichtung der Bundeswehr eine ordentliche Abkürzung braucht, heißt die Institution im BW-Jargon SDstHundeBw. Und was ist der DHFhr? Das ist natürlich der Diensthundeführer.

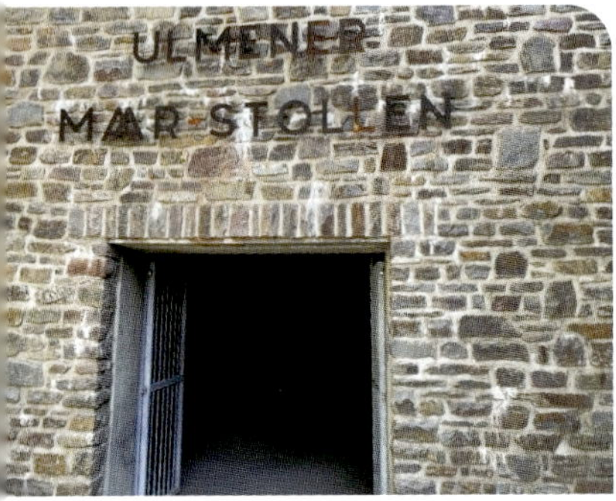

Erdgeschichte hautnah erleben im Ulmener Maar-Stollen

Vogelbeobachtungshaus Jungfernweiher

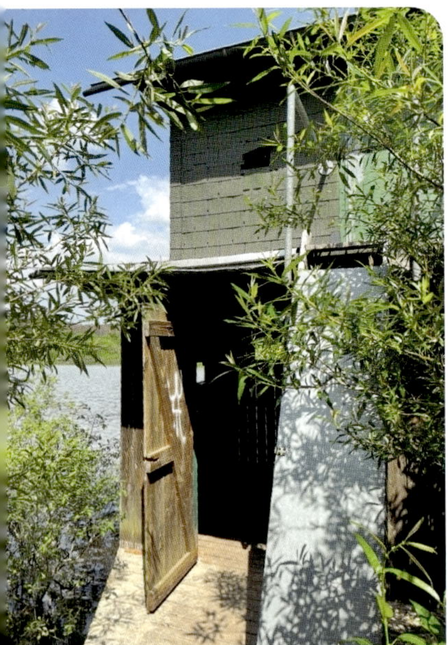

Bank-Tisch-Kombination können wir entspannen – man braucht aber lange Arme, denn der Tisch ist sehr weit von der Bank entfernt.

Langsam wird der Weg etwas attraktiver, auf einem Wiesenweg wandern wir mit tollen Ausblicken in die Vulkaneifel bergab. Wir queren die Eifelquerbahn, die Gleise sind so zugewachsen, dass mit dem nächsten Zug nicht so bald zu rechnen ist. Nach dem Ulmener Ortsteil Furth gehen wir durch ein wunderbares Wiesental oberhalb des Ueßbachs. Leicht geht es noch mal bergan, auf einer Sinnenliege neben einer jagdlichen Einrichtung können wir die Rehe beobachten, die die Jäger bald schießen werden. Nach ungefähr einem weiteren Kilometer durch den Wald erreichen wir den Ortseingang von Ulmen. Über einen Pfad geht es durch ein Wohngebiet. Auf meiner Probewanderung hatte ich bei üppigem Sonnenschein zu wenig Flüssigkeit dabei, daher war ich glücklich über das Lebensmittelgeschäft „Na-Ve-Ka" in der Jahnstraße. In dem sehr skurrilen russischen Laden erstand ich ein giftgrünes Getränk mit Waldmeistergeschmack in der 1,5-Liter-Flasche, das mich vor dem Verdursten rettete.

Weiter geht unser Weg über die Hauptstraße, hinter dem Lidl entlang und dann wieder zum Bahnhof.

ANDRACKS GASTRO-TIPPS

In der Nähe des Bahnhofs kann man im *Edessa-Grill* hinter dem Kreisverkehr Burger-, Pizza- und Dönerspezialitäten verzehren, auch auf der Außenterrasse. Der Grill ist täglich geöffnet, ebenso wie auf der gegenüberliegenden Straßenseite die große Filiale der *Bäckerei Lohner's*.

EISENBAHNROMANTIK

Unsere Tour startet am Bahnhof von Ulmen, aber auf einen Zug muss man eventuell ein paar Jahre warten. Der Abschnitt der Eifelquerbahn von Gerolstein über Daun und Ulmen nach Kaisersesch wurde bis 2014 von der VEB (kein Volkseigener Betrieb der DDR, sondern die Vulkan-Eifel-Bahn) betrieben. Danach wurde der Zugbetrieb eingestellt. Allerdings tut sich etwas, denn unter anderem die Brohltalbahn hat die Hand gehoben, um den Zugverkehr wieder herzustellen. Wir drücken die Daumen, dass das klappt!

Stillgelegte Schienen der alten Eifelquerbahn

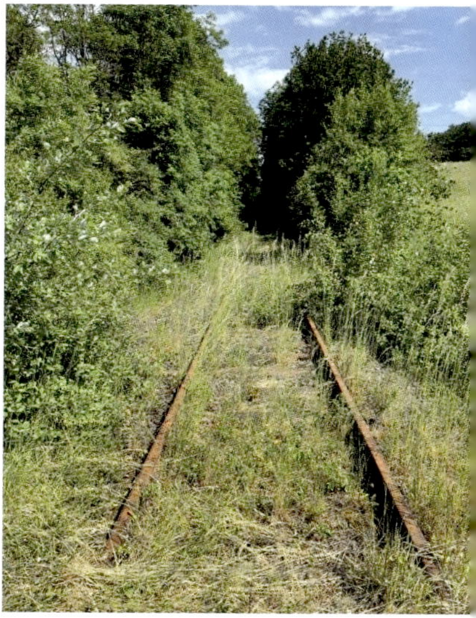

Der Jungfernweiher in voller Pracht, nur ohne Jungfer

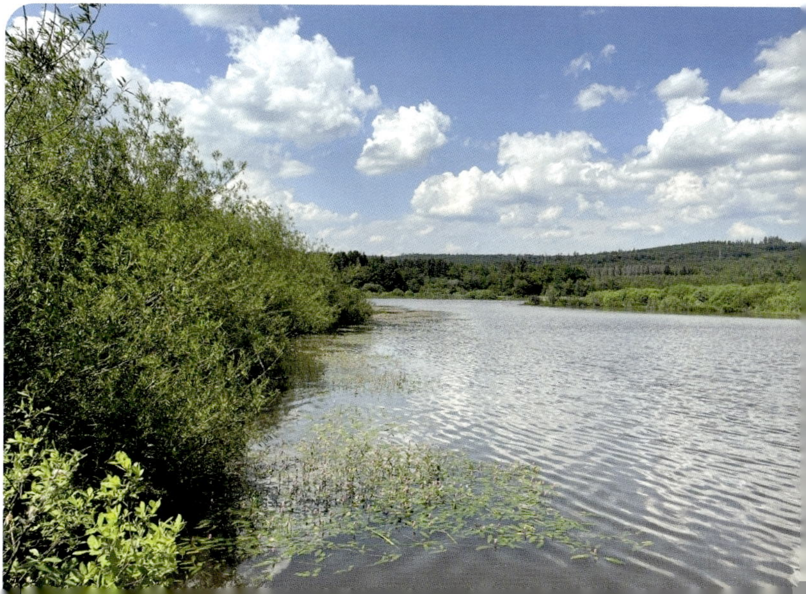

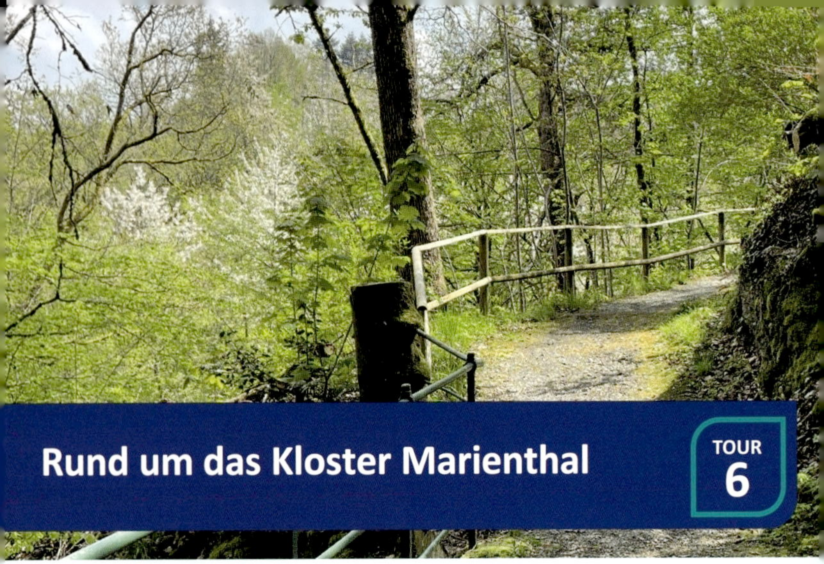

Rund um das Kloster Marienthal

TOUR 6

Auf dem Erlebnisweg Sieg oberhalb des Kreuzwegs

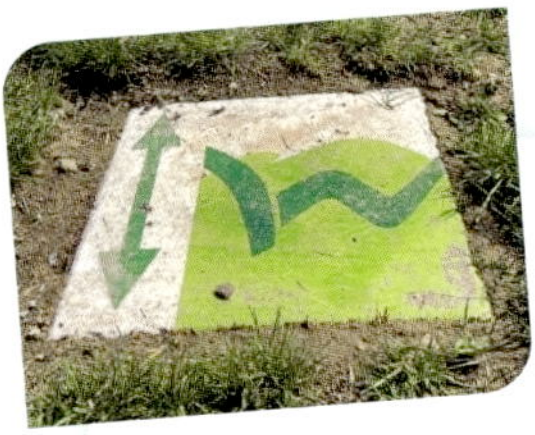

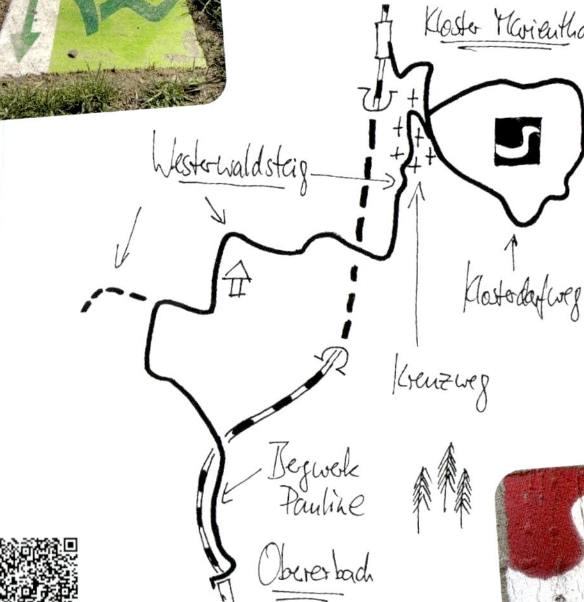

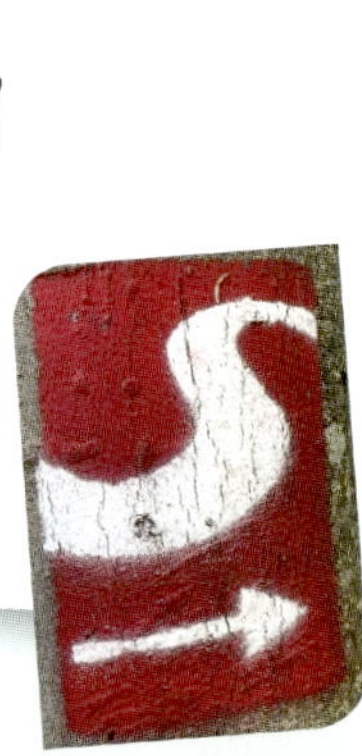

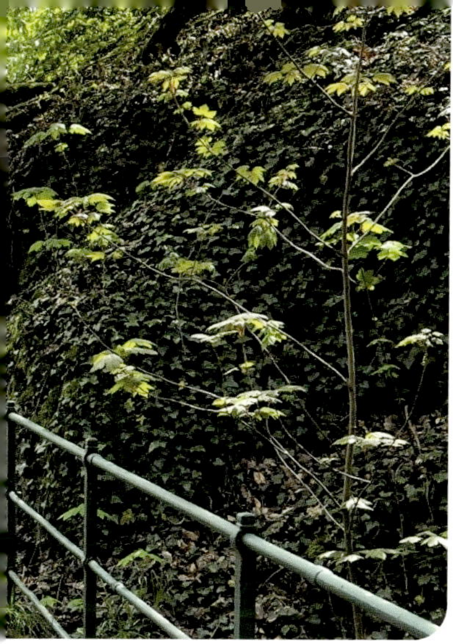

mittelschwer

4,1 Kilometer

148 Höhenmeter

Start:
Bahnhof Obererbach
Ziel:
Haltepunkt Kloster Marienthal

Kloster Marienthal muss bleiben!

DER WEG

Wir starten unsere klösterliche Wandertour in Obererbach. Allerdings liegt der Bahnhof eindeutig im Ortsteil Niedererbach. Weil aber der Hauptort Obererbach ist, heißt der Bahnhof von Niedererbach eben „Obererbach". Alles klar?

Am Fußgängerüberweg überqueren wir die Gleise und treffen auf den Zuweg des Westerwald-Steigs. Wir gehen hinunter zum Angelweiher, hinter dem Sportplatz entlang und dann über eine schöne Holzbrücke. Wir wandern auf einem wunderbaren Weg am Erbach entlang. Unterwegs können wir in den alten Stollen des Bergwerks Pauline hineinsehen, der ist allerdings nur für Fledermäuse begehbar. Am nächsten Bahnübergang überqueren wir ein weiteres Mal linker Hand die Gleise, dann halten wir uns kurz links und biegen bei nächster Gelegen-

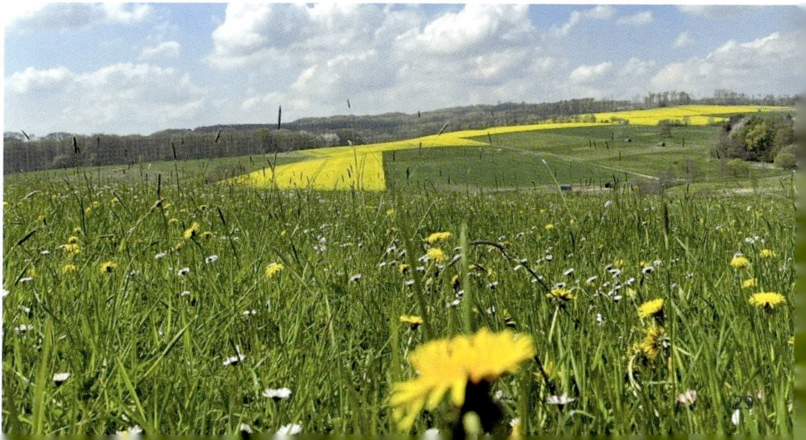

GESCHICHTE(N)

Das Kloster Marienthal hat eine wildbewegte Geschichte. Besonders kurios: Im 19. Jahrhundert richtete das verantwortliche Erzbistum Köln auf dem Klostergelände ein „Demeritenhaus" ein. Emeriten kennt man, aber was sind bitte schön „Demeriten"? Nun, so eine Einrichtung wurde auch „Korrektionshaus" oder „Priestergefängnis" genannt. Schwedische Gardinen für straffällig gewordene Priester, der Begriff „Demeriten" kommt vom französischen „démérite" = Schuld. Ob die Knastbrüder geläutert das „Demeritenhaus" verließen, ist nicht überliefert.

heit rechts ab. Wir wandern auf dem schmalen Pfad am Erbach entlang, bis wir genau 1,4 Kilometer hinter dem Bahnhof den Hauptweg des Westerwald-Steigs erreichen. Wir wenden uns rechts Richtung Kloster und gehen auf einem Grasweg bergan. Lustigerweise ist sogar eine Westerwald-Steig-Markierung als Steinplatte zu unseren Füßen zu erkennen. So kann man sich auch nicht verlaufen.

Auf der Anhöhe wandern wir eine Weile am Waldrand entlang und an der Schutzhütte Waldesruh vorbei. Da oben kann es je nach Wetterlage ganz schön ziehen, im schönen Westerwald pfeift eben der Wind so kalt. Wenn wir Richtung Westen schauen (links von uns), können wir den Raiffeisenturm auf dem Beulskopf entdecken. Unser Wanderweg führt weiter durch eine Kahlfläche mit vielen geschädigten Bäumen, das sieht gespenstisch aus, gleichzeitig ist es faszinierend.

Wir wenden uns links, gehen durch einen dichten Wald

Kloster Marienthal – „by the way"

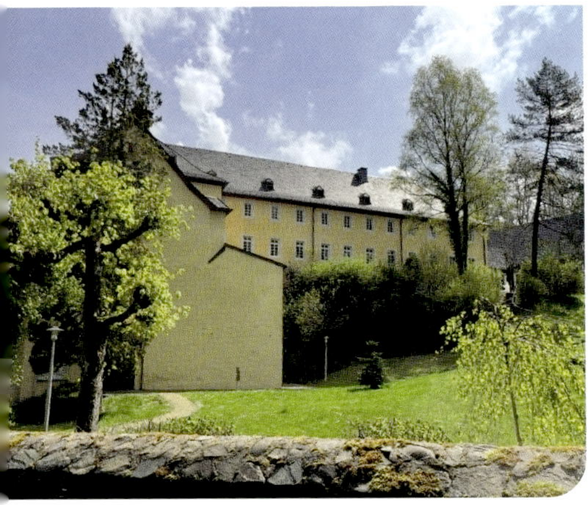

ANDRACKS GASTRO-TIPPS

Es ist historisch bedingt, dass man den Eindruck hat, in sämtlichen Gebäuden des Klosterdorfs Marienthal gäbe es Gaststätten. Hungrige und durstige Pilger wollen eben versorgt werden. Man kann im *Haus S.E.E.* (allerdings ohne Seeblick) oder im Hotel-Restaurant *Marienthaler Hof* einkehren. Wer aber auf belgische Spezialbiere schwört – ich bin ganz großer Fan der belgischen Braukunst – wird diesen Hopfen-Spezialitäten im Waldhotel *Unser Haus der Begegnung* begegnen.

EISENBAHNROMANTIK

Geplant war, ab 2019 am Haltepunkt Kloster Marienthal keine Züge mehr halten zu lassen. Gegen diese Pläne wurde natürlich lautstark protestiert, ich habe mich daran beteiligt. Ich zitiere: „Wandern ist erst richtig schön, wenn man direkt am Bahnhof loswandern kann. So wie am Haltepunkt Kloster Marienthal. Dort bin ich schon ausgestiegen, um auf dem Westerwald-Steig zu wandern. Und beim Belohnungsbier stellt sich nicht die Frage nach der Promillegrenze, wenn man mit der Bahn nach Hause fahren kann. Deshalb muss Kloster Marienthal bleiben. Halte! Punkt! Marienthal!"

und überqueren einen Asphaltweg. Schon bald geht es in Serpentinen hinab zur Klosteranlage. Am Wegrand begleiten uns auf dem Kreuzweg die Leidensstationen von Jesus. Vom Wegekreuz am Kloster sind es dann noch 500 Meter zum Haltepunkt Kloster Marienthal.

Noch Lust auf eine Extrarunde? Dann können wir durch den Ort gehen und uns ab jetzt an den roten Markierungen des Klosterdorfwegs orientieren. In und um das Klosterdorf Marienthal herum erzählen schön gestaltete Info-Tafeln von der Geschichte des Dorfes und des Klosters. Dieser Erlebnisweg führt uns in einen Wald und wir gehen einen Forstweg bergan, der immer steiler wird. Auf dem Bergrücken erwartet uns zum Verschnaufen eine schöne Aussichtsbank. Schon bald geht es auf schmaleren Waldpfaden weiter, bis wir den uns bekannten Westerwald-Steig erreichen und noch einmal den herrlichen Kreuzweg hinab zum Kloster wandern. Doppelt gewandert bleibt besser im Gedächtnis! Schließlich gehen wir dann aber doch zum Haltepunkt Kloster Marienthal.

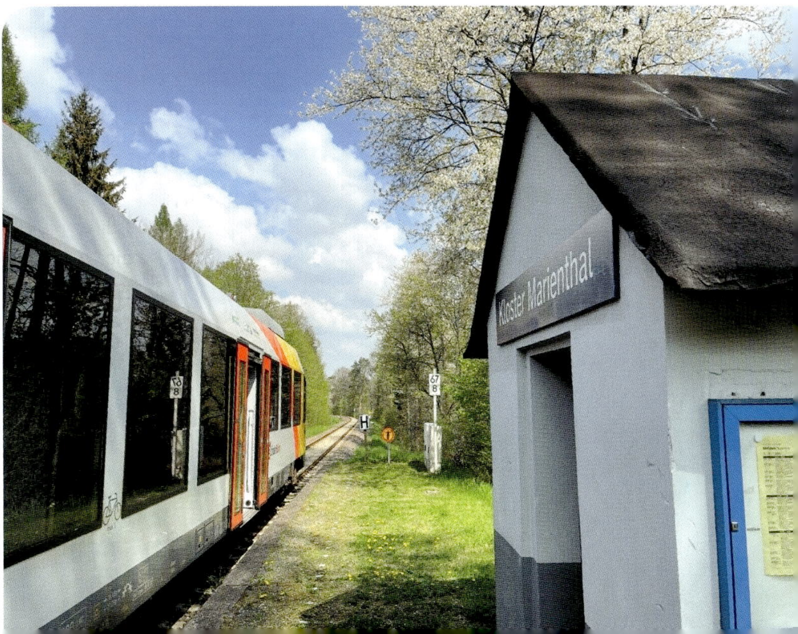

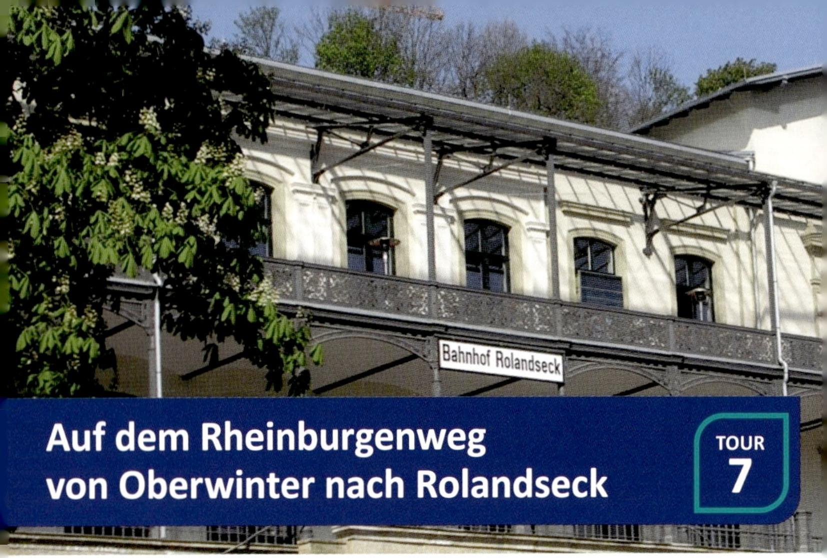

Auf dem Rheinburgenweg von Oberwinter nach Rolandseck

TOUR 7

Empfangsgebäude Rolandseck

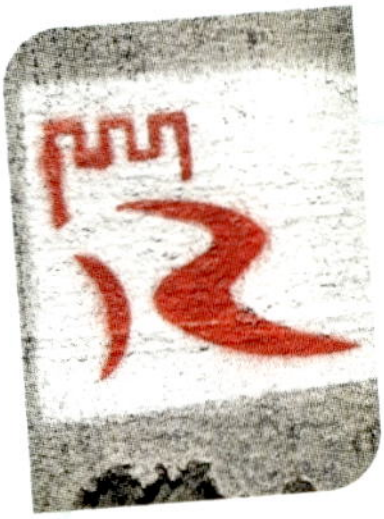

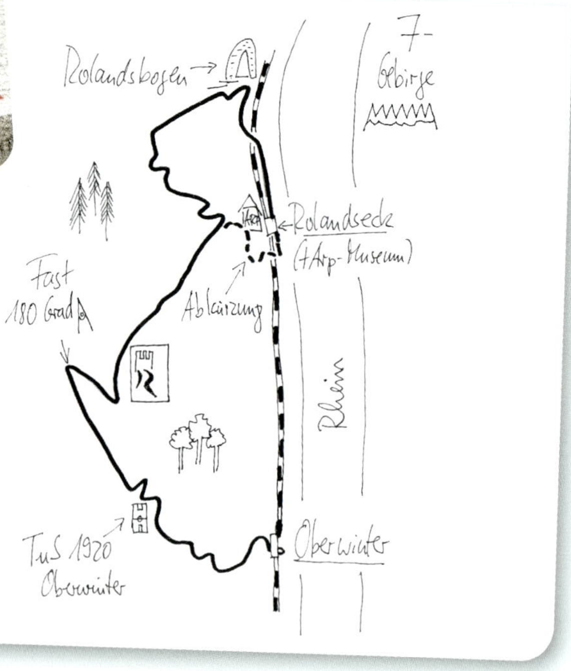

GPX-TRACK

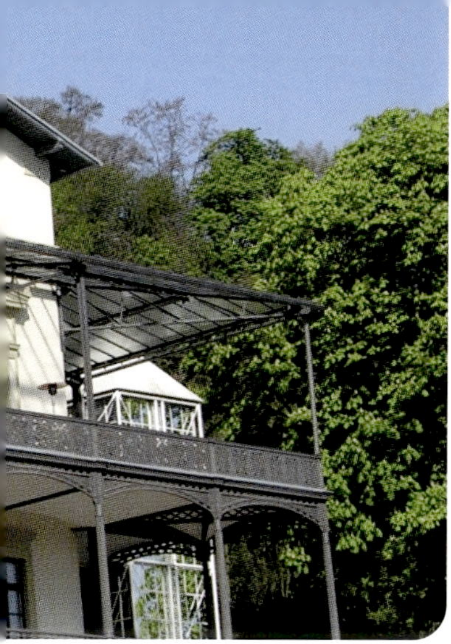

mittelschwer

5,7 Kilometer

211 Höhenmeter

Start:
Bahnhof Oberwinter
Ziel:
Bahnhof Rolandseck

Ritter Roland lässt die trauernde Hildegunde vom Drachenfels zurück

DER WEG

Wir gehen vom Bahnhof in Oberwinter nach links und nach 30 Metern wieder links durch die Bahnunterführung mit der orangen Zuweg-Markierung des Rheinburgenwegs.

Jenseits der Gleise geht es erst einmal hinauf, steil hinauf. Wenn ihr die ersten 300 bis 400 Meter geschafft habt, könnt ihr euch schon einmal beglückwünschen – wir haben schon ordentlich an Höhe gewonnen und können linker Hand schöne Ausblicke auf den Rhein genießen.

Wir gehen halb rechts in den asphaltierten Lohrbergweg, weiter bergan geradeaus in den Oelbergweg zwischen den Wohnhäusern, bis wir die Querstraße Rheinhöhenweg erreichen. Dort wenden wir uns nach rechts, sehen die ersten

Rolandsbogen als Überrest der mittelalterlichen Burg Rolandseck

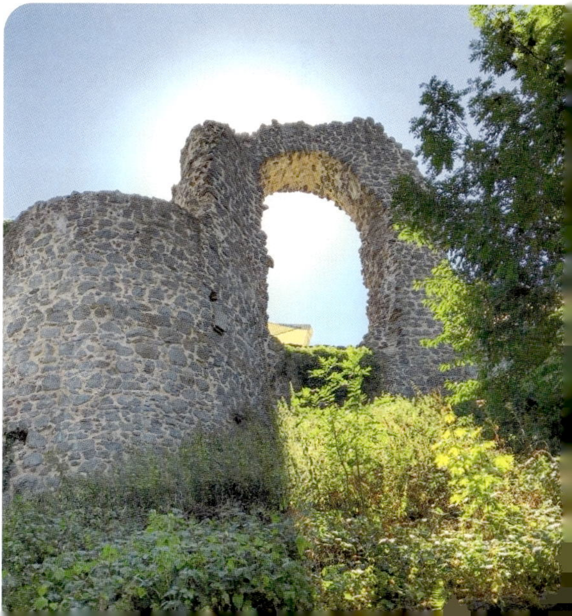

Wegweiser des Rheinburgenwegs und gehen die asphaltierte Straße halb links hinauf Richtung Rolandsbogen. Kurze Zeit geht es zwischen den Häusern links in den Lindenweg und wir wandern eine Weile hinter den Häusern von Oberwinter auf einem schönen Wanderweg. Wir folgen den Markierungen mit dem roten „R" auf weißem Grund und gehen in einer Talsenke am Fußballplatz des „TuS 1920 Oberwinter" vorbei.

Wir wandern kurz durch ein Waldstück, dann über freies Feld, bevor wir für längere Zeit im Wald verschwinden. An der nächsten Wegkreuzung müssen wir sehr aufpassen (ich habe mich dort beim ersten Mal verlaufen), denn unser Weg knickt im Fast-180-Grad-Winkel rechts ab. Wir wandern weitere 2,5 Kilometer durch den Wald. Gleichzeitig ist unser Weg übrigens der europäische Fernwanderweg E8, wir können also theoretisch weiter bis zur Nordsee oder in der anderen Richtung bis in die Karpaten gehen.

An einer Wegbiegung lockt ein Infokasten aus Holz mit Broschüren über die aktuellen Ausstellungen im Arp-Museum – das sollten wir uns unbedingt anschauen.

EISENBAHNROMANTIK

Der Bahnhof Rolandseck ist in seiner wuchtigen Eleganz eigentlich viel zu groß für den kleinen Ort. Wie kommt das? Als in den 1850ern der Bahnhof geplant und gebaut wurde, endete die linksrheinische Rheinstrecke von Köln und Bonn kommend in Rolandseck. Ein Kopfbahnhof wie in Frankfurt und München. Der Ort Rolandseck hatte zwar sehr wenige Einwohner, für die ein großstädtisches Bahnhofsgebäude viel zu groß war. Aber der Ort hat und hatte enormes touristisches Potential. Freizeit-Reisende aus Köln und Bonn konnten von der Terrasse des Erste-Klasse-Restaurants den Blick auf Siebengebirge und Drachenfels genießen oder direkt in die Fähre hinüber nach Bad Honnef steigen. Heute sind im Bahnhof ein Restaurant sowie Ausstellungsräume und der Eingangsbereich des Arp-Museums untergebracht.

GESCHICHTE(N)

Warum wird eigentlich nicht öfter deutsches Liedgut im Radio gespielt? Wer sich Heinos Version des Volksmusik-Hits „Das Lied vom Rolandsbogen" auf YouTube anhört, weiß warum. Das ist die erste Strophe:

Ich kam von ferngezogen
Zum Rhein, zum Rhein
Beim Wirt zum Rolandsbogen
Da kehrt ich ein

Ich trank mit seiner Base
Auf Du und Du
Der Mond mit roter Nase
Sah zu, sah zu

Die Pointe des Songs ist nicht schlecht. Die junge Maid füllt den lüsternen Reisenden derart mit Rheinwein ab, dass der erstens nicht zum Zuge kommt und zweitens sternhagelvoll allein unter freiem Himmel verbringen muss. Die Moral von der Geschicht': Fahr zum Rolandsbogen nicht!

ANDRACKS GASTRO-TIPP

Eine überragende Gastronomie findet sich im Bahnhofsgebäude von Rolandseck. Im *Interieur No. 253* kann man im ursprünglichen Festsaal der Erste-Klasse-Kunden tafeln und feiern wie zu Kaisers Zeiten. Belegt sind Besuche im Bahnhof von Rolandseck von Kaiser Wilhelm II., Queen Victoria, Bismarck, Nietzsche, Victor Hugo. Gut, das Restaurant *Interieur No. 253* gab es damals noch nicht, aber das elegante Ambiente blieb erhalten. Auch am Rolandsbogen kann man einkehren, unbedingt sind Terrassenplätze mit Rheinblick zu empfehlen.

Wir folgen den Zuweg-Markierungen bergab, an der Asphaltstraße gehen wir rechts. 700 Meter nach Verlassen des Rheinburgensteigs haben wir den Bahnhof von Rolandseck und das Arp-Museum erreicht.

Alternativ können wir ab der Abzweigung noch weiter auf dem Rheinburgensteig gehen. Wir wandern bergab, gehen an einem Teich links und dann geht es eine Weile wieder bergan. Auf einem Feldweg wandern wir aus dem Wald hinaus und gehen durch das Naturschutzgebiet Rodderberg an Pferdekoppeln und Walnussbäumen vorbei.

Schon bald haben wir den Endpunkt des Rheinburgenwegs erreicht – den Rolandsbogen. Dieser mystische Rest einer mittelalterlichen Burg hat Rhein-Romantiker wie den Dichter Freiligrath so begeistert, dass er einen Spendenaufruf dichtete – der Rolandsbogen sollte, nachdem er zusammengestürzt war, wiederaufgebaut werden.

Vom Rolandsbogen wandern wir schließlich bergab und dann noch eine kurze Weile rechts an der Bundesstraße entlang bis zum Bahnhof Rolandseck und Arp-Museum.

Bahnhof Rolandseck mit Arp-Museum im Hintergrund

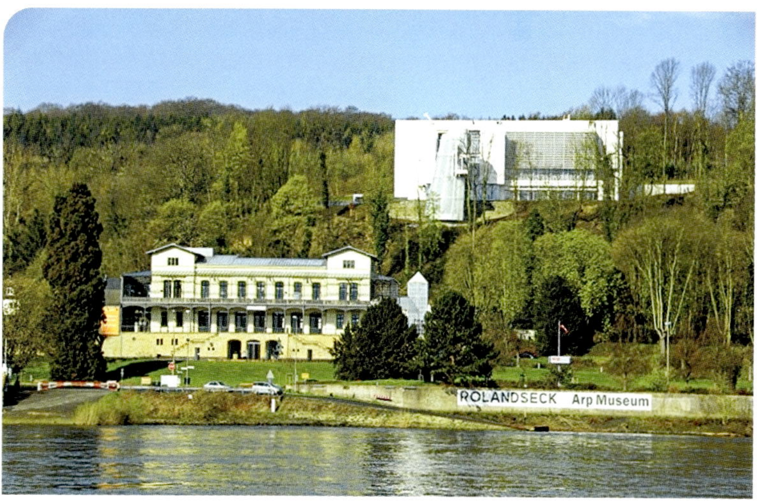

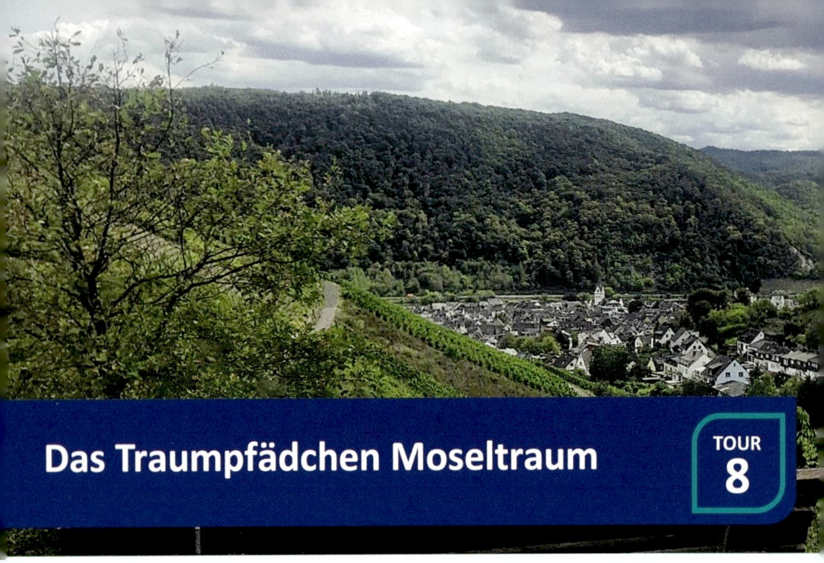

Das Traumpfädchen Moseltraum

TOUR 8

Ortsgemeinde Winningen an der Mosel

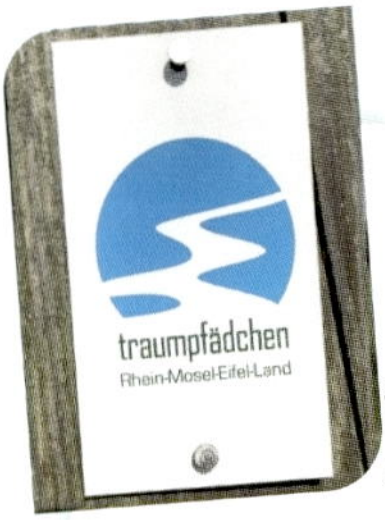

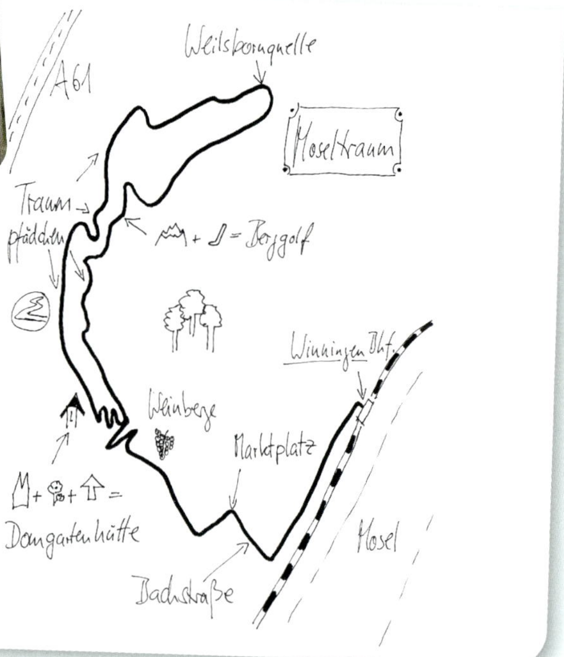

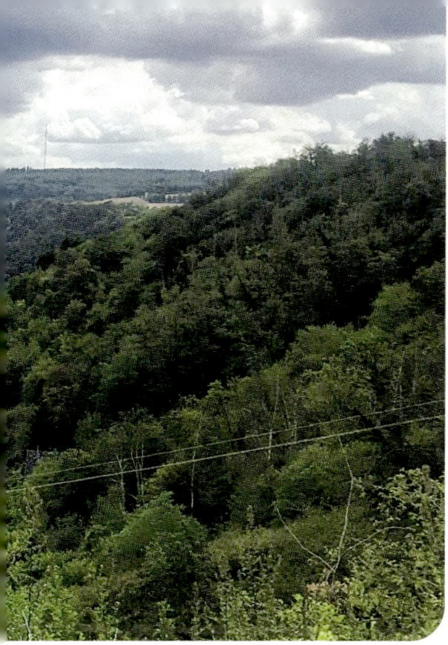

mittelschwer

5,7 Kilometer

155 Höhenmeter

Start und Ziel:
Bahnhof Winningen

Ein Moseltraum auf dem Traumpfädchen in Winningen

DER WEG

Es ist so eine Sache mit dem Traum. Bevor man ins Reich der Träume gleitet, muss man sein Tagwerk verrichten, schaffen, arbeiten, tätig sein. So ist es auch beim Moseltraum, dem kleinen Spazierwanderweg in Winningen an der Mosel – erst die Arbeit, dann das Vergnügen.

Wir gehen die Bahnhofsstraße Richtung Ortszentrum, vorbei an dem renommierten VDP-Weingut Heymann-Löwenstein. Wir überqueren die Hauptstraße über den Zebrastreifen und gehen rechts in die Amüsiermeile des Ortes, die Bachstraße. Aber wie gesagt, das (Wein-)Vergnügen gibt es erst am Ende der Tour. Am Marktplatz wenden wir uns links, mit der Markierung des Rheinburgenwegs direkt rechts. Am *Weinhaus der Hoffnung* gehen wir hoffnungsvoll geradeaus und stoßen an einer Steintreppe auf den Zuweg unseres Traumpfädchens. Über einen traumhaft schönen Winzerpfad geht es bergan, über uns leuchtet weiß auf Schiefer die Schrift der Weinlage: Winninger Domgarten.

Am Querweg sind wir dann so „richtig" auf dem Traumpfädchen Moseltraum angekommen. Wir wandern links im Uhrzeigersinn und folgen auf den nächsten 3,5 Kilometern den hellblauen Markierungen. Schon bald wandern wir wie im Hochgebirge auf steilen Serpentinen und Weinberg-Treppen bergan.

Der Lohn der Mühe ist an der Domgartenhütte ein phantastischer Blick auf Winningen und die Mosel. Wir laufen weiter an Pferdeweiden vorbei und über strauchbewachsene Pfade. Erstaunlich, dass die nahe Autobahn A61 kaum stört. Immer wieder ergeben sich großartige Ausblicke auf die Fluss- und Kulturlandschaft der Untermosel, das macht richtig Spaß. An der Weilsbornquelle ist der Wendepunkt unseres Weges, zurück

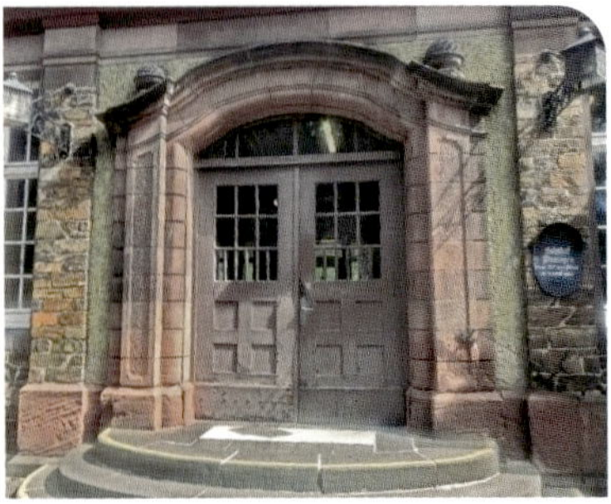

Wahrlich ein Portal – Bahnhof Winningen

geht es bis unterhalb der Domgartenhütte, sozusagen im Untergeschoss der Weinberge – zur Linken das Moseltal, zur Rechten alte, nicht mehr genutzte Weinberge. Man kann noch einige Trockenmauern und Treppen erkennen, aber keine Reben mehr. Das wäre ein wahrer Moseltraum, diese Rebflächen wieder zu aktivieren. An einem Hang unterhalb unseres Weges sehen wir plötzlich sehr merkwürdige Gebilde. Dabei handelt es sich um die sehr seltene Sportart des Berggolfens.

Wir halten uns an die ewig junge Sportart des Kurzstreckenwanderns und haben schon bald wieder den Ausgangspunkt des Traumpfädchens erreicht. Wir gehen die bekannten Wege wieder hinab in den Weinort und sollten es nicht versäumen, uns auch inwendig den Winninger Domgarten zu Gemüte zu führen.

EISENBAHNROMANTIK

Die Moselstrecke zwischen Koblenz und Trier wurde ursprünglich als militärische Bahnstrecke geplant. Mit den Reparationszahlungen der Franzosen nach dem Krieg 1870/71 wurde die sogenannte Kanonenbahn von Berlin nach Metz gebaut. Das Teilstück an der Unter- und Mittel-Mosel wurde 1879 eröffnet.

Den Bahnhof Winningen (kein Haltepunkt im Unterschied zu Lehmen oder Löf) ziert ein imposantes Empfangsgebäude, erbaut 1907. Man merkt, es war (französisches) Geld vorhanden. Man beachte zum Beispiel das wunderschöne Eingangsportal mit originaler Türe zur Schalterhalle – Jugendstil pur.

Die malerische Kulisse der Mosellandschaft lädt zum Genießen des Ausblicks ein

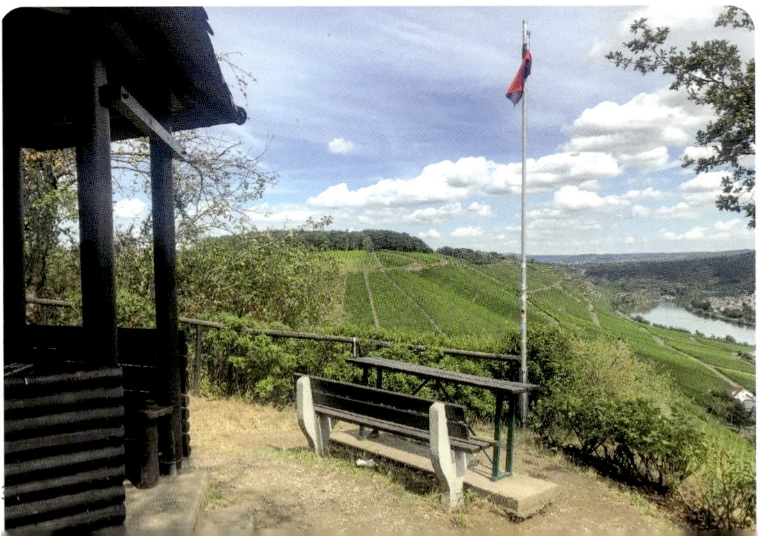

ANDRACKS GASTRO-TIPPS

Sengs Winzerwirtschaft in der Bachstraße ist eine urgemütliche Besenwirtschaft. Selbstverständlich werden auch Weine aus der Domgarten-Lage angeboten. Kulinarisch dreht sich auch (fast) alles um das Thema „Winzer". Es gibt Hausmacher Blut- und Leberwurst, Winzerteller, Winzerbaguette und Winzersteak. Donnerstags bis sonntags geöffnet.

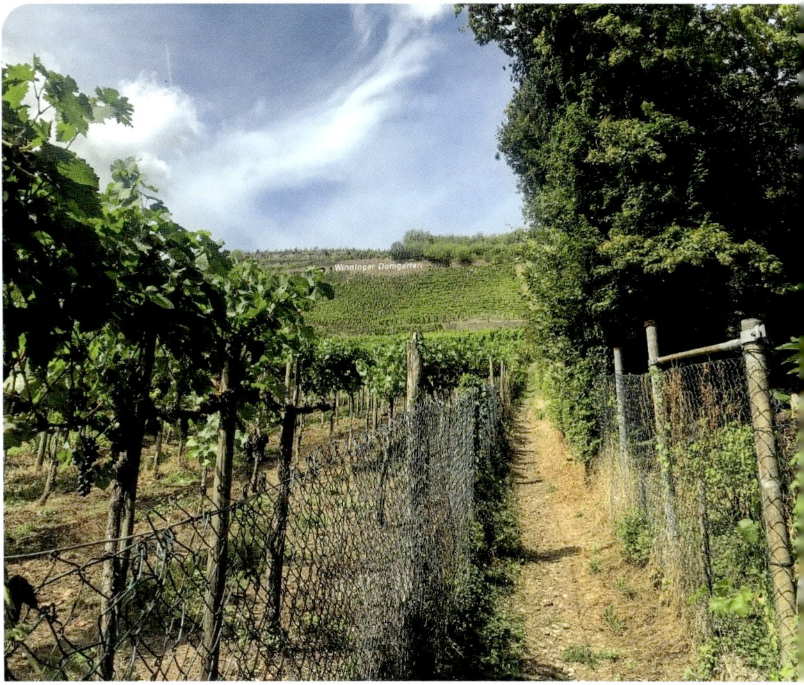

Schmaler Winzerpfad mit Blick auf die Weinlage Winninger Domgarten

GESCHICHTE(N)

Winningen ist in die deutsche Kriminalgeschichte eingegangen. Der Raubmörder Dieter Freese erschoss 1962 bei einem Überfall den Filialleiter der Sparkasse Winningen. Auf seiner Flucht versteckte sich Freese zunächst im Siebengebirge. Ein Polizeibeamter entdeckte ihn dort. Freese konnte jedoch dem Beamten die Pistole entwenden und erschoss bei seiner Flucht den Hund des Polizisten, der ihm gefolgt war. Acht Tage später wurde Freese an der tschechischen Grenze gefasst. 1989 gelang ihm die Flucht aus dem Gefängnis in Diez an der Lahn. In der Nähe von Boppard wurde er einige Tage später, in einem Schafstall hausend, entdeckt.

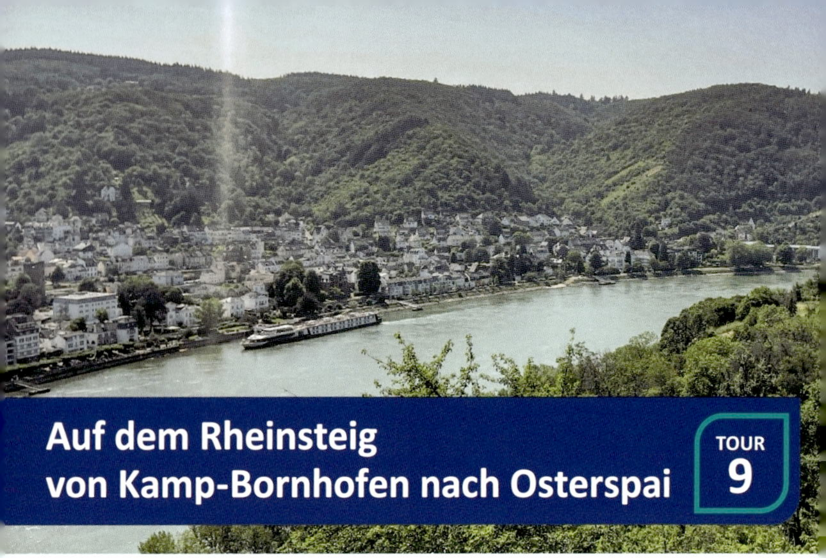

Auf dem Rheinsteig von Kamp-Bornhofen nach Osterspai

TOUR 9

Blick über den Rhein nach Boppard

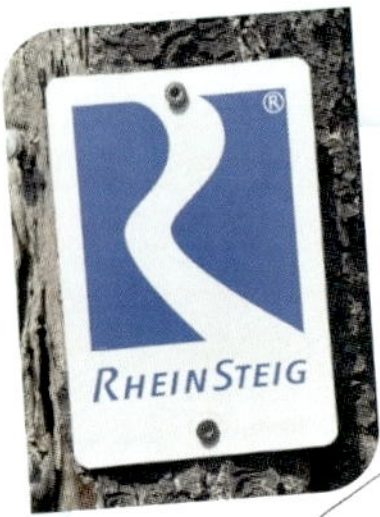

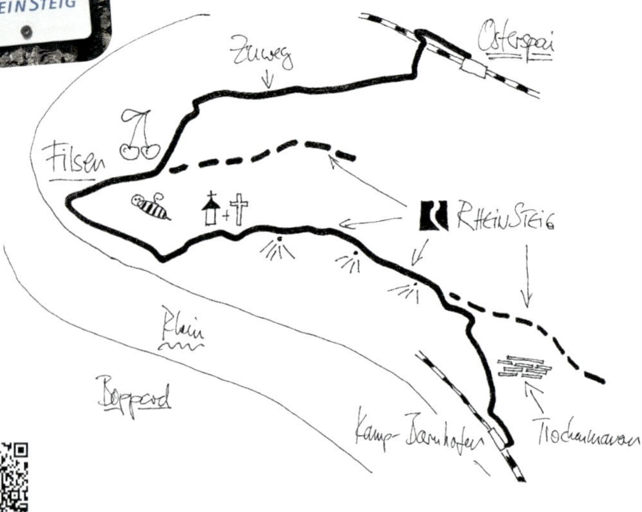

GPX-TRACK

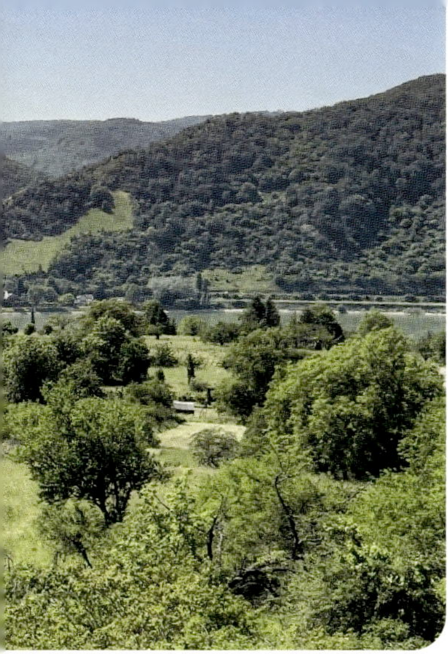

mittelschwer

5,8 Kilometer

192 Höhenmter

Start:
Bahnhof Kamp-Bornhofen
Ziel:
Bahnhof Osterspai

Weinbergpfade, Kirschen, Honig und traumhafte Ausblicke

DER WEG

Am Bahnhof von Kamp-Bornhofen nehmen wir den Ausgang Richtung Gartenstraße und können uns dabei an den gelben Zuweg-Markierungen des Rheinsteigs orientieren. Wir nehmen den Weg Richtung Filsen und schon bald zweigt von der Asphaltstraße rechts ein Bergpfad ab. Dieser Weg hat es wirklich in sich – es geht permanent bergauf, kleine Pausen mit Rheinblicken tun währenddessen gut. Die Trockenmauern am Wegrand verraten uns, dass wir auf einem ehemaligen Weinbergpfad gehen. Auf der Höhe treffen wir auf die blaue, vertraute Markierung des Rheinsteigs. Über einen genialen Pfad schweben wir – so kommt es einem vor – oberhalb des Stroms. An einer Holz-Schutzhütte können wir rasten. Der kurze Abschnitt zwischen Kamp-Bornhofen und Filsen sorgt für reichliche Wander-Glücksmomente, denn die Aussichten sind atemraubend.

Weiter geht es an einer Waldkapelle vorbei und, passend zu diesem christlichen Umfeld, auch an einem riesigen Holzkreuz auf der Filsener Ley. Wir wandern oberhalb des Rheins mit Blick auf Filsen, nicht nur auf dem Rheinsteig, sondern auch auf dem Kirschenpfad. Während auf der anderen Rheinseite der Wein gedeiht, wird rechtsrheinisch der Obstanbau gepflegt.

Ruhige Rast, ob bei Sonne oder Regen

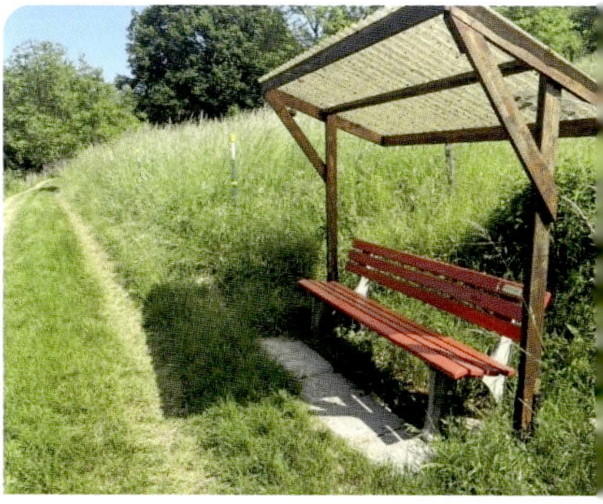

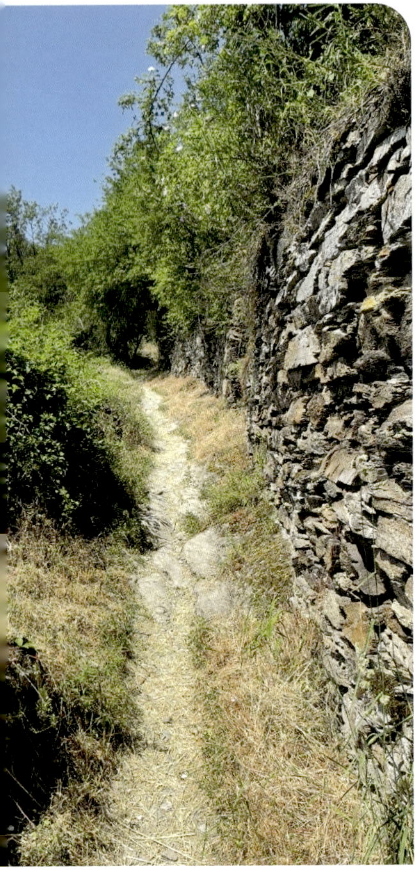

Weinbergpfad mit Trockenmauern

Kurz streifen wir den Ortsrand von Filsen, rechter Hand erregt schon bald das Bienenerlebnisfeld einer Imkerei unsere Aufmerksamkeit. An einem Grasweg können wir den Bienen bei der Arbeit zusehen und erfahren Wissenswertes über das Imkerhandwerk. Und wer das Bienenerlebnis abrunden möchte, kann sich in der „Honig-To-Go-Box" bedienen – selbstverständlich gegen Bezahlung. Auch die zwei Sessel in einer überdimensionalen Zwillingskirsche erzählen vom „Thema Obst" in der Region.

Nach kurzer Zeit haben wir schon den Zuweg nach Osterspai erreicht, 2,2 Kilometer sind es noch bis zum Ort. Wir laufen auf einem Feldweg geradewegs in die Bopparder Hamm – so erscheint es zumindest, weil sich der Rhein ver-

Zum Anbeißen – in diese Kirschen könnte man sich reinsetzen

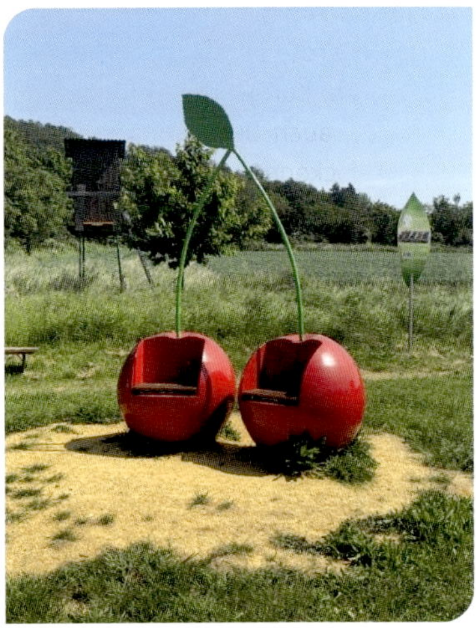

ANDRACKS GASTRO-TIPPS

Kurz vor dem Bahnhof Osterspai führt uns die St. Martinstraße zum Verkaufsstand des *Obst- und Weinguts Lemler*. Das sind doch genau die Themen unserer Wanderung! Den guten Rheinwein kann man vor Ort mit Blick auf den Strom verkosten, das Obst schließlich mit nach Hause nehmen – als fruchtige Erinnerung an eine tolle Rheinwanderung!

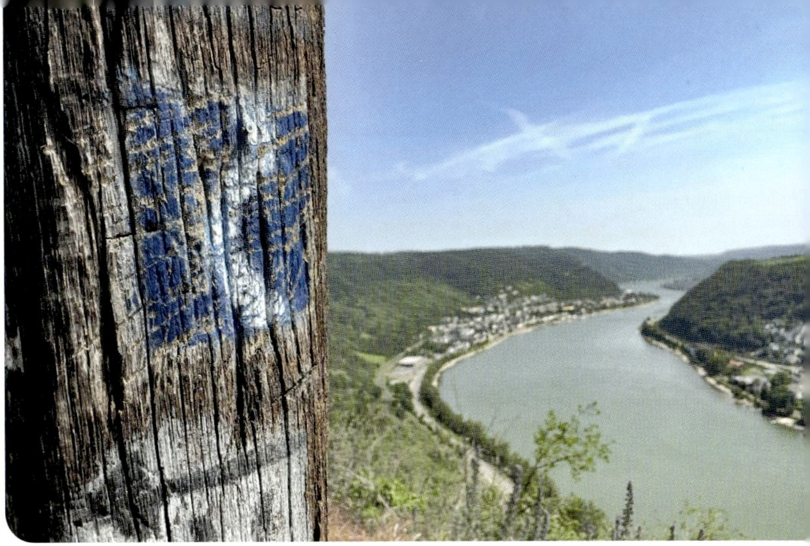

Trotz Patina und Verwitterung stets ein treuer Wegweiser

steckt hat. Wir gehen an Weideflächen vorbei, eine rote Bank bietet eine Rastmöglichkeit. Kurios ist: Die Bank ist überdacht, auch bei Regen sitzt man also im Trockenen. Wir erreichen Osterspai, gehen Richtung Rhein, vor der Bahnstrecke links in die Gartenstraße. Dort unterqueren wir die Bahn und gehen rechts über die Hauptstraße und die Bahnhofsstraße zum Bahnhof Osterspai.

EISENBAHNROMANTIK

Während wir Wanderer mit dem Rheinsteig über den Bergsporn zwischen Kamp-Bornhofen nach Osterspai gehen, macht die rechtsrheinische Eisenbahnstrecke einen ausladenden Bogen – 5,9 Kilometer – und hält dabei auch noch in Filsen. Jede Menge Zeit, das Flusspanorama und die Aussicht auf die Weinberge der Bopparder Hamm zu genießen. So geht Bahnwandern!

GESCHICHTE(N)

Das Holzkreuz auf der Filsener Ley wurde 1904 errichtet, erinnert aber an einen Krieg im 15. Jahrhundert. Wer gegen wen? Auf der einen Seite das Bopparder Reich. Boppard war im Mittelalter ein unabhängiger Staat, keinem Fürsten, nur dem deutschen Kaiser direkt unterstellt. Gegner des Bopparder Reichs war der Kurfürst von Trier, der die Stadt erobern wollte. Am 23. Juni 1497 begann die Artillerie des Kurfürsten zu schießen. Auf der Filsener Ley hatten sie ihre Kanonen platziert und schickten ihre Kugeln über den Rhein nach Boppard – ganz schöne Reichweite! Das Ende vom Lied: Boppard verlor diesen Krieg und musste sich dem imperialen Kurfürsten von Trier unterwerfen.

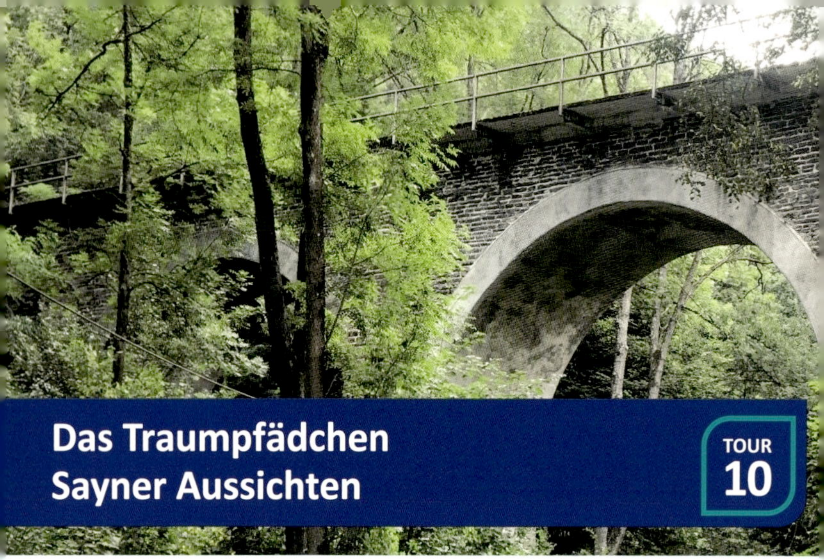

Das Traumpfädchen Sayner Aussichten

TOUR 10

Viadukt der Brexbachtalbahn

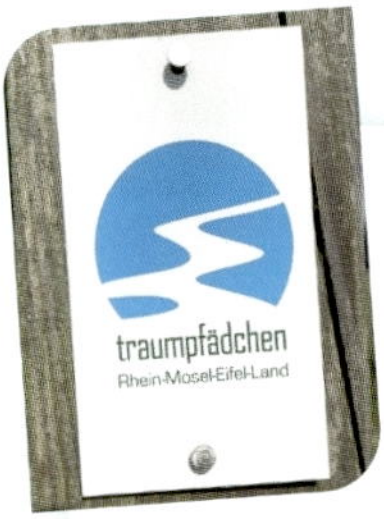

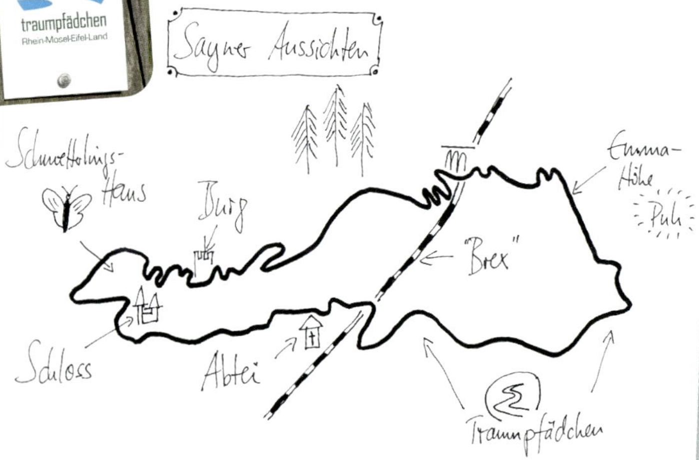

GPX TRACK

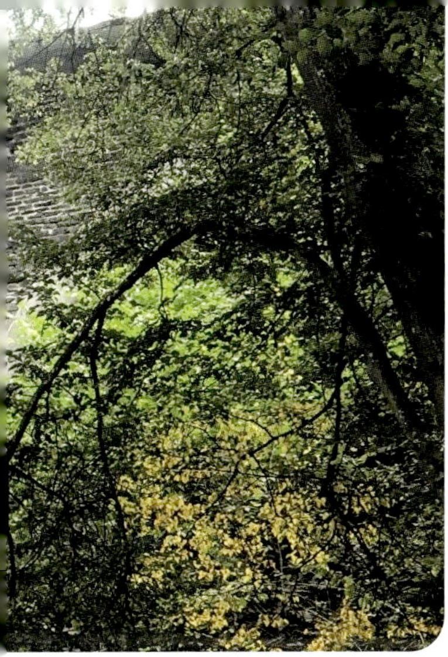

mittelschwer

6,1 Kilometer

235 Höhenmeter

Start und Ziel:
Endhaltestelle Schloss Sayn, Bendorf

Sayn oder nicht Sayn, das ist hier keine Frage

DER WEG

Praktischerweise hält unser Bus nicht nur direkt am Schloss Sayn, sondern auch an einer Verkehrsinsel mit einem voluminösen Wegweiser-Pfahl. Man muss sich erst einmal einen Überblick verschaffen. Dann folgen wir dem hellblauen Wegweiser, überqueren die Straße, gehen in den Schlosspark und haben schon bald das erste Highlight unseres Traumpfädchens erreicht – den Garten der Schmetterlinge der Fürstin zu Sayn-Wittgenstein-Sayn. Das muss man live erlebt haben, wie ein Schmetterling sich entpuppt und dann deinen Pullover als erste Heimat entdeckt.

Wir überqueren bald darauf eine Landstraße und es geht bergan hinauf zur Burg Sayn. Man fragt sich schon, ob früher die Burgen immer auf Bergen gebaut wurden, um Wanderer zu ärgern. Kurz vor dem Burghof erhaschen wir noch einen Blick ins Tal auf die Sayner Hütte. Das ist sozusagen die Sayner Evolution: Hütte, Burg, Schloss.

Nachdem wir über den Burghof geschlendert sind, gehen wir hinter einem Wildgitter überraschend direkt scharf rechts auf einen wunderschönen Pfad. In der Folgezeit wandern wir auf und ab durch lauschige Wälder auf den Höhen dahin. Wir folgen ausschließlich der hellblauen Markierung des Traumpfädchens, bei den vielen Markierungen hier oben kann man sonst leicht durcheinanderkommen. In dem Eichenniederwald geht es nun merklich in Serpentinen bergab ins Brexbachtal. Wir unterqueren einen imposanten Viadukt.

Und dann sollte man – zumindest psychisch – Anlauf nehmen. Denn nun geht es ordentlich steil in Serpentinen wieder bergan, bis wir die sogenannte Emma-Höhe erreicht haben. Schnaufend wie die Lok von Lokomotivführer

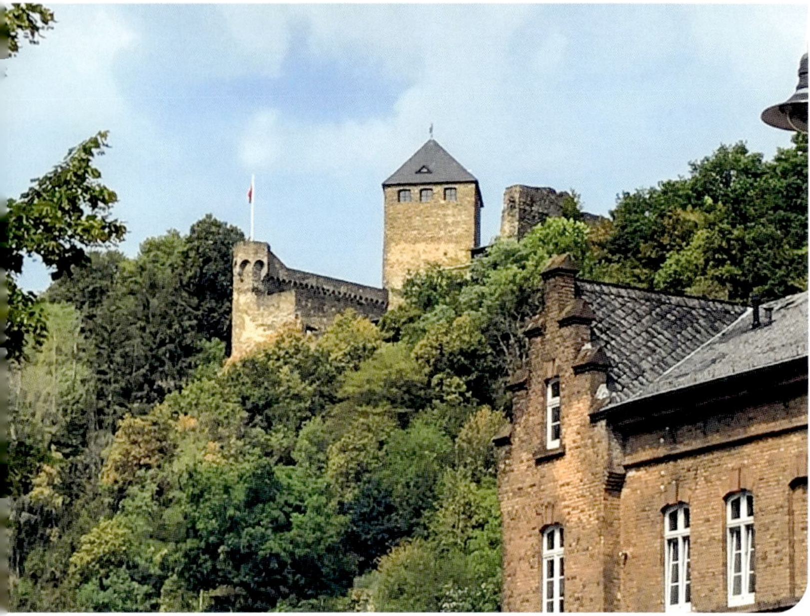

Ruine der im 12. Jahrhundert erbauten Burg Sayn ...

... und die stattliche Abtei Sayn mit ähnlich alten Wurzeln

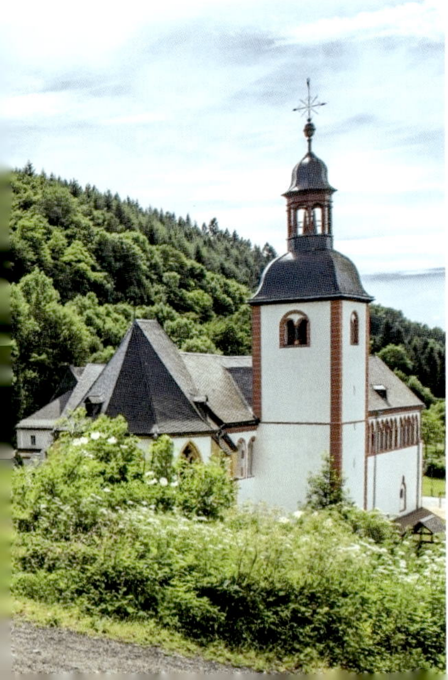

Lukas nehmen wir nun einen schönen Forstweg in Angriff, der eben und leicht bergab an der Hangseite verläuft.

GESCHICHTE(N)

Die Sayner Hütte wurde 1769/1770 errichtet und spezialisierte sich auf kunstvolle Eisengusse. Vor allem Öfen, Weinkeltern, Gartenbänke, Geländer oder auch repräsentative Grabmäler aus Gusseisen kamen aus Sayn. 1926 wurde die Hütte stillgelegt. Besonders beeindruckend ist die Gießhalle. Sie trägt den Titel „Historisches Wahrzeichen der Ingenieurbaukunst“ und ist aufgebaut wie eine dreischiffige Basilika. Statt dem Hochamt der Industriekultur finden dort heute Veranstaltungen statt.

ANDRACKS GASTRO-TIPPS

Für Wanderer wunderbar zu empfehlen ist die *Sayner Scheune* in unmittelbarer Nähe zum Schmetterlingshaus. Neben Sayner Hütte, Sayner Burg, Sayner Schloss darf natürlich auch die *Sayner Scheune* nicht fehlen. Zur Schlusseinkehr kann man bei gutem Wetter im großartigen Biergarten sitzen und die leicht mediterran angehauchte Küche genießen. Geöffnet täglich außer montags.

Beim Blick ins Brexbachtal sieht man leider an einigen toten Baumgruppen, wie Klimawandel und Borkenkäfer den Forst stressen. Dann wird es aber sehr lebendig. Wie Affen klettern, gleiten, krabbeln behelmte kleine und große Menschen zwischen den Bäumen herum. Im Kletterpark Sayn kann man in jedem Alter versuchen, die Höhenangst zu besiegen. Unser Traumpfädchen knickt scharf rechts ab, wir überqueren die Gleise der Brexbachtalbahn. Nach kurzer Zeit passieren wir das mächtige Gebäude der Alten Abtei von Sayn. Diese Wandertour ist sehr reich an fulminanten Highlights! Wir wandern weiter am Brexbach entlang, teilweise auf einem Pfad direkt am sprudelnden und gurgelnden Wasser. Schließlich gehen wir kurz durch ein Wohngebiet und sehen plötzlich wieder das Schloss Sayn vor uns. Das Finale einer unglaublich abwechslungsreichen und teilweise auch anstrengenden, kurzen Wanderung.

EISENBAHNROMANTIK

Die Brexbachtalbahn, liebevoll „Brex" genannt. Die Nebenstrecke von Neuwied-Engers nach Siershahn im Westerwald wurde 1884 eröffnet und war ein landschaftsarchitektonisches Highlight. Auf knapp 22 Kilometern geht es über 36 (!!!) Brücken und durch sieben Tunnel am Brexbach entlang. Unter einer diese Brücken wandern wir auf unserer Tour hindurch. 1989 wurde die Strecke stillgelegt. Seit Jahren bemüht sich ein rühriger Förderverein um die Reaktivierung der landschaftlich spektakulären Strecke. Drücken wir die Daumen, dass wir bald wieder (mit Volldampf) auf der Brexbachtalbahn fahren können.

Schloss Sayn

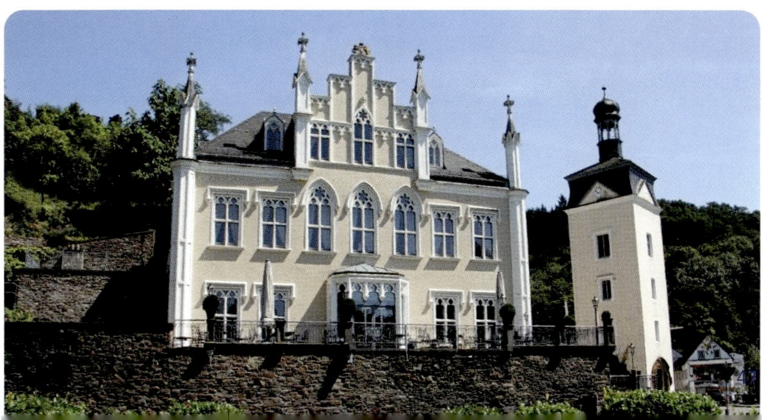

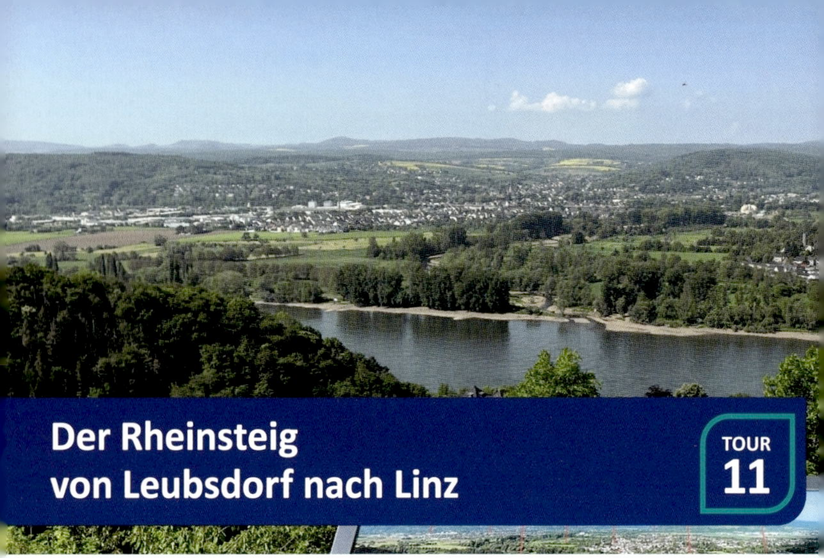

Der Rheinsteig von Leubsdorf nach Linz

TOUR 11

Blick auf die Goldene Meile und das Ahrtal

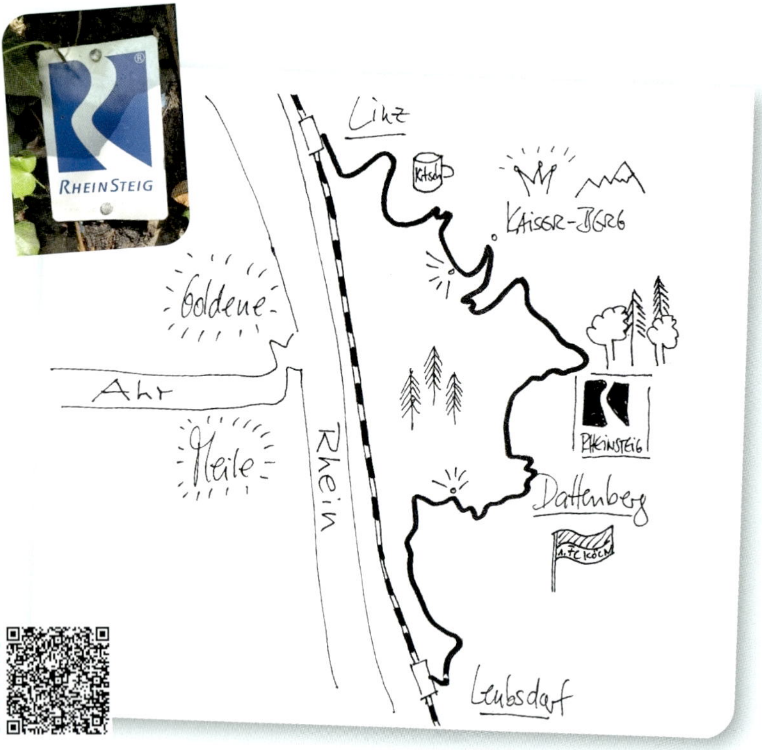

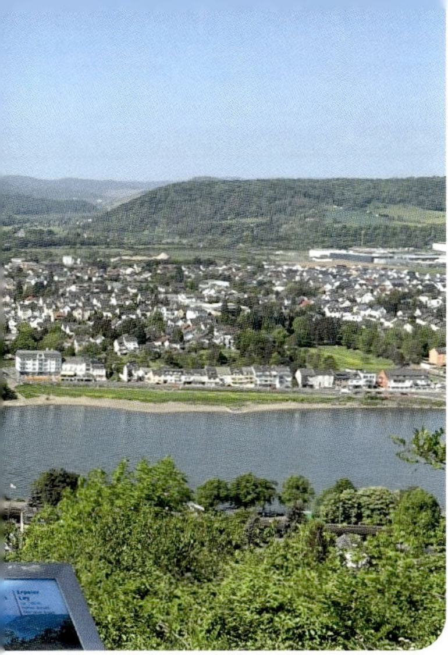

mittelschwer

6,5 Kilometer

261 Höhenmeter

Start:
Bahnhof Leubsdorf
Ziel:
Bahnhof Linz

Linz am Rhein ist so lecker wie Linzer Torte

DER WEG

Am Bahnhof von Leubsdorf unterqueren wir die Bahnstrecke, gehen kurz über die Hauptstraße, dann links auf der Kirchstraße bergan. Schon nach 200 Metern haben wir die blauen Wegweiser des Rheinsteigs erreicht und wandern links Richtung Linz den Berg hinauf. Diese erste Steigung ist nicht besonders heftig, wir gehen oberhalb der Bahnlinie durch den Wald und haben durch die Bäume immer wieder einen guten Blick auf den Strom. Man sieht, warum der Rhein eine der bedeutendsten Wasserstraßen Europas ist, der Schiffsverkehr ist enorm.

Wenn wir Richtung Norden schauen, können wir in einiger Entfernung einen Bergsporn direkt am Rhein erkennen. Das ist die Erpeler Ley, durch die der Tunnel der weltberühmten Brücke von Remagen führte. Schon bald haben wir den sogenannten Naturpark-Weitblick erreicht. Wir wandern nämlich im Naturpark Rhein-Westerwald und auf der Panorama-Tafel am Naturpark-Weitblick schauen wir auf die Mündung der Ahr und die Goldene Meile. Diese „Goldene Meile zeichnet sich durch besonders gute und fruchtbare Böden aus".

Wir gehen hinauf nach Dattenberg und durchqueren den Ort. Wenn wir auf den Boden schauen, sehen wir – das ist eher ungewöhnlich – unsere blaue Markierung auf dem Pflaster des Bürgersteigs. Wir wandern durch den Ort und an einer Kapelle bergan. Bis zum Sportplatz von Dattenberg gehen wir auf einem schönen Waldweg oberhalb des Rheins und können immer wieder durch die Bäume Blicke ins Rheintal erhaschen. Wir wandern weiter und entfernen uns etwas vom Rhein.

Wir erreichen einen zauberhaften Wald mit tief eingeschnittenen Siefen. Nach einem weiteren Anstieg können

GESCHICHTE(N)

Im Mittelalter gehörte die Region um Linz (bis Leubsdorf) zum Kirchspiel Linz. Warum heißt „Kirchspiel" eigentlich „Kirchspiel"? Mit wem oder was hat die Kirche denn gespielt? Mit einem Spiel hat der Name nichts zu tun. Der etymologische Ursprung ist vielmehr das althochdeutsche „spël", das zum mittelhochdeutschen „spil" mutierte. Die Bedeutung von „spël"/„spil" ist „Rede, Erzählung", im kirchlichen Zusammenhang: „Predigt". Die Ähnlichkeiten zum englischen „to spell" sind offensichtlich. Das war die „spël" vom Rheinsteig (zwischen Leubsdorf und Linz).

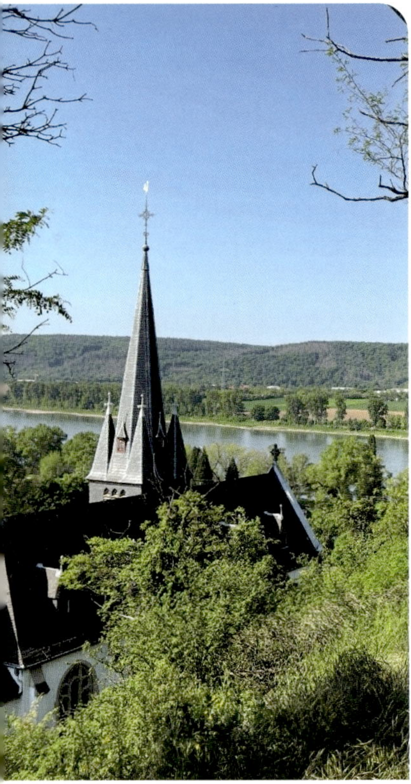

Die Kirche St. Walburgis in Leubsdorf am Rhein

EISENBAHNROMANTIK

Die rechte Rheinstrecke war schon immer eine Art Aschenputtel verglichen mit der linksrheinischen, der Rheingold-Strecke. Zwar gab es schon 1844 erste Pläne, eine Strecke von Deutz über Koblenz nach Rüdesheim zu bauen. Aber zuerst verbot 1853 das preußische Kriegsministerium die Bahnlinie, weil sie durch die Festung Ehrenbreitstein verlaufen wäre. Und dann sah der Vertrag mit der Eisenbahn-Gesellschaft der linksrheinischen Strecke vor, dass zunächst der rechtsrheinischen Linie keine Konzession erteilt werden sollte. Ab 1871 war die gesamte Strecke befahrbar.

wir den Ausblick auf dem Kaiserberg genießen. Linker Hand liegt Sinzig, rechter Hand Remagen, dazwischen das Ahrtal. Schon eine ganze Weile haben uns übrigens auch die roten Markierungen der neuen Rheinsteig Rundtour begleitet, Start dieses Rundwanderwegs ist am Kaiserberg.

Vom Sportplatz am Kaiserberg wandern wir in Serpentinen den Berg hinunter und erreichen an der St. Martin-Kirche Linz am Rhein. Am Marktplatz verlassen wir den Rheinsteig und gehen mit der Zuwegung durch die Rheinstraße an der Burg vorbei und durch eine Unterführung zum Bahnhof.

ANDRACKS GASTRO-TIPPS

Auf unserem Weg zum Bahnhof kommen wir am *Café Tomorrow* in der Rheinstraße vorbei. Dieses Etablissement hieß bis vor kurzem noch *Café Kitsch*. „Kitsch" war gestern, „Tomorrow" ist heute. Obwohl ja das „morgen" von „gestern" „heute" ist. Egal. Es gibt weiterhin selbstgemachte Kuchen und eine große Auswahl an Non-Food-Accessoires. Vor allem die diversen Steckdosenlampen sind einfach nur – herrlich kitschig!

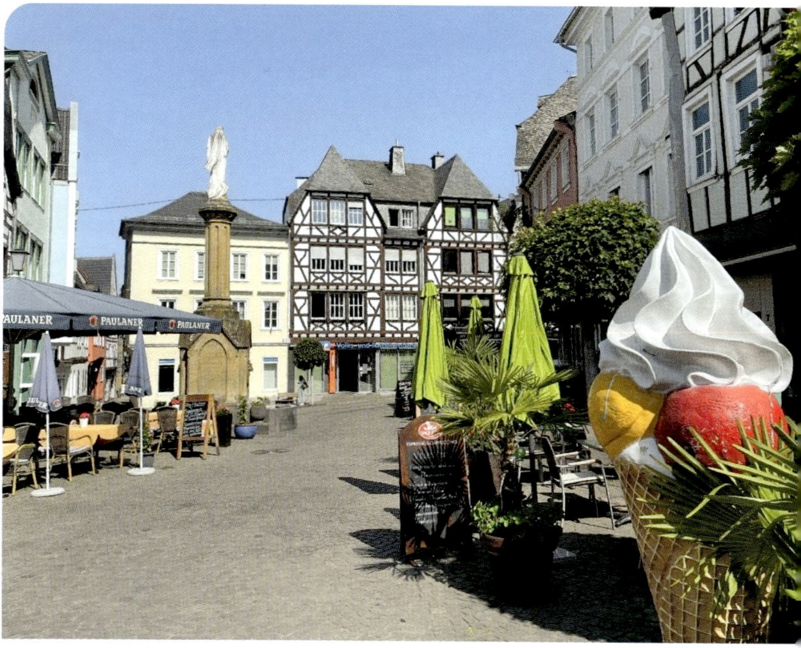

Die historische Altstadt von Linz am Rhein

Auf dieser kurzen Etappe konnten wir erfahren, beziehungsweise erwandern, warum der Rheinsteig der beliebteste Wanderweg Deutschlands ist. Die Tour war sehr abwechslungsreich, mit großartigen Ausblicken ins Rheintal und vor allem sind alle Etappen herausragend an die rechte Rheinstrecke angebunden. Dank VRM macht das Wandern auf dem Rheinsteig erst richtig Spaß!

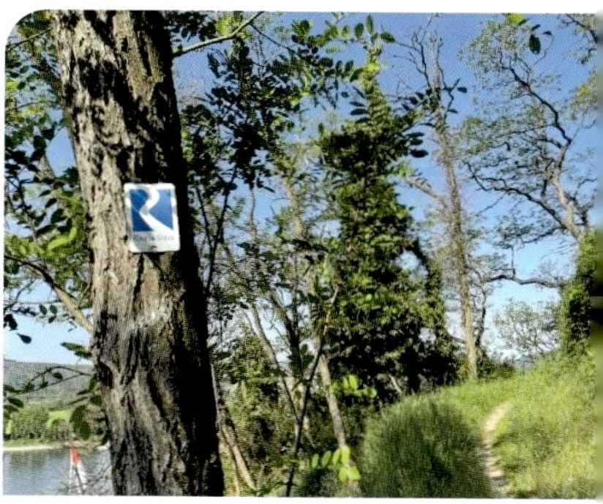

Markierungszeichen Rheinsteig

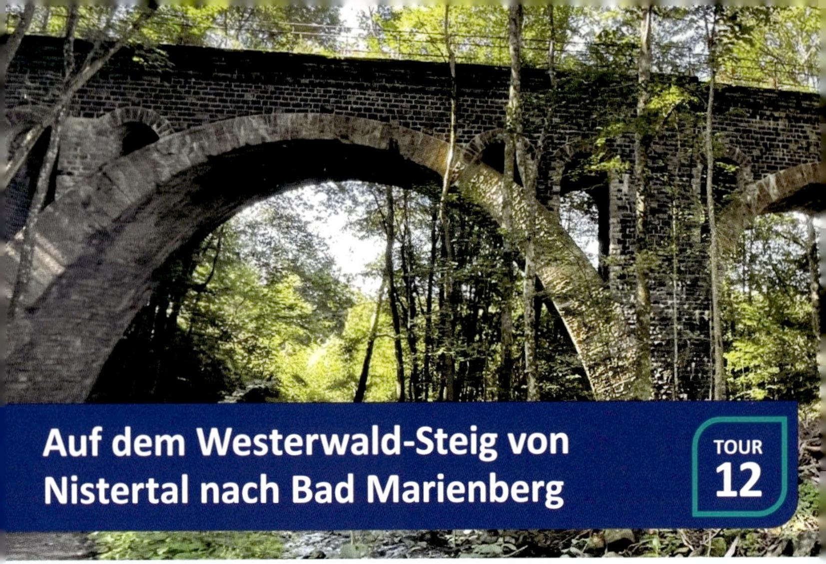

Auf dem Westerwald-Steig von Nistertal nach Bad Marienberg

TOUR 12

Viadukt bei Bad Marienberg

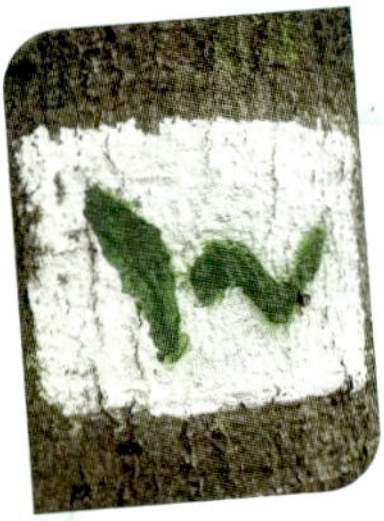

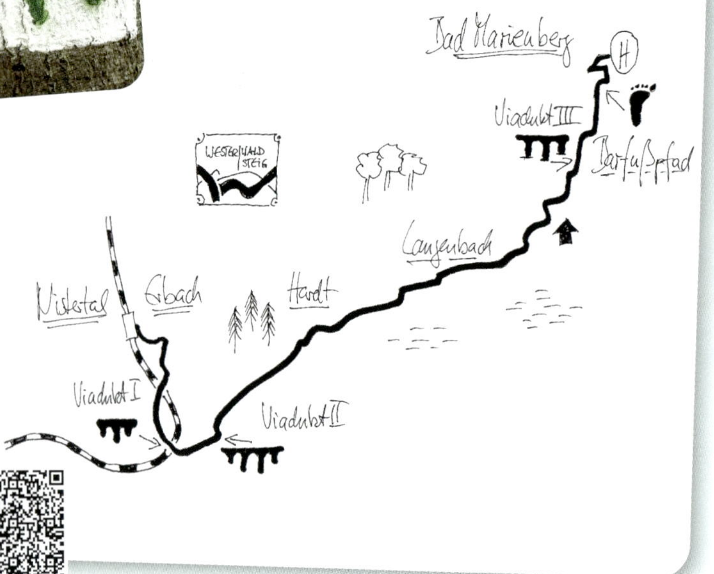

GPX-TRACK

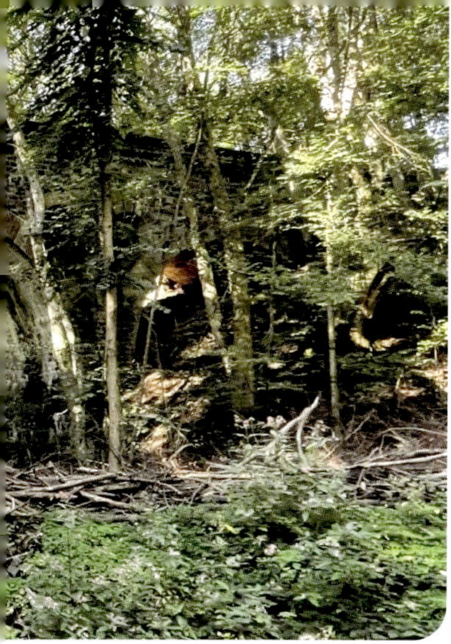

mittelschwer

6,7 Kilometer

191 Höhenmeter

Start:
Bahnhof Nistertal-Bad Marienberg

Ziel:
Bushaltestelle Bad Marienberg, Neuer Weg

Der dritte Viadukt

DER WEG

Wir gehen am Bahnhof von Nistertal-Bad Marienberg in Erbach los. Hört sich kompliziert an, ist auch kompliziert. Etwas versteckt und zugewachsen sehen wir am Bahnhof den ersten Wegweiser des Westerwald-Steigs. Die Straße entlang, links zum Ortskern mit Hotel Rückert, dann rechts. Die Rosengasse immer geradeaus und die Oberwesterwaldbahn überqueren. Auf einem schönen Feldweg gehen wir an einem Bach entlang und treffen einen guten Kilometer nach dem Bahnhof auf den Hauptweg des Westerwald-Steigs. Nach wenigen Metern unterqueren wir den ersten von drei Eisenbahnviadukten auf unserem Weg. Na gut, der erste Viadukt ist eher ein „Viaduktchen". Bald geht es etwas bergan, rechts auf einen Pfad und dann – Tusch! – stehen und wandern wir unvermittelt unter einem der zauberhaftesten Viadukte Deutschlands, der Erbacher Brücke, auch Nistertalviadukt genannt. Über diese Brücke führte die Stichstrecke nach Bad Marienberg (siehe Eisenbahnromantik) – Toll! Kurz nach der Brücke biegen wir scharf links ab und gehen parallel zur ehemaligen Bahnstrecke, die zum Radweg ausgebaut wurde, durch den Wald.

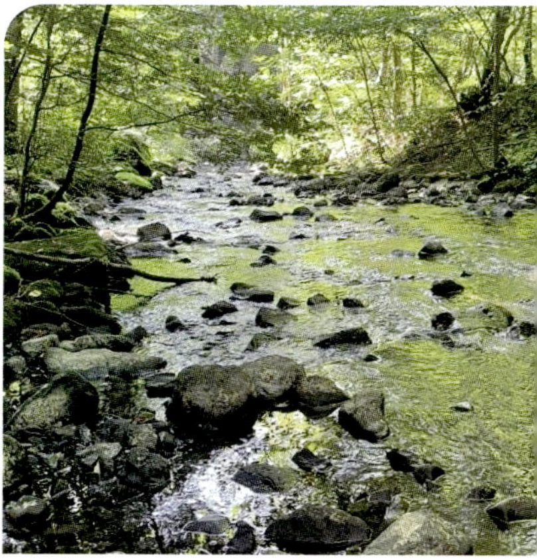

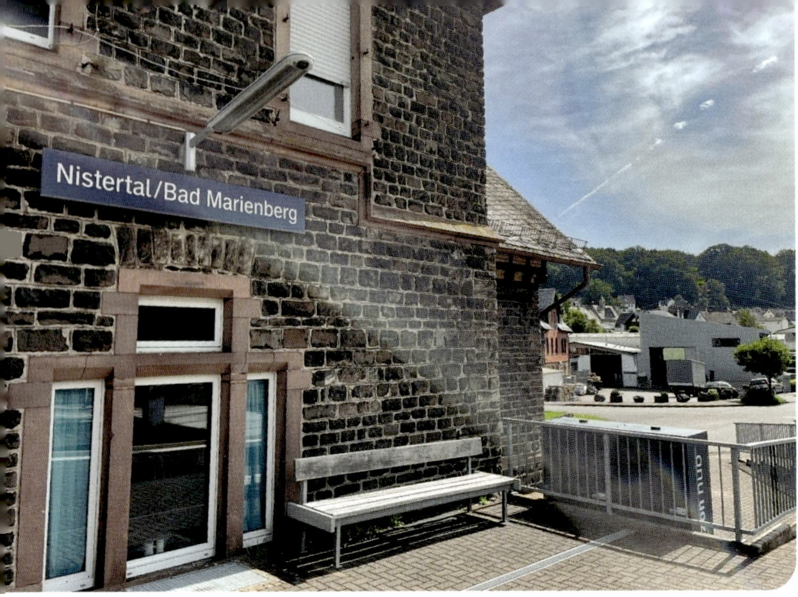

Bahnhof Nistertal/Bad Marienberg

EISENBAHNROMANTIK

Der Bahnhof von Nistertal hat eine bewegte Geschichte hinter sich, aber unter anderem Namen. Früher hieß der Bahnhof „Erbach (Westerwald)“, weil er im Nistertaler Stadtteil Erbach liegt. Außerdem war Nistertal Verzweigungsbahnhof, denn von 1911 bis 1971 konnte man auf einer eingleisigen Strecke über den imposanten Nister-Viadukt zum Bad Marienberger Stadtteil Langenbach mit der Bahn fahren.

Wir unterqueren die Bahnstrecke, halten uns zunächst links, dann nehmen wir den rechten Weg und gehen an ausgedehnten Pferdekoppeln vorbei. Weite Blicke in die sanft geschwungene Landschaft an der Nister sind möglich. Vor uns sehen wir die ersten Häuser des Bad Marienberger Stadtteils Langenbach. Wir durchqueren den Ort und tauchen an einer Schutzhütte, die „Schutzhütte“ heißt, in den Wald ein. Der Wald mit den hohen Bäumen ist erfüllt vom Rauschen der Schwarzen Nister, einem Nebenbach der Nister.

GESCHICHTE(N)

Marienberg ist die fast exakte Übersetzung des ursprünglichen, lateinischen Namens des Ortes: „Mons sanctae Mariae“, der Berg der Heiligen Maria, eben der Marienberg. Das „Bad“ durfte ab 1967 dazugefügt werden. Sehr kurios allerdings, dass der Wäller (der Westerwälder) den Ort „Marmerich“ nennt. Man kann nur mutmaßen, ob Sprachwissenschaftler diese Lautverschiebung mit Nuscheln oder mit Alkoholgenuss erklären.

ANDRACKS GASTRO-TIPPS

In der City von Bad Marienberg finden sich direkt am Wanderweg am Marktplatz einige Einkehrmöglickeiten. Das *Café Bück Dich* hat zwar geschlossen, aber das *Kur-Café Rosenthal* hat geöffnet. Auch empfehlenswert: Der *Westerwälder Hof* von 1751 und das *Ristorante Bel Momento.*

Wir unterqueren eine Straßenbrücke, kurz darauf den dritten Viadukt am Weg, ich nenne ihn den „geheimnisvollen Viadukt". Denn im Gegensatz zum Nistertalviadukt, einige Kilometer zuvor, ist es fast unmöglich, etwas über diese ehemalige Eisenbahnbrücke herauszufinden. Nicht nur das: Auf aktuellen digitalen Karten der geläufigen Wander-Apps und bei Google Maps existiert diese Brücke gar nicht. Aber sie ist sehr groß und sie ist real! – Faszinierend!

Aus dem schönen Tal der Schwarzen Nister geht es hinauf nach Bad Marienberg. Eine kurze Weile an der Landstraße, linker Hand eine Tankstelle, dann führt uns der Westerwald-Steig in den Kurpark. Dort ist die Aufenthaltsqualität sehr hoch. Zunächst mal fühlt man sich wie daheim im Hausflur – jede Menge Schuhe stehen am Wegrand. Ein sehr attraktiver Barfußpfad wartet auf kleine und große Wanderer. Direkt daneben ein schön gestalteter Apothekergarten im Geiste von Sebastian Kneipp. Ich empfehle nicht nur zu flanieren und zu schauen, sondern vor allem auch kräftig zu schnuppern. Wunderbare Aromen und Düfte!

Vorbei an der Touristeninformation im Fachwerkhaus haben wir schon schnell die Amüsiermeile von Bad Marienberg und die Haltestelle „Neuer Weg" erreicht. Einfach an der Fußgängerampel die Straße hochgehen, dem Rechtsknick folgen, schon ist man an der Bushaltestelle.

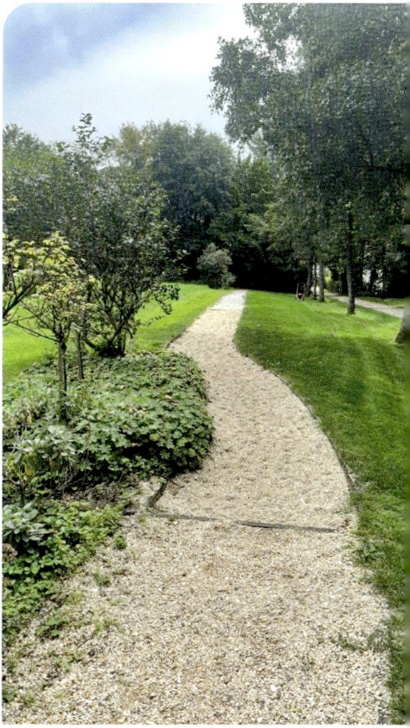

Barfußpfad im Kurpark

Und wenn der Bus schon weg ist und der nächste erst in ein paar Stunden fährt, lohnt sich auch die Überlegung, einfach die komplette Strecke durch den Kurpark und an den drei Viadukten vorbei wieder zum Bahnhof Nistertal-Bad Marienberg zu gehen.

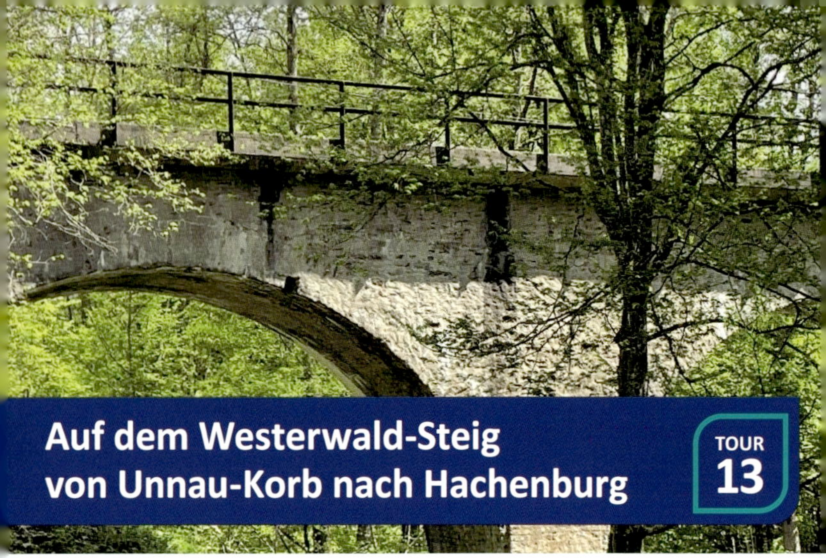

Auf dem Westerwald-Steig von Unnau-Korb nach Hachenburg

TOUR 13

Eisenbahnbrücke der Oberwesterwaldbahn

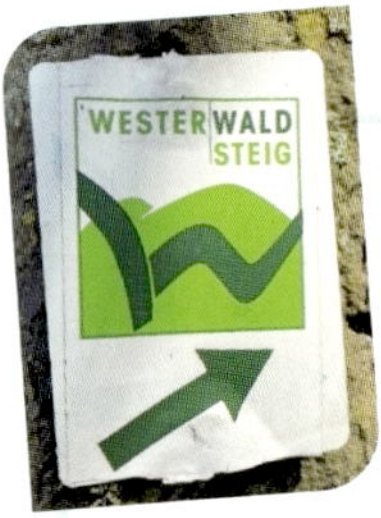

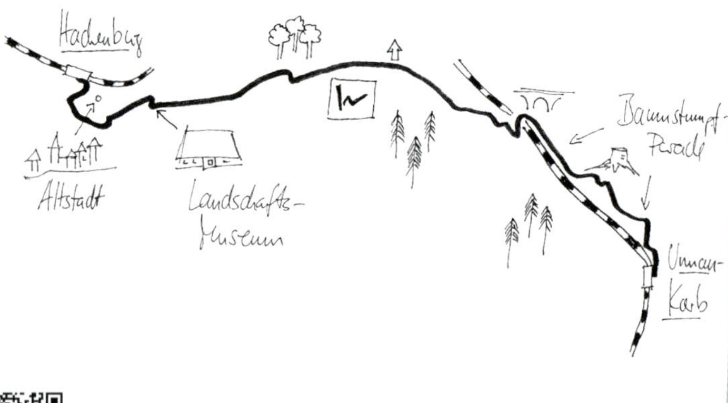

GPX-TRACK

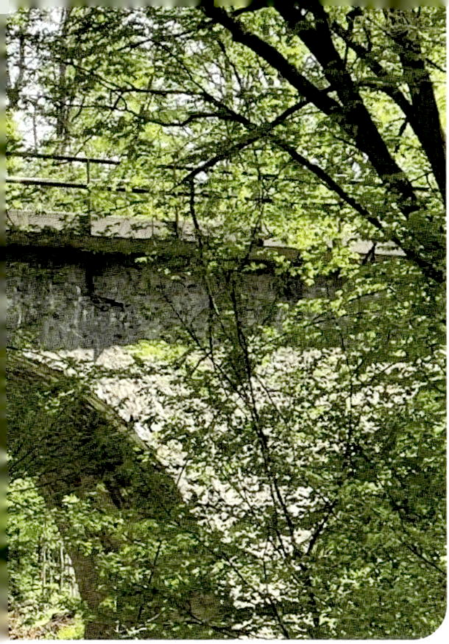

mittelschwer

6,8 Kilometer

136 Höhenmeter

Start:
Bahnhof Unnau-Korb
Ziel:
Bahnhof Hachenburg

Wandern im Herzen des Westerwalds

DER WEG

Mit einem netten Pfiff verabschiedet sich die Oberwesterwaldbahn vom Bahnhof Unnau-Korb. Wir gehen – den Markierungen des Westerwald-Steig-Zuwegs folgend – durch den Ortsteil von Unnau. An einem Bächlein treffen wir auf die blauen Wegweiser des Hauptwegs. Noch 5,8 Kilometer bis Hachenburg, das ist doch machbar, oder? Wir überqueren die Nister, einen landschaftsprägenden Fluss für den Westerwald. Weiter geht es über eine – Vorsicht! – viel befahrene Landstraße. Nach einem kurzen Stück auf Asphalt wandern wir weiter auf schmalen Pfaden. Wir kommen teilweise der Bahnstrecke ganz nahe. An diesen Stellen vereinen sich unsere liebsten Fortbewegungsformen – die Gleise des ÖPNV und die Wanderwege.

Auffällig ist, dass wir immer wieder durch größere Kahlschlagflächen gehen. Ob die Baumstumpf-Parade einem Sturm oder dem Borkenkäfer geschuldet ist, kann ich nicht sagen. Es ist auf jeden Fall abenteuerlich, dort unterwegs zu sein. Durch eine schöne Bogenbrücke unterqueren wir die Oberwesterwaldbahn und gewinnen auf der anderen Seite allmählich an Höhe. In einem Wald ungefähr drei Kilometer vor unserem Ziel kann man linker Hand in einer schönen, gepflegten Schutzhütte ein Picknick zu sich nehmen. Das haben wir uns verdient, wir haben immerhin schon fast alle Höhenmeter dieser Tour gemeistert!

Später treten wir aus dem Wald hinaus und gehen an Weiden und Wiesen vorbei, später durch eine Allee. Von dieser Allee zweigt ein Graspfad rechts ab, dem folgen wir. Nun haben wir einen gigantischen Weitblick über den Hachenburger Westerwald, auch das gelb verputzte Schloss ist schon zu sehen. Kurze Zeit später folgen wir einer

GESCHICHTE(N)

Zwischen Landesmuseum und Schloss gehen wir durch den Burggarten. Der war – wie der Name schon sagt – an die Burg angegliedert. Im 18. Jahrhundert mutierte der Burggarten zu einem barocken Park mit Weiher, Gartenhaus, einer Orangerie und – nicht einem, nicht zwei, nicht drei, nein – mit VIER Lusthäusern. Logisch, dass diese Gartenlust ausschließlich dem Adel vorbehalten war. Nach 1799 verwilderte der Garten, bis ihn die Forstschule von Hachenburg aus dem Dornröschenschlaf erweckte.

schnurgeraden Straße mit vielen Einfamilienhäusern bis zum Landschaftsmuseum Westerwald. In diesem Freilichtmuseum kann man in acht Gebäuden das ländliche Leben vergangener Zeiten erleben. Unter anderem sind eine Ölmühle, eine alte Schulstube und ein Backhaus zu besichtigen. Wir gehen am Haupteingang des Museums vorbei und betreten kurz darauf durch mächtige Mauern den Burgpark. Am anderen Ende des Parks haben wir schon fast die Altstadt von Hachenburg erreicht.

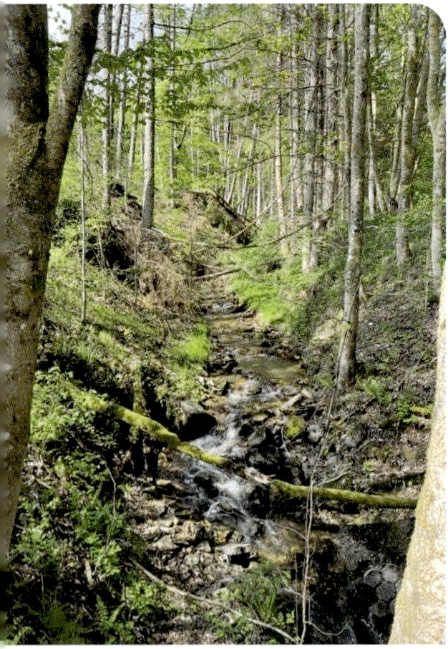

EISENBAHNROMANTIK

Die landschaftlich wunderschöne Strecke der Oberwesterwaldbahn von Altenkirchen bis Limburg wurde 1887 eröffnet und ermöglichte und ermöglicht Bahnfahrten Richtung Köln und Frankfurt. Seit 2014 wird die Oberwesterwaldbahn von der Hessischen Landesbahn (HLB) betrieben. Kuriosum am Rande: Keine Bahnstrecke in Rheinland-Pfalz wechselt so häufig die Landesgrenze zu einem anderen Bundesland – fünfmal geht es zwischen Hessen und Rheinland-Pfalz hin und her.

Die Markierungen und Wegweiser des Westerwald-Steigs leiten uns durch die Gassen an sehr schönen Fachwerkhäusern vorbei. In der Altstadt kann man sich in zwei Buchhandlungen mit Reiselektüre für die Rückfahrt versorgen – diesen Service hat man auch nicht bei jeder Wanderung. Nachdem wir das Zentrum verlassen haben, stoßen wir schnell auf den Wegweiser zum Bahnhof von Hachenburg. Noch 200 Meter, dann haben wir das Ziel unserer kurzen Tour erreicht.

ANDRACKS GASTRO-TIPPS

Was soll man empfehlen? In Hachenburgs Altstadt hat man für die Schlusseinkehr die Qual der Wahl: *Ristorante da Peppe, La Flamme Hachenburg*, das *Gasthaus zum Weissen Ross*? Vielleicht überall mal vorbeischauen. Pflichtprogramm ist allerdings das *Gasthaus zur Krone*! Seit 30 Jahren im Besitz der Hachenburger Brauerei. Zum Burger oder Brauer-Pfännchen gibt es die Bierspezialitäten der örtlichen Brauerei, Pils, Helles, Weizen und nicht zu vergessen: das Westerwald Bräu, das Bier zur Wanderung.

Heimat der Hachenburger Braukultur: das Gasthaus zur Krone

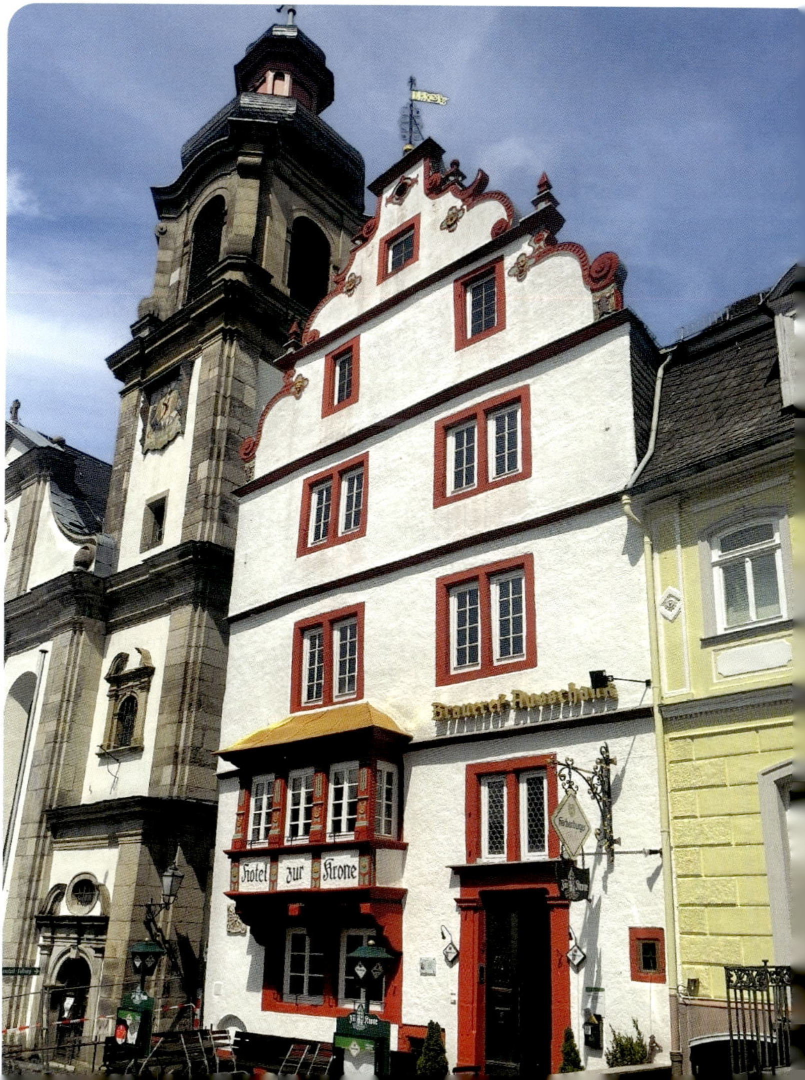

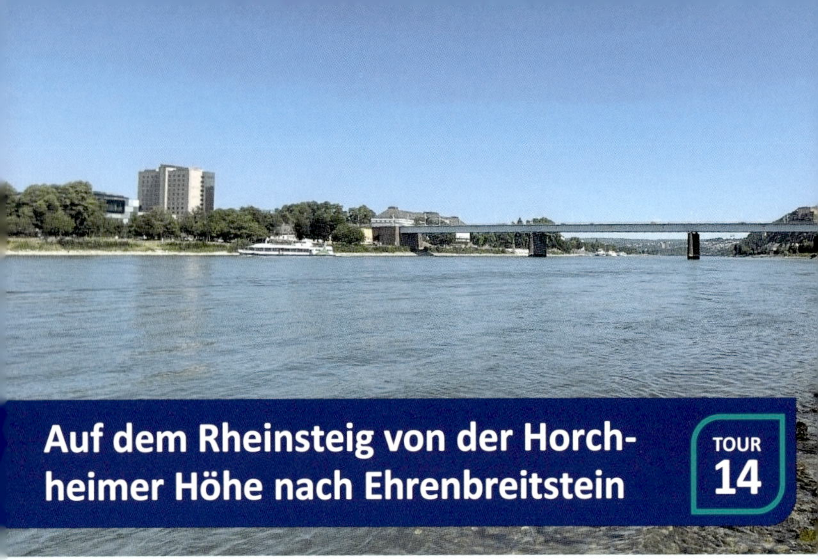

Auf dem Rheinsteig von der Horchheimer Höhe nach Ehrenbreitstein

TOUR 14

Koblenzer Moselufer Richtung Pfaffendorfer Brücke

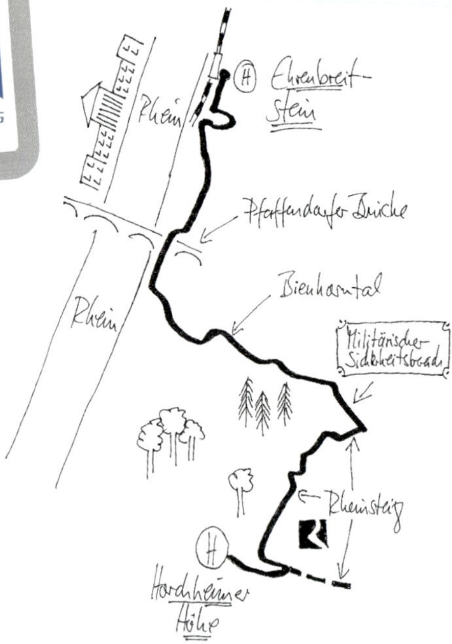

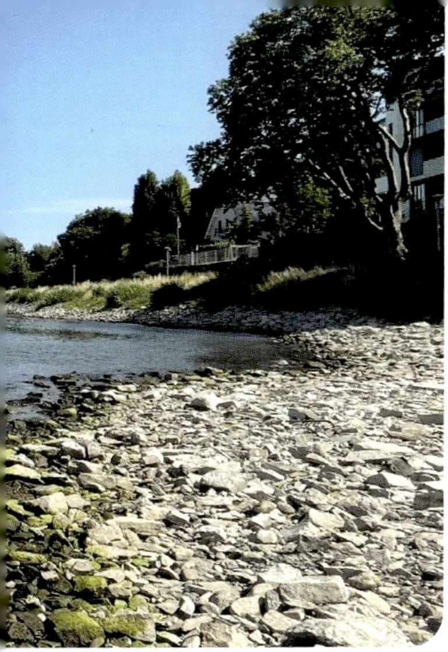

mittelschwer

7,2 Kilometer

201 Höhenmeter

Start:
Bushaltestelle Koblenz,
Im Junkerstück

Ziel:
Bahnhof Ehrenbreitstein

Eine abenteuerliche Wanderung auf Koblenzer Stadtgebiet

DER WEG

An der Haltestelle „Im Junkerstück" fällt unser Blick zunächst auf vier kolossale Skulpturen. Sind wir auf den Osterinseln gelandet? Dann gehen wir über die Brücke, die man „langsam" befahren soll, wandern kann man auch schnell. Unter der Brücke sehen wir schon den Weg, den wir Richtung Horchheimer Wald gehen wollen. Wir biegen an der nächsten Möglichkeit nach der Brücke rechts ab und gehen auf dem vorhin erwähnten Weg, der zuerst gepflastert und später ein Naturpfad wird, bergan. Wir laufen weiter bergan, gelbe Zuwegs-Schilder des Rheinsteigs zeigen, dass wir auf dem rechten Pfad sind. An einem

Skulpturen an der Haltestelle „Junkerstück"

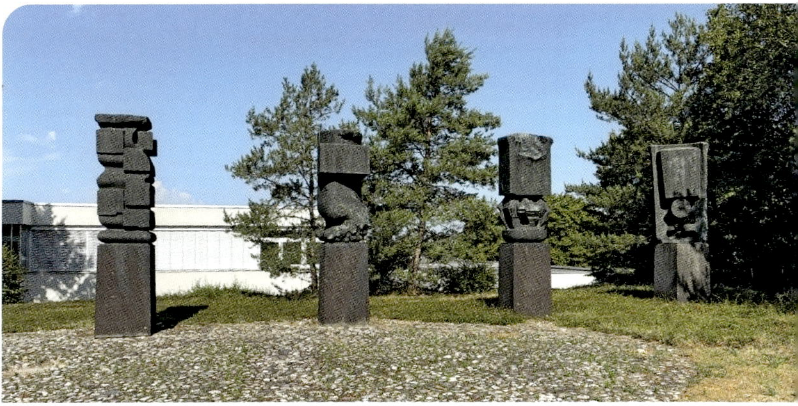

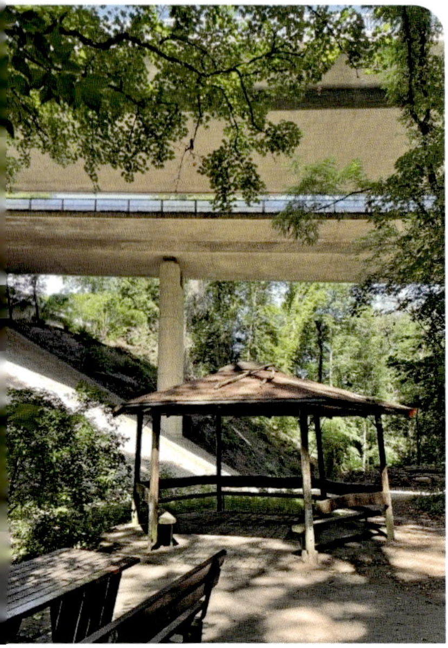

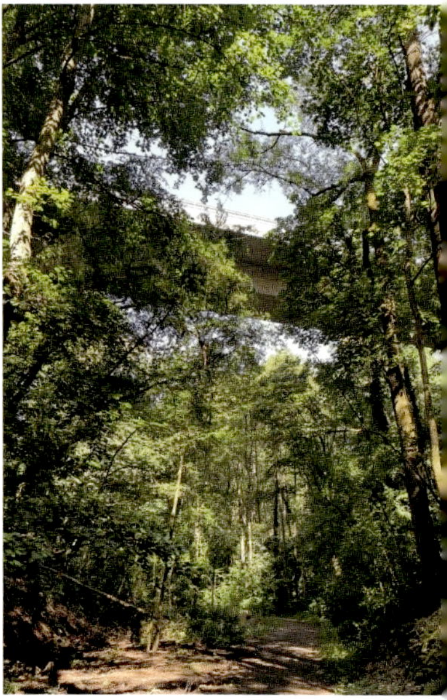

Unter den Brücken des Bienhorntals: Natur meets Technik

Querweg erreichen wir den Rheinsteig und gehen links durch einen herrlichen Wald. Kiefern säumen den Weg, wir erhaschen erste Blicke ins Rheintal. Nach einer Straßenquerung gehen wir an einer Schranke vorbei in das nächste Wäldchen, kurz am Waldsaum entlang auf einem Wiesenweg. Dann links und schon die erste Möglichkeit wieder rechts.

In diesem Abschnitt des Rheinsteigs sollte man nicht vom Weg abweichen, denn es wird vor militärischem Sperrgebiet gewarnt. Koblenz ist eben schon seit Jahrhunderten eine Festungsstadt. Wir unterqueren die B49 und überqueren eine Straße, dann tauchen wir in das wunderbare Bienhorntal ein. Dieses Tal ist ein naturnaher Traum mitten in der Großstadt. Am Wegrand uralte Bäume, hoch über uns eine Straßenbrücke. Wir wandern direkt am Bienhornbach entlang und erreichen den weitläufigen Waldspielplatz Pfaffendorf – man kann direkt vom Rheinsteig auf den Spielplatz rutschen. Die

ANDRACKS GASTRO-TIPPS

Das *Café am Kapuzinerplatz* hat täglich geöffnet. Am Ende unserer Tour, wenn wir gerade vom Rhein kommend die Unterführungen durchquert haben, locken Kaffee-Spezialitäten und Getränke. Bei gutem Wetter ist der Außenbereich mit Sicht auf den Brunnen am Kapuzinerplatz zu empfehlen.

Schutzhütte am Spielplatz befindet sich genau unter der Brücke der vierspurigen B42, ein etwas kurioser Ruheplatz. Danach geht es noch herrlich mit Holzgeländern am Bach entlang und durch Pfaffendorf hindurch zum Rhein. Auf der Rheinpromenade laufen wir rechts und genießen in der Folge den Blick auf die gegenüberliegende Rheinseite – Kurfürstliches Schloß und Koblenzer Altstadt. Hinter der Pfaffendorfer Brücke geht der Rheinsteig rechts hinauf und durch den Rheinpark von Ehrenbreitstein. Wir wenden uns rechts „An der Römerbrücke" und staunen über die Hochwasserstände von 1844, 1845 und 1846. Danach erreichen wir den Kapuzinerplatz, die gute Stube des Ortes Ehrenbreitstein. Von dort sind es nur noch einige Schritte zu unserem Ziel, dem Bahnhof von Ehrenbreitstein.

EISENBAHNROMANTIK

Auf unserer Wanderung passieren wir die Pfaffendorfer Rheinbrücke in Koblenz. Im Rheinpark steht eine Säule, die an den Bau der Brücke in den 1860er Jahren erinnert – damals hieß das gute Stück „Coblenzer Rheinbrücke" und war ausschließlich für den – Achtung! – Eisenbahnverkehr konzipiert worden. Über die Brücke brausten die Züge vom Lahntal kommend über den Rhein. 1899 wurde die Brücke weitestgehend dem Koblenzer Straßenbahnverkehr überlassen. 1914 wurde der Eisenbahnverkehr über die Brücke eingestellt, heute können nur noch Autos an dieser Stelle den Rhein überqueren.

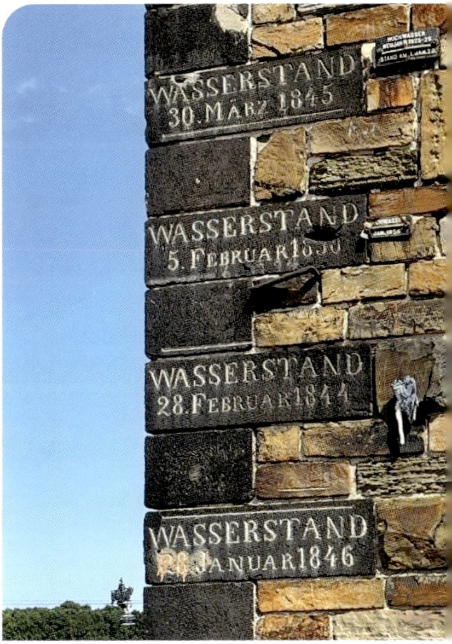

Stille Zeugen stürmischer Jahre

GESCHICHTE(N)

Zu Beginn der Tour wandern wir auf der Horchheimer Höhe in einer Schlucht, die mir literarisch wohlbekannt ist. Gerhard Henschel hat auf geniale Weise in seinem Buch „Kindheitsroman" seine Kindheit in den 1960er Jahren auf der Horchheimer Höhe in Koblenz geschildert und immer wieder das Horchheimer Wäldchen erwähnt, in dem er mit seinen Geschwistern und seinen Freunden wilde Abenteuer erlebt hat – eine Zeitreise für alle in den 1960er Jahren Geborenen. Unbedingt lesenswert!

Auf dem Westerwald-Steig von Hachenburg zur Abtei Marienstatt

TOUR 15

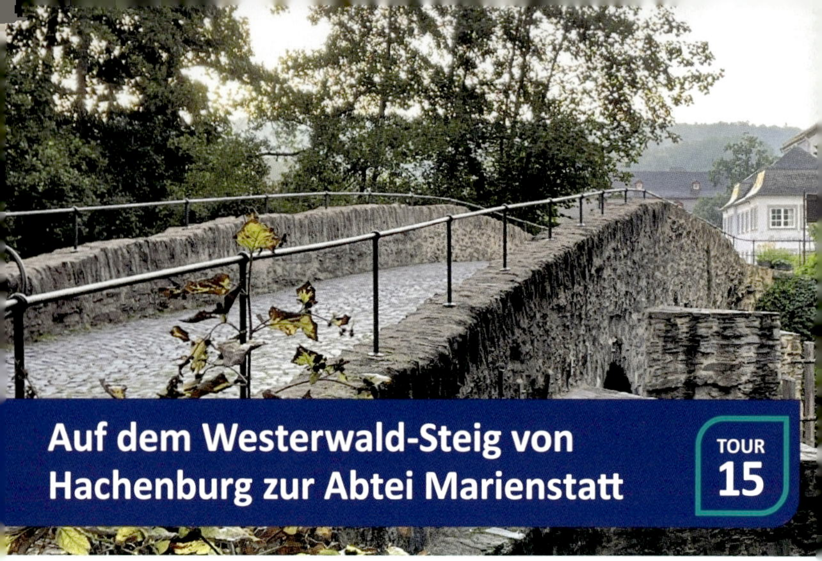

Über die Nister zur Abtei Marienstatt

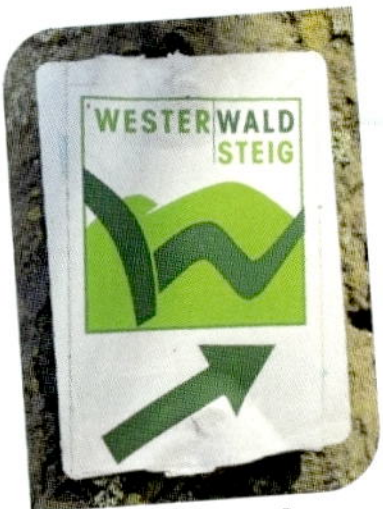

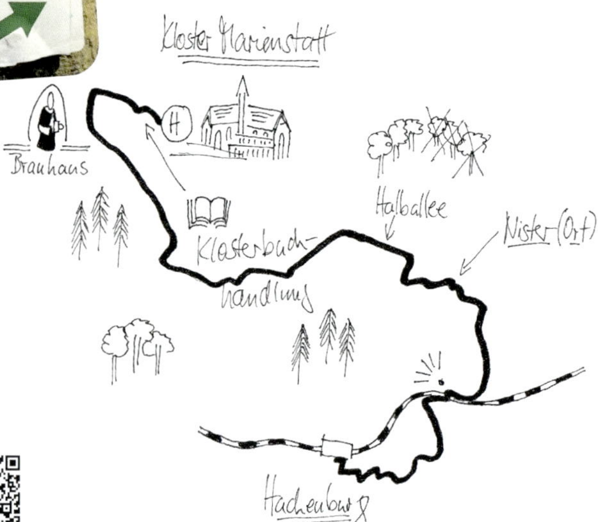

GPX-TRACK

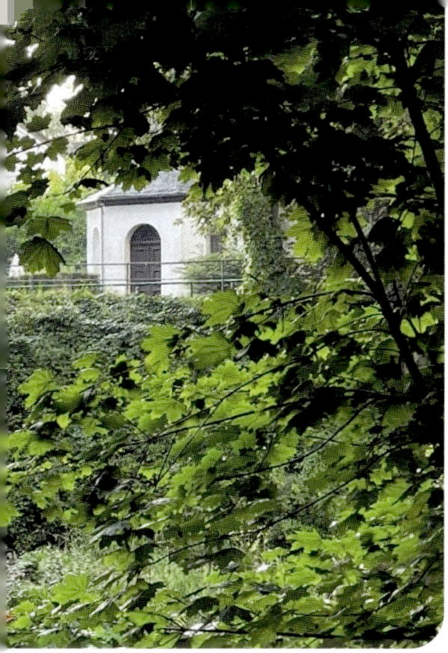

mittelschwer

7,3 Kilometer

130 Höhenmeter

Start:
Bahnhof Hachenburg

Ziel:
Bushaltestelle Marienstatt, Streithausen

Ein Dank an den blühenden Weißdornstrauch

DER WEG

200 Meter vom Bahnhof Hachenburg entfernt stoßen wir auf den Hauptweg des Westerwald-Steigs und gehen Richtung Marienstatt. Wir laufen am Minigolfplatz vorbei, danach quer über den Parkplatz des Parkhotels und noch ein wenig über die Wege des Burggartens. Schon bald haben wir die letzten Häuser von Hachenburg hinter uns gelassen und wandern über einen sehr schönen Wiesenweg Richtung Holzbachschlucht. Wir überqueren auf einer Brücke die Oberwesterwaldbahn und haben einen grandiosen Blick ins Nistertal. Im Mittelgrund können wir einen Bauernhof erkennen, an diesem werden wir später noch vorbeilaufen. Und alle Wanderer mit Adleraugen können in weiter Entfernung im Tal schon die ersten Gebäude der Abtei entdecken.

Wir gehen kurz parallel zu den Gleisen, dann steigen wir steil bergab über Stufen ins Tal. Schnell haben wir die urige Nisterbrücke erreicht und unterqueren bald darauf die Bundesstraße. So eine Straßenunterquerung bedeutet meistens kein pures Wanderglück – laut, dreckig, nicht so schön. Aber bei meiner Testwanderung prasselte plötzlich ein starker Schauerregen und ich war über die Unterführung als Regenschutz sehr froh. Weiter geht es durch den Ort Nister, am Friedhof vorbei, schnurgerade auf einer Halb-Allee. Nun ja, der Westerwald war früher eine arme Region, da hat es eben nur auf der linken Seite für Bäume gereicht.

Wir unterqueren die stark befahrene und daher laute Landstraße, überqueren die Nister und wandern am Pferdehof vorbei, den wir vor kurzem in der Fernsicht schon gesehen haben. Dann geht es über Feld- und Waldwege noch über zwei Kilometer weiter. Schließlich erreichen wir das absolute Highlight dieser kurzen Wanderung: die Abtei Marienstatt.

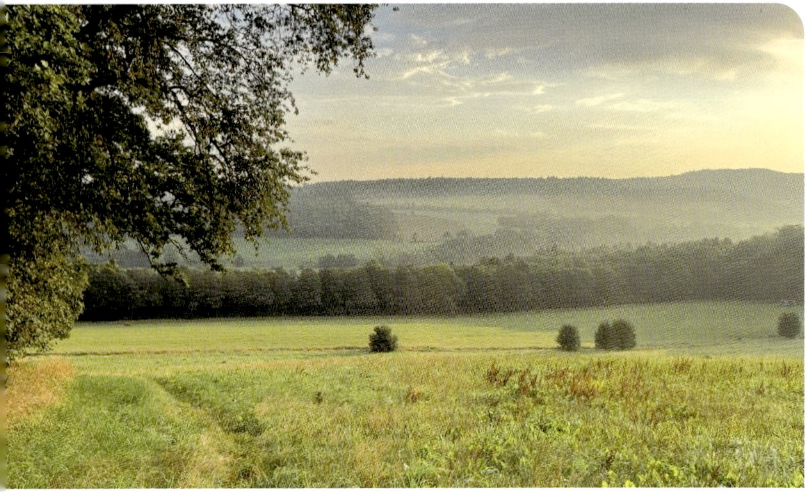

Wiesenwege, so weit das Auge reicht

Um ehrlich zu sein, ich wurde absolut verzaubert. Seit meiner Testwanderung bin ich ein totaler Abtei-Marienstatt-Fan. Dieser Ort ist magisch, ein Paradies auf Erden. Die Abtei ist kein von Mönchen verlassenes Kloster, nein, in Marienstatt praktizieren immer noch 14 Zisterzienser-Mönche den Grundsatz „Ora et Labora". Die Mönche brauen, bewirten, beherbergen. Sie bepflanzen, belehren, buchbindern und beraten.

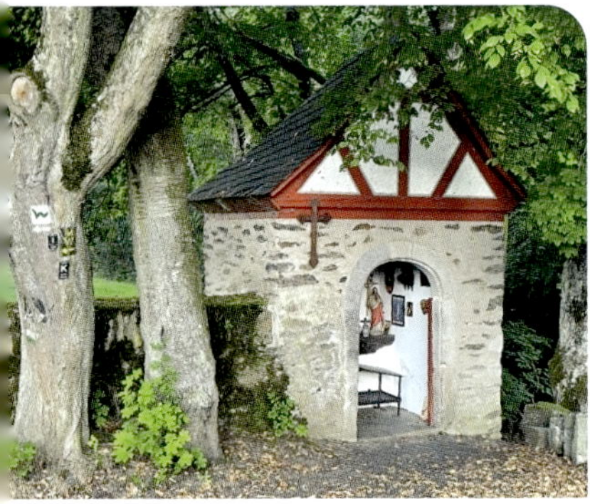

Kapelle am Klostergarten

Zunächst kommen wir am Kloster-Brauhaus vorbei (siehe Gastro-Tipp), durch den Tordurchgang mit Klosterbuchhandlung gelangen wir ins Herzstück des Klosters, den Klostergarten mit Basilika und den zentralen Klostergebäuden. Hinter dem Kloster ist ein privates Gymnasium angeschlossen, an

GESCHICHTE(N)

Maria höchstpersönlich hat den Zisterzienser-Mönchen gezeigt, wo sie ihre neue Abtei errichten sollen. Im Tal der Nister – so die Legende – zeigte sie den heiligen „Locus" durch einen blühenden Weißdornstrauch an. Mitten im Winter! Daher ist es bis heute die Stätte der Maria, Marienstatt. Und der blühende Weißdornzweig im Wappen der Abtei erinnert heute noch an diese Gründungsgeschichte.

ANDRACKS GASTRO-TIPPS

Im *Brauhaus* der Abtei Marienstatt kann man sich mit Brauhaus-Eintöpfen, Brauhaus-Bratwurst und Brauhaus-Haxe stärken. Ein Muss ist aber meiner Meinung nach: das Klosterbier genießen. Die Basissorten sind Hell und Dunkel, beides sehr köstlich. Dazu gibt es ein saisonales Bier, bei meiner Testverkostung war das ein kupferfarbenes Dinkelbier.

dem die Mönche unterrichten. Oberhalb des Gymnasiums befindet sich die Bushaltestelle, aber mein Tipp ist: Bleibt mindestens eine Nacht im Kloster. Es gibt bezahlbare Zimmer, zudem sind die Mönche im persönlichen Gespräch einfach ein Gewinn. Und morgens um 6:10 Uhr in der Basilika die ersten Morgengebete („Laudes" – in lateinischer Sprache) zu erleben, das ist ein Erlebnis, das „etwas mit einem macht".

Klosterbrauhaus – Inspiration in jeder Form

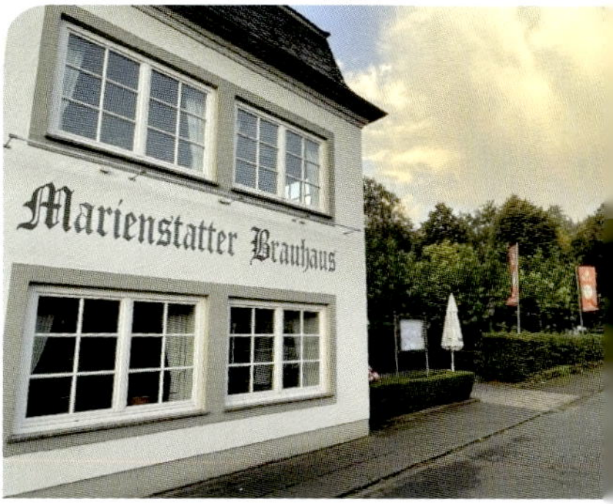

Abtei Marienstatt – ein magischer Ort

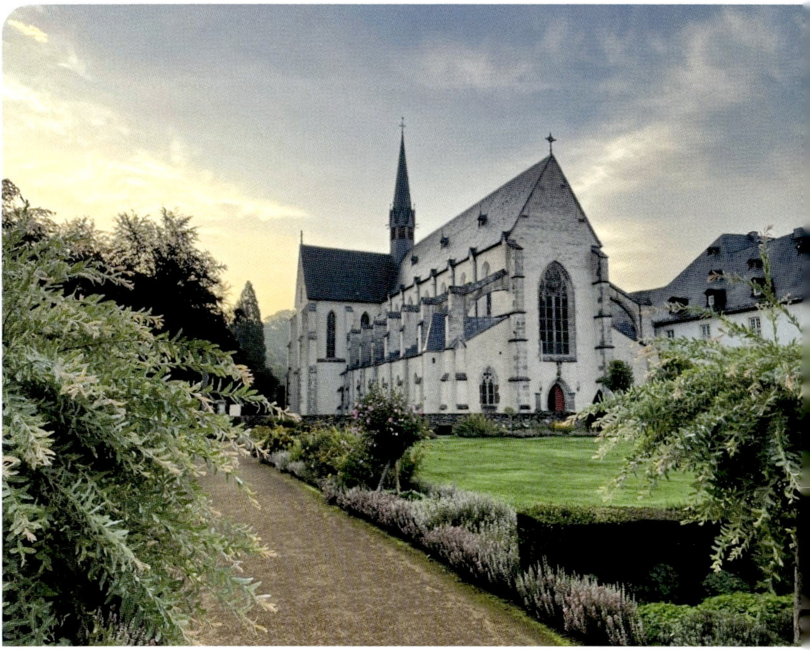

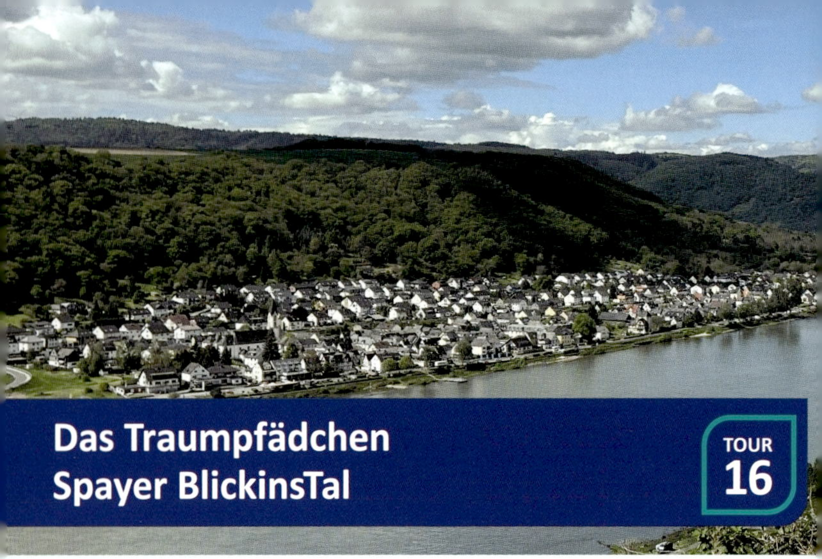

Das Traumpfädchen Spayer BlickinsTal

TOUR 16

Aussichtspunkt BlickinsTal Richtung Osterspai

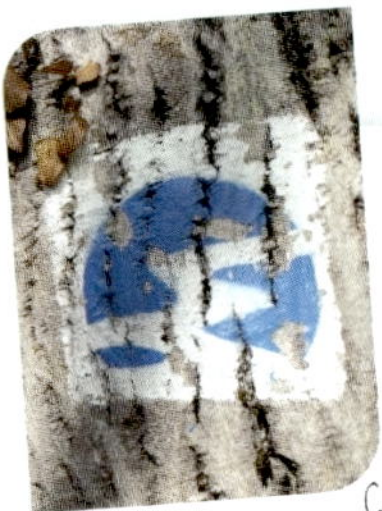

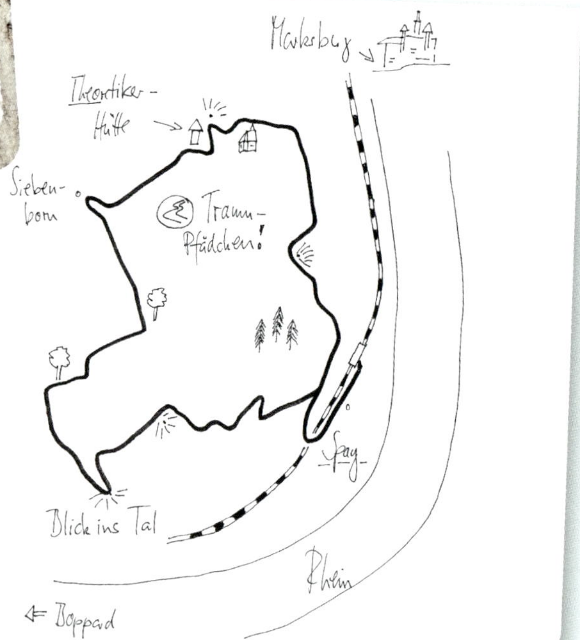

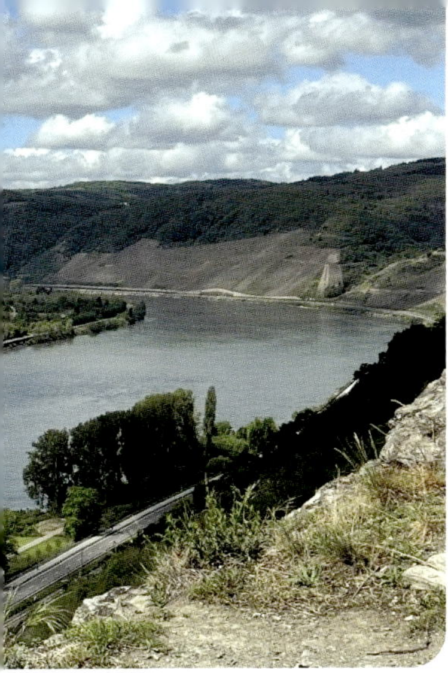

mittelschwer

7,3 Kilometer

216 Höhenmeter

Start und Ziel:
Bahnhof Spay

Unterwegs zur Theoretiker-Hütte

DER WEG

Direkt am Haltepunkt von Spay sehen wir ein Schild, das uns den 600 Meter langen Zuweg zu unserem Wanderweg weist. Nachdem wir Bahn und Bundesstraße unterquert haben, können wir schon bald die blauen Hinweisschilder unseres Wegs sehen, ein sogenanntes Traumpfädchen. Nach dem enormen Erfolg der Traumpfade an Rhein, Mosel und Eifel in den letzten Jahren gibt es nun auch die kleineren Geschwister, die Traumpfädchen. Perfekte Wege für einen kurzen Wanderspaß.

Wir gehen – so wird das empfohlen – gegen den Uhrzeigersinn. Am Wanderparkplatz „Im Rothstück" wandern wir über einen Waldpfad bergan zur Sebastianuskapelle und zum Aussichtspunkt Fuchsenberg. Die Ruhebänke wurden übrigens von den (man sieht es an den vielen Nistkästen) sehr aktiven Vogelfreunden Spay gestiftet. Nun geht es wieder bergab und wir gehen eine Weile auf Straßen-Niveau weiter.

Auf der anderen Rheinseite können wir die Marksburg bewundern, sozusagen die einzige „richtige" Burg am Rhein. Die Marksburg ist die einzige Anlage, die Ende des 17. Jahrhunderts nicht von den Franzosen zerstört wurde. Alle anderen Burgen am Mittelrhein sind im 19. Jahrhundert gebaut worden.

Auf einem Kreuzweg gewinnen wir

Guter Ausblick, auch im Sitzen

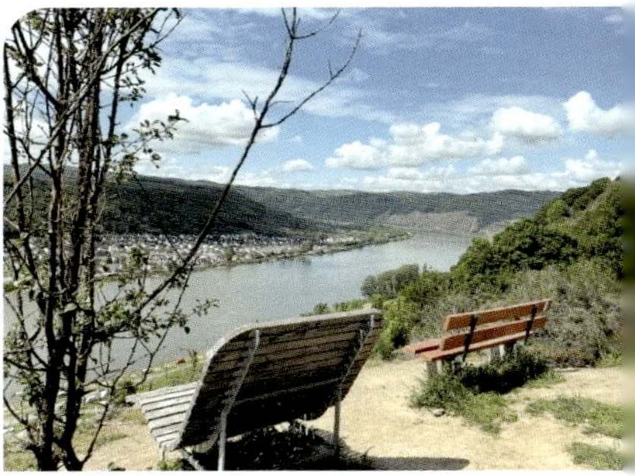

ANDRACKS GASTRO-TIPPS

Am Rheinufer von Spay kann man hervorragend auf der Außenterrasse des Rheinhotels *Zum Anker* sitzen und doppelt genießen: die Aussicht auf Vater Rhein und den köstlichen Rheinwein. Das Ambiente auf dieser weinbelaubten Terrasse in dem 1766 gebauten Fachwerkhaus ist wirklich sehr besonders. Und vielleicht ist vor Abfahrt des Zugs ja noch Zeit für ein Schnäpschen – es locken hauseigene Edelobstbrände.

nach der flachen Passage rasch an Höhe, bis wir die Muttergotteskapelle erreicht haben. Kurz darauf können wir herrliche Blicke auf Rhein und Marksburg an der Theoretiker-Hütte genießen. Woher kommt der Name der Hütte? Nun, eine wanderlustige Truppe aus Spay ist regelmäßig bei ihrem Lieblingswirt eingekehrt. Der hieß Theo. Also entstand die Idee, die THEOretiker-Hütte zu bauen.

Nicht nur in der Theorie, sondern auch in der Praxis wandern wir hinter der Hütte auf einer Hochebene. Entspannt gehen wir an Feldern, Wiesen und Weiden vorbei, aufgelockert durch einzelne Baumgruppen. Wir folgen unseren blauen Markierungen und können nach der Hochebene geniale Blicke ins Rheintal genießen. Damit keine Missverständnisse aufkommen, diese Talblicke sind ganz andere als am Beginn

Blick über den Rhein auf die Marksburg

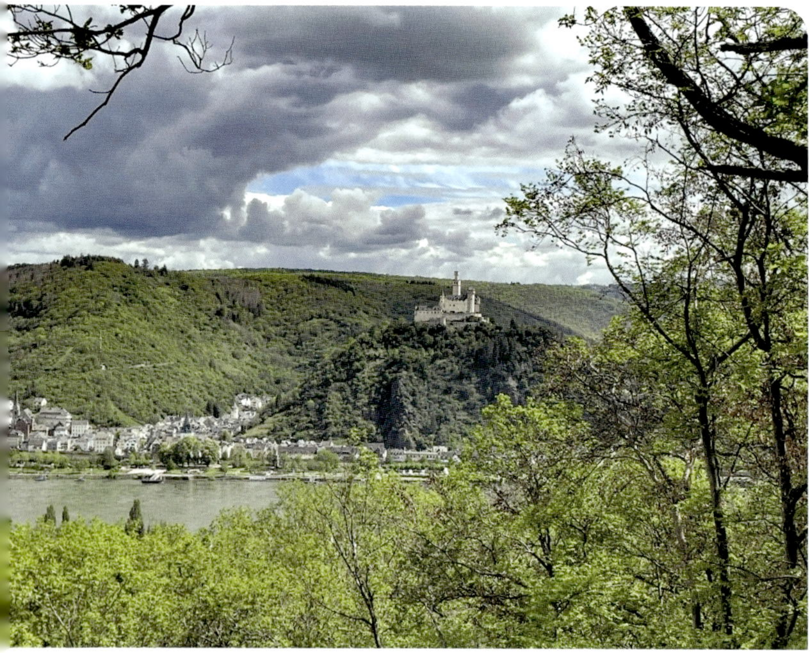

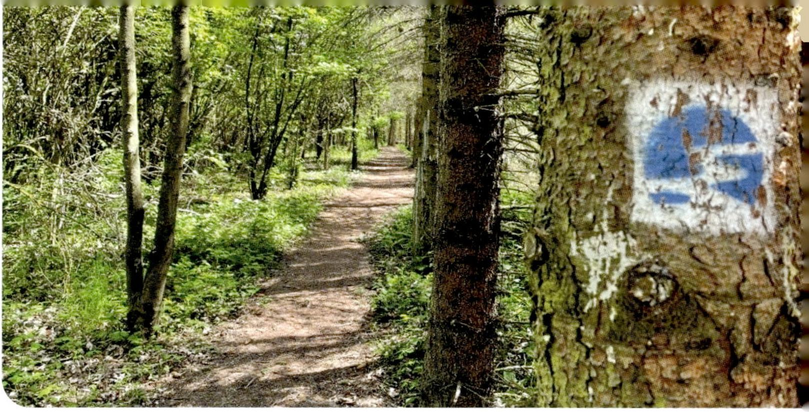

Wegmarkierung Traumpfädchen

des Weges. Wir sind quasi „um die Ecke“ gegangen und blicken Richtung Süden auf den Ort Osterspai auf der anderen Rheinseite. Und im Westen ist schon die größte Weinlage am Mittelrhein in Sicht – der Bopparder Hamm.

Wir wandern auf schmalen Pfaden durch ein verwunschenes Wäldchen und genießen einen weiteren Blick ins Tal auf die mittelalterliche Peterskapelle am Ortsausgang von Spay. Nach diesem letzten Talblick geht es bergab, bis wir wieder am asphaltierten Weg ankommen, an dem unser Zuweg zurück zum Bahnhof beginnt. Wenn ihr noch etwas Zeit habt, könnt ihr nach der Unterführung noch geradeaus Richtung Rheinufer gehen, dort findet ihr auch die gastronomischen Angebote.

EISENBAHNROMANTIK

Auch Eisenbahnstrecken haben Markierungen. Alle 200 Meter gibt es auf einer Tafel oder einem Stein eine Kilometerangabe. Der Haltepunkt Spay liegt an der Mittelrheinstrecke bei Kilometer 103,3. Umgekehrt zu Flusskilometern wird stromaufwärts gezählt. Sind es also 103,3 Kilometer zum Kölner Hauptbahnhof? Nein, es waren genau 103,3 Kilometer zum alten Kölner Bahnhof an St. Pantaleon in der Südstadt. Köln Hbf dagegen hat den Kilometerstein minus 2,0 Kilometer. Von Spay nach Köln sind es also 105,3 km. Köln im Minus-Bereich, ein schöner Fun-Fact für den nächsten Party-Small-Talk.

GESCHICHTE(N)

Woher stammt der Ortsname „Spay“?

Theorie 1: Spay lässt sich vom keltischen Wort „spah“ herleiten, welches der Ursprung des Wortes „spähen“ sei. In Spay habe man also sehr gut spähen können, den Rhein hoch und den Rhein hinunter. Nun ja, steile These. Plausibler ist:

Theorie 2: Spay kommt vom althochdeutschen „spia“, das einen Wasserdurchlass (eine Schleuse) bezeichnete. Im Wort „Wasserspeier“ findet sich diese Wortwurzel wieder.

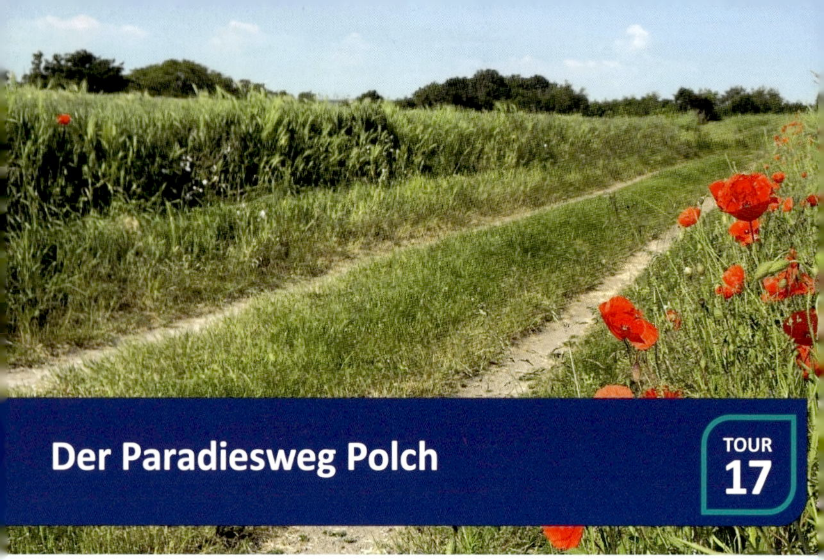

Der Paradiesweg Polch

TOUR 17

Rot blüht der Klatschmohn entlang des Weges – hat schon was Paradiesisches

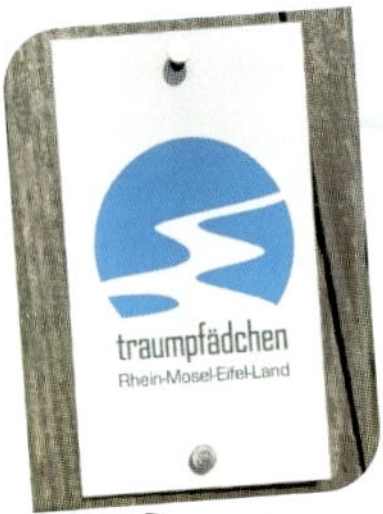

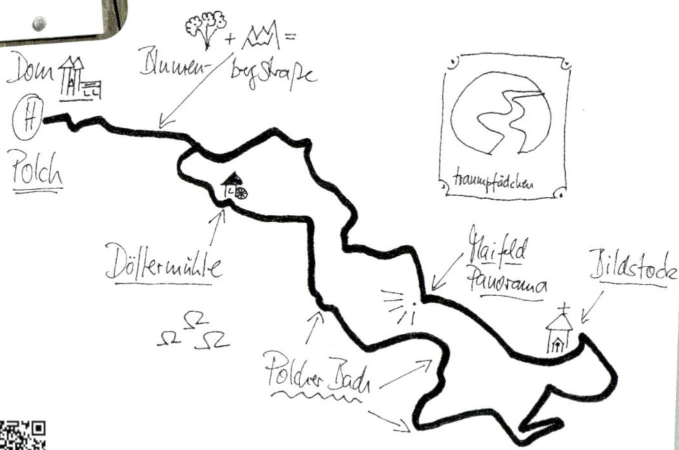

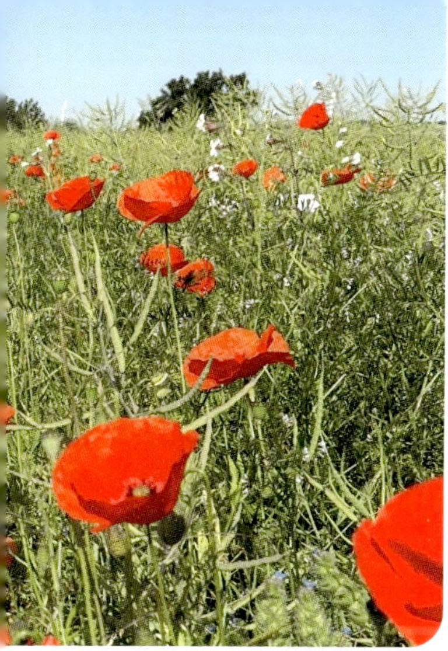

mittelschwer

7,4 Kilometer

209 Höhenmeter

Start und Ziel: Bushaltestelle Polch, Markt

Ein Traumpfädchen auf dem Münstermaifeld

DER WEG

Wir starten am Markt von Polch und gehen in Richtung des mit seinen Doppeltürmen nicht zu übersehenden „Polcher Doms" St. Stephanus. Hinter der Kirche biegen wir rechts ab in die Sankt-Georgen-Straße und schon bald in die zweite Straße links – die Blumenbergstraße. Diese Straße gehen wir geradeaus, den Blumenbergen entgegen. Bald säumt eine Platanen-Allee den Weg, wir überqueren die Landstraße und erreichen nach wenigen Metern die ersten Wegweiser des Traumpfädchens Paradiesweg Polch.

Wir halten uns Richtung Schützenhaus und folgen den blau-weißen Markierungen. Die finden wir ja normalerweise an Bäumen, Holzpfosten und an Pfählen mit Wegweisern. Um uns auf dem Paradiesweg nicht zu verlaufen, müssen wir auch öfter auf den Boden schauen, denn viele Markierungen auf den zahlreichen Feldwegen sind in den Boden eingelassen und weisen uns den Weg. Das hat den einfachen Grund, dass Markierungspfosten oft von landwirtschaftlichen Fahrzeugen „rasiert" werden – daher haben sich die Bodenplatten bewährt. Also bitte nicht nur als „Hans-Guck-in-die-Luft" wandern.

Wir wandern über herrliche Feldwege, besonders schön während der Rapsblüte, dann schreiten wir durch ein

Idylle am Polcher Bach

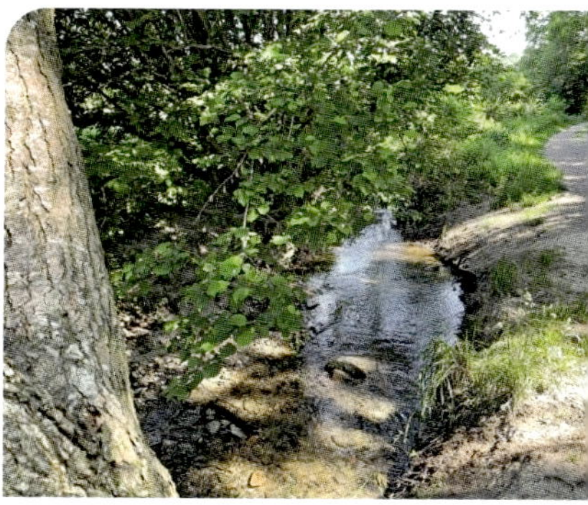

GESCHICHTE(N)

Unweit der Bushaltestelle am Marktplatz, in der Ostergasse 11, steht die Synagoge von Polch. Im 19. Jahrhundert erbaut, wurde sie in der Reichspogromnacht im November 1938 von SA-Leuten aus Mayen angezündet. Glücklicherweise konnte der Brand relativ schnell gelöscht werden, sodass die Grundmauern stehenblieben. In den 1980er Jahren wurde die Synagoge restauriert, heute findet sich dort eine Ausstellung über jüdisches Leben in Polch.

gelbes, wogendes Meer. Am Maifeld-Panorama etwas abseits vom Hauptweg haben wir auf einer sinnlichen Sinnenliege die beste Aussicht auf die weite, sanft hügelige Landschaft des Maifelds. Das ist nicht nur im Wonnemonat schön, sondern ganzjährig. Das nächste Highlight am Weg ist der schöne Bildstock „Im Wingert". Im Wingert? Das ist im moselfränkischen Dialekt ein Weingarten, ein Hinweis also, dass auf diesen Feldern dereinst Wein angebaut wurde. Langsam, in weiten Kehren, führt unser Weg mit geringem Gefälle hinab, bis wir das Tal des Polcher Bachs erreichen. Diesem

Bildstock „Im Wingert"

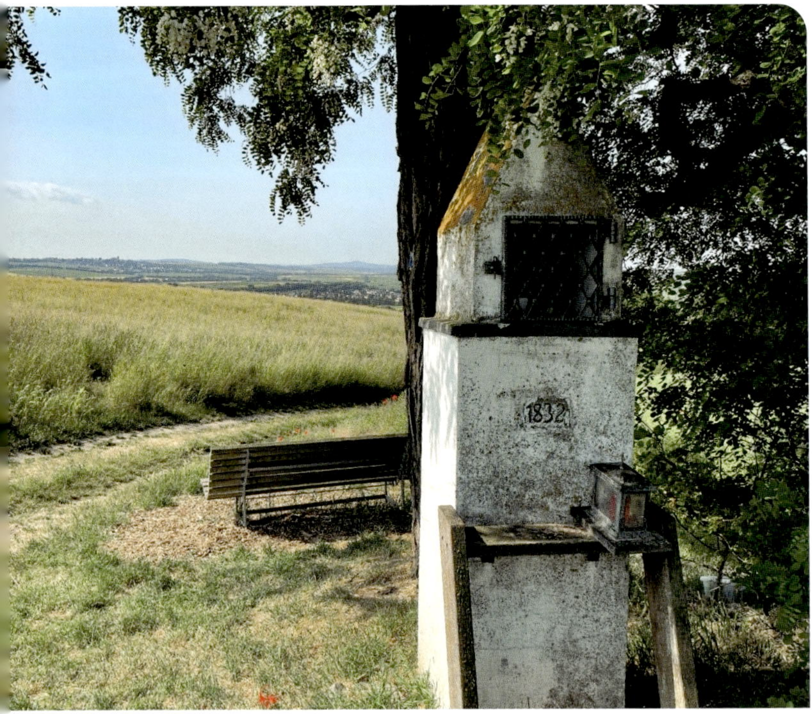

ANDRACKS GASTRO-TIPPS

Das *Restaurant Dalmacija* direkt am Markt in Polch, an dem auch die Busse abfahren, ist der klassische „Jugoslawe" – schön, dass diese Küche in Deutschland noch präsent ist. Die kroatische Grillküche bietet Klassiker wie Cevapcici, Pljeskavica oder gefüllte Paprika. Sehr wandererfreundliche Öffnungszeiten, täglich (außer Montag) auch in der Mittagszeit geöffnet.

EISENBAHNROMANTIK

Der Bahnhof Polch wurde vor über 100 Jahren zum Verzweigungsbahnhof, denn 1916 wurde die Nebenstrecke von Polch nach Münstermaifeld eröffnet. Die Auslastung der Strecke im Personenverkehr war von Anfang an gering. Vielleicht lag das auch an der mangelnden Attraktivität, fuhren doch nur Züge mit 3. Klasse und 4. Klasse. Heute unvorstellbar, gibt es doch aktuell nur noch erstklassiges und zweitklassiges Reisen. 1961, nach nur 45 Jahren Betrieb, wurde die Stichbahn eingestellt.

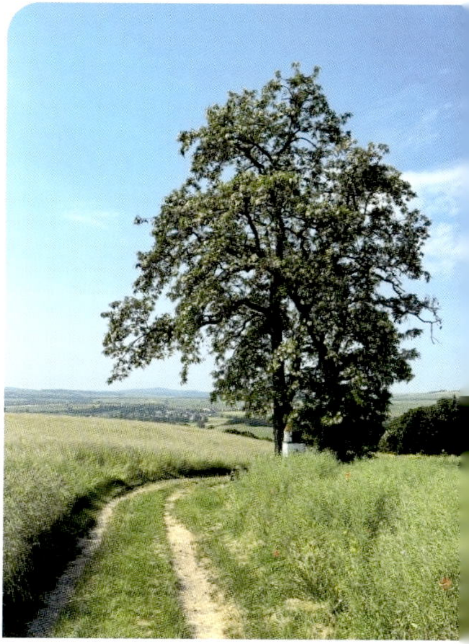

Bach kommen wir auf einem kurzen Abschnitt sehr nahe, sodass man ein kurzes Fußbad wagen kann. Wir gehen auf einem sogenannten Spazierwanderweg, das heißt, dass sich unsere Runde schon bald wieder ihrem Ende zuneigt. Das sehen wir an der Doppelturmspitze von St. Stephanus in Polch, die immer näherkommt.

An der Döllermühle überqueren wir die Kreisstraße und gehen weiter auf einem gemulchten Weg. Schon bald haben wir wieder unseren ersten Wegweiser erreicht. Wir gehen links, durch die Platanenallee, die Blumenbergstraße entlang Richtung St. Stephanus bis zum Markt von Polch und unserer Bushaltestelle.

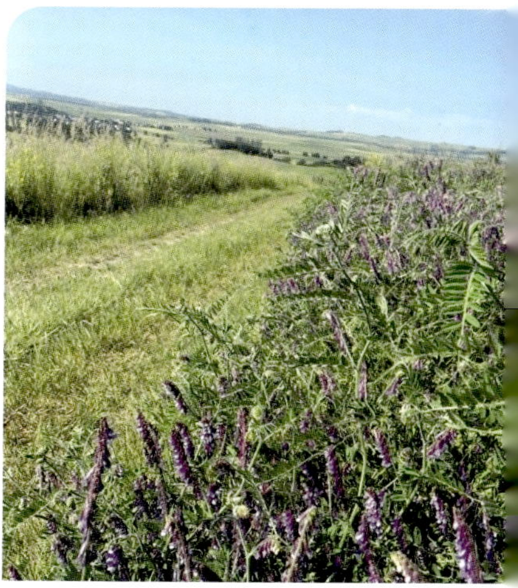

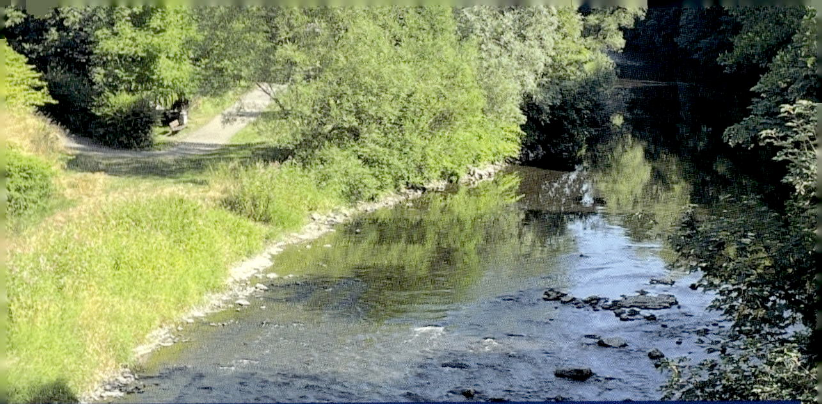

Natursteig Sieg von Wissen nach Niederhövels

TOUR 18

Blick auf die Sieg mit angrenzender Sieg-Promenade

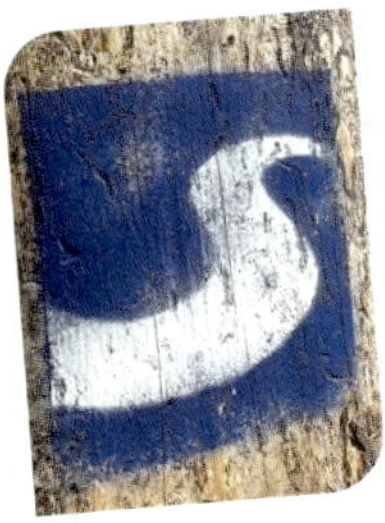

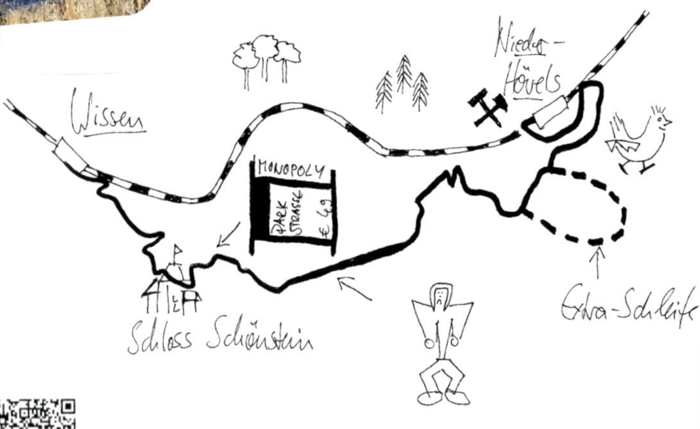

GPX-TRACK

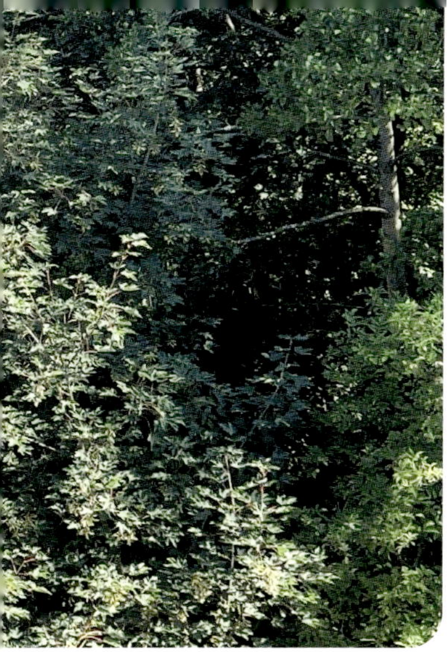

mittelschwer

7,4 Kilometer

147 Höhenmeter

Start:
Bahnhof Wissen
Ziel:
Bahnhof Niederhövels

Einkehren im Diner wie James Dean

DER WEG

Wir verlassen den (leider nicht sehr fußgängerfreundlichen) Bahnhof von Wissen Richtung Kreisverkehr. Kurz vor diesem Kreisel sehen wir die erste Zuwegungs-Markierung des Natursteig Siegs und halten uns an der Tankstelle links. Dann über die Siegbrücke und sofort am anderen Ufer rechts hinunter auf die schöne Sieg-Promenade. Wir gehen bis zur Fußgängerbrücke und erreichen am Brückenkopf den „richtigen" Natursteig Sieg mit seinen blauen Markierungen. Es geht dann über die Brücke und wir haben einen wunderbaren Blick auf Schloss Schönstein.

Im Ort Schönstein wandern wir – unseren Markierungen folgend – die Straße hinauf. An der Biegung der Parkstraße (die nicht an der Schlossallee, aber am Schlosspark liegt!) gehen wir geradeaus auf einen naturnahen Weg, kurz danach geht es hinab ins wunderbare Firzelsbachtal. Dieses Tal war dereinst tatsächlich noch Teil des Schlossparks. Nicht wundern oder sogar erschrecken: Am Wegrand begegnen uns auf der folgenden Passage einige versonnene, martialische, beeindruckende Skulpturen. Das geht soweit, dass uns ein entschlossener junger Mann den Weg versperren möchte. Mein Tipp: einfach ignorieren. Unser Weg führt aus dem Wald hinaus und am Weiler Blickhausen vorbei.

Hübsch eingerahmt – Schloss Schönstein

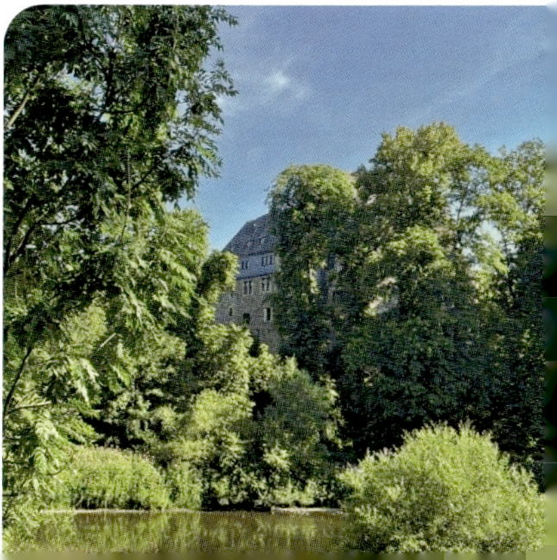

Wir tauchen wieder in den Wald ein und haben schon bald einen alpinen, schmalen Pfad zu meistern. Der kann bei feuchter Wetterlage richtig rutschig werden, deshalb sind auch an einigen Stellen Handseile gespannt.

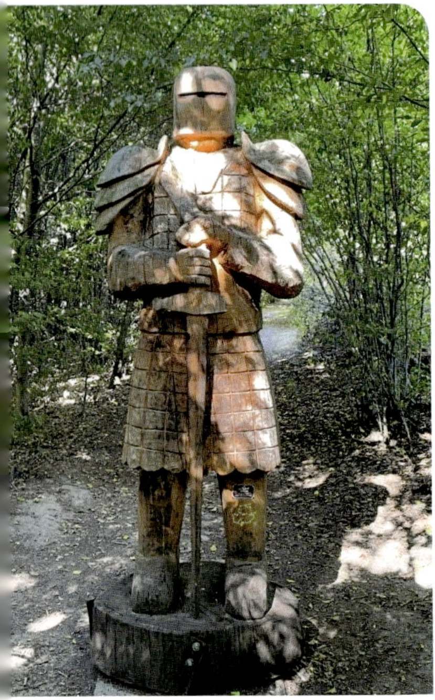

Martialische Skulpturen begegnen uns

Unten im Tal haben wir die Qual der Wahl. Entweder folgen wir der blau-weißen Markierung nach rechts und machen eine Schleife zum Campingplatz, oder – das würde ich empfehlen – wir gehen links und erreichen schon bald am Bach Osenbacher Seifen wieder unseren Hauptweg. Wir sehen nun am Wegrand schöne Mitmach-Tafeln des Räuberwegs. Ein großer Spaß für Kinder. Hinweisschilder warnen uns schon bald vor freilaufenden Tieren und tatsächlich begegnet uns kurz ein lieber, aber knurriger Hofhund oder aufgeregtes Federvieh, das lautstark unsere Wanderschaft begleitet.

Der Osenbacher Seifen mündet in die Sieg und wir gehen auf einem schönen Waldweg am Fluss entlang. Hinter dem Friedhof verlassen wir an der Querstraße den Natursteig Sieg, gehen links über die Siegbrücke und wieder links an der Landstraße entlang bis zur Bahnunterführung. Hinter der Unterführung dann rechts hinauf, dort ist der Bahnhof von Niederhövels. An der Straße erinnert eine Lore daran, dass das Siegtal in Hövels durchaus Bergbautradition hatte. Glück auf für die Rückfahrt im VRM!

GESCHICHTE(N)

Unweit von Niederhövels, in Hamm an der Sieg, wurde Friedrich Wilhelm Raiffeisen geboren. Sein Motto war: „Was einer alleine nicht vermag, das schaffen viele!“ Der Erfinder der Genossenschaften ist also an der Sieg groß geworden. Da liegt es nahe, dass die Fußballer des „TuS 04 Germania Niederhövels“ eine Aktion zusammen mit der genossenschaftlichen Westerwaldbank ins Leben gerufen haben: „Viele schaffen mehr“. Modern ausgedrückt: Crowdfunding, damit ein Mähroboter für den Vereinsrasen angeschafft werden kann. Für jede Spende ab 5 Euro hat die Westerwaldbank 5 Euro draufgepackt – ruckizucki war der Mähroboter finanziert. Falls er noch keinen Namen hat – also der Mähroboter – wie wäre es einfach mit Friedrich Wilhelm?

ANDRACKS GASTRO-TIPPS

Die Gastronomie in Hövels ist so speziell, dass man dafür ruhig mal einen Zug in Niederhövels sausen lassen kann. Noch 100 Meter die Bundesstraße weitergehen, dann taucht man *Im Fuchsbau* in das Amerika der 1950er Jahre ein. Ein Original-Diner, sitzt da nicht James Dean auf den roten Kunstlederbänken? Ach nee, der ist ja schon länger jenseits von Eden. Hervorragend ist der Burger, vor allem die frisch gebratenen Zwiebeln sind große Klasse. Ruhetage Montag und Sonntag (!).

EISENBAHNROMANTIK

Der Bahnhof Wissen war mal ein richtiger Verkehrsknoten. Außer der Hauptstrecke von Köln nach Siegen starteten in Wissen von 1890 bis 1945 die Züge der ehemaligen „Wissertalbahn" ins Oberbergische nach Waldbröl. Es gab auch immer wieder Pläne, Wissen zum Ausgangspunkt einer Bahnstrecke in den Westerwald zu machen. Man wollte die Westerwaldbahn nach Altenkirchen, die nun in Au (Sieg) startet, in Wissen beginnen lassen. Es gab auch einen Alternativplan durch das Nistertal.

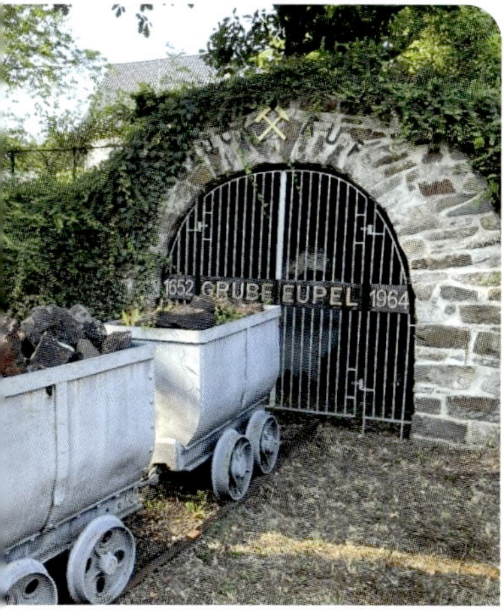

Zeugen der Bergbautradition im Siegtal

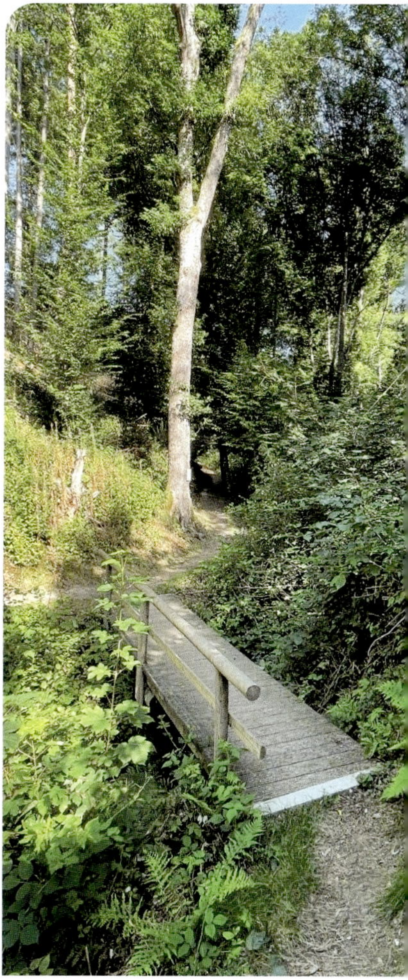

Über Steg und Stein durch das Firzelsbachtal

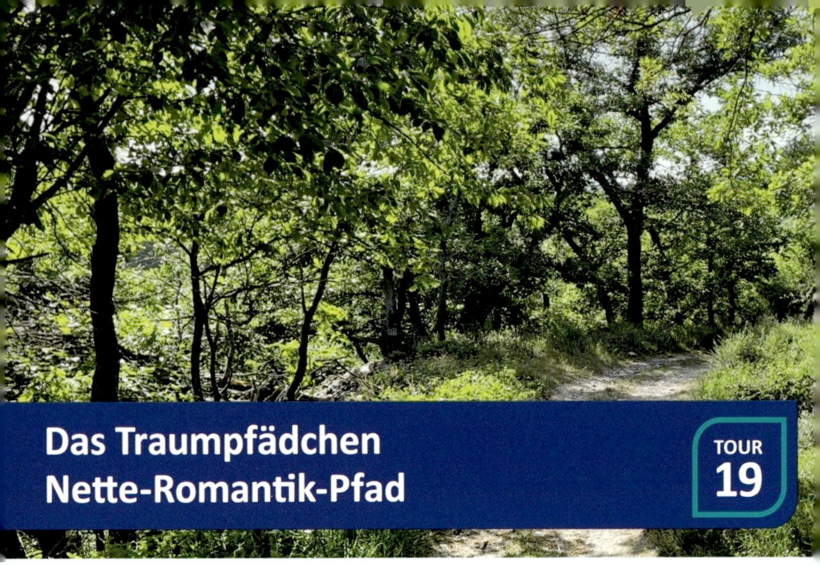

Das Traumpfädchen Nette-Romantik-Pfad

TOUR 19

Macht seinem Namen alle Ehre: der Nette-Romantik-Pfad

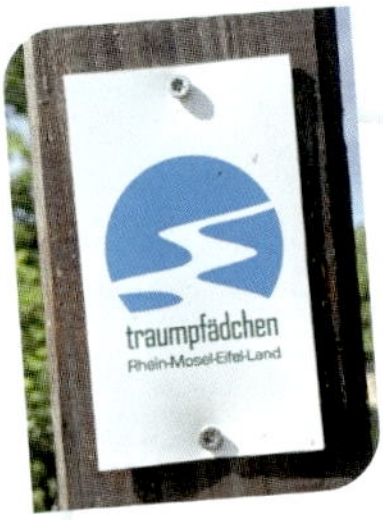

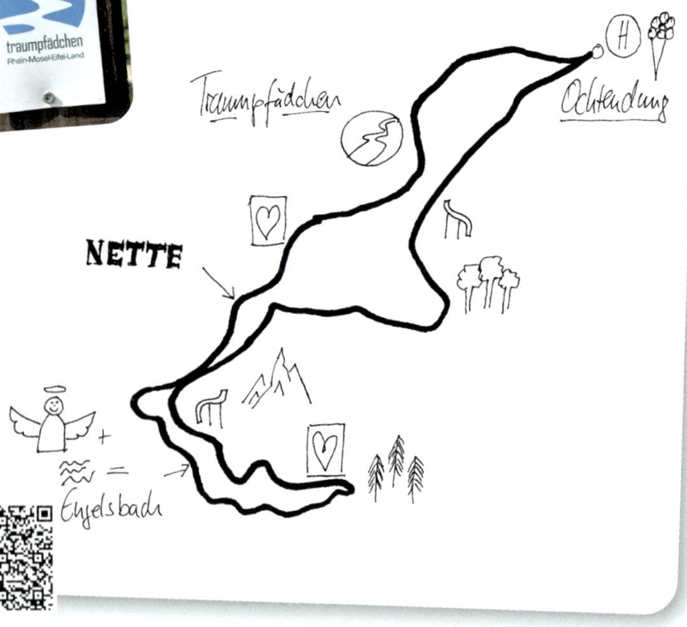

GPX-TRACK

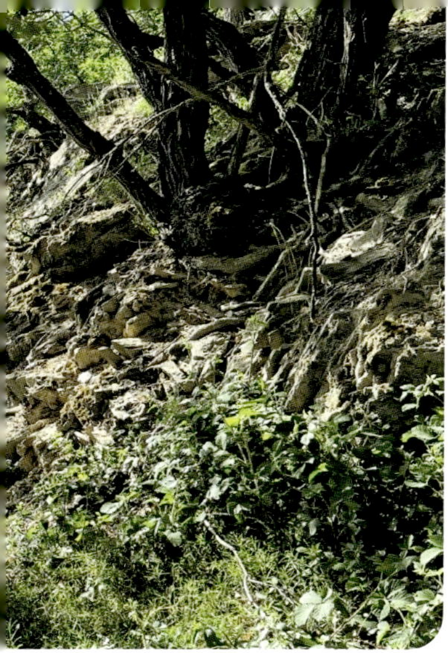

mittelschwer

7,5 Kilometer

215 Höhenmeter

Start und Ziel:
Bushaltestelle Ochtendung, Schillerstraße

Man hört den Engelschor singen – herzallerliebst

DER WEG

Herzlich willkommen auf dem Maifeld! Von der Bushaltestelle sehen wir schon auf ein grünes Wiesen-Dreieck, dort erreichen wir unser Traumpfädchen, das ist ein waschechter Premiumspazierwanderweg.

Wenig romantisch geht es zunächst ein Stück parallel der Straße, dann auf einem Feldweg Richtung Nettetal. Am Wegrand sehen wir einige Insektenhotels, das ist schon eine richtige Hotelkette. Kurz darauf können unsere Blicke in die Ferne schweifen. Unser Weg windet sich über die Felder, einzelne Bäume verzieren die Landschaft, wir schauen weit in die vulkanische Landschaft der Osteifel.

Am Ende des Feldwegs tauchen wir in den Wald hinab und gehen auf felsigem und erdigem Untergrund talwärts. An einer Wegkreuzung müssen wir Kurs halten, die Parole heißt: rechts gehen. Wir begeben uns jetzt auf eine kurze, 2,8 Kilometer lange Schleife, sozusagen das Herzstück des Nette-Romantik-Pfads.

Schnell haben wir das Tal der Nette erreicht. Es empfiehlt sich, einen kurzen Abstecher zu diesem Nebenfluss des Rheins zu unternehmen. Vielleicht sind die Temperaturen bei eurer Wanderung ja dergestalt, dass ihr ein kurzes Fußbad nehmen könnt. Kann ja auch romantisch sein. Wir verlassen schon bald wieder das Tal und gehen das Engelsbachtal hinauf. Man hört den Engelschor singen, wenn man das große Herz auf dem Baumstamm am Wegrand sieht – herzallerliebst. Ja, ich dich auch!

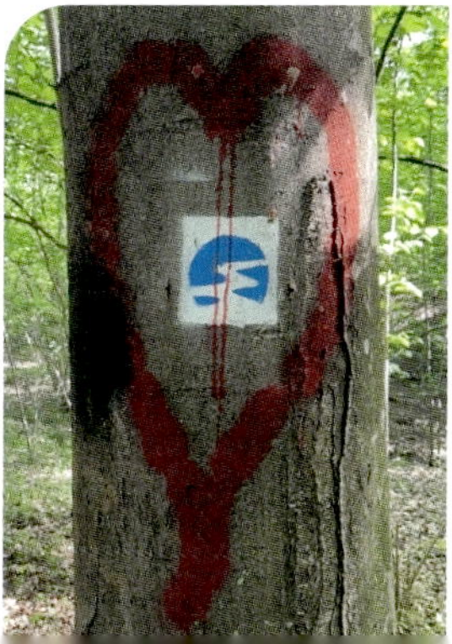

ANDRACKS GASTRO-TIPPS

Wenn wir nach der Wandertour auf dem Romantik-Pfad etwas in den Ort hineingehen, finden wir am Raiffeisenplatz einen Pavillon. Dort bekommt man *Lung's Milcheis*, das beste Eis der Region. Im Sommer mit den üblichen Sorten plus den Geschmacksrichtungen Drachenfrucht, Marzipan oder Holunderbeere mit Joghurt. Im Herbst mit den Sorten Lebkuchen, Spekulatius und Zimt (mein Lieblingseis!). Übrigens kann man direkt an der Eisbude an der Haltestelle „Raiffeisenplatz" in den Bus der Linie 350 steigen und nach Koblenz zurückfahren.

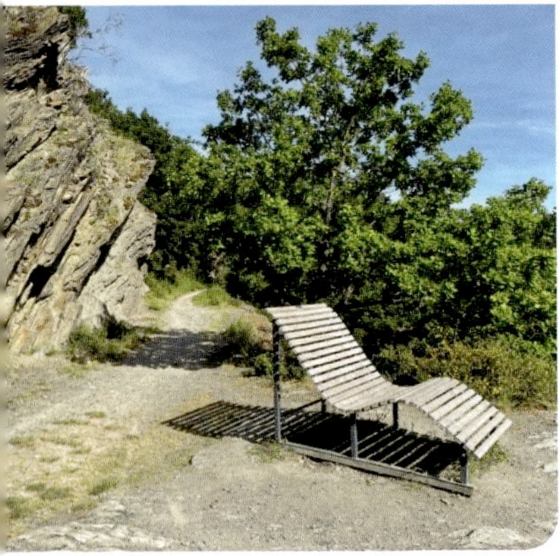

Romantisch, bequem – UND unbelegt: eine der Sinnenliegen

Wir gehen weiter bergan und biegen scharf nach links. Nun wandern wir auf einem großartigen Weg oberhalb des Nettetals, der Felsenanteil wird größer. Immer wieder ergeben sich weite Blicke in und auf die Landschaft, die wir – es ist nicht nur romantisch, sondern auch einfach bequem – auf einer Sinnenliege genießen können. Kleiner Tipp: Sollte die Sinnenliege belegt sein, gibt es zwei Möglichkeiten. Entweder die Vorgänger vertreiben oder noch ein paar Schritte weitergehen, da befindet sich die nächste Bank.

Wir wandern weiter und kommen wieder an die Wegkreuzung, Parole ist: weiterhin rechts. Wir treten aus dem

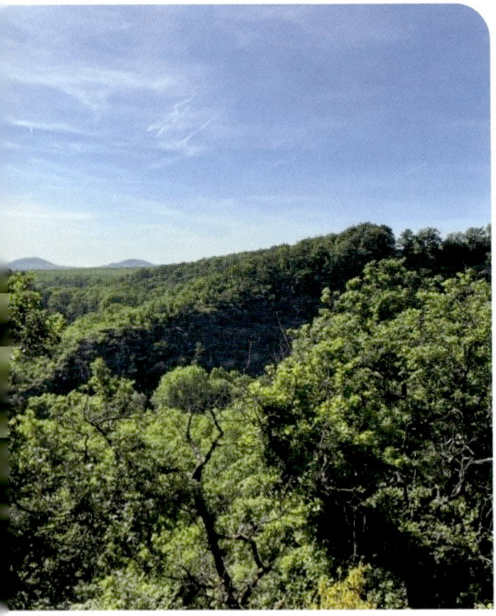

EISENBAHNROMANTIK

Bei der Hinfahrt mit dem Bus nach Ochtendung unterqueren wir eine alte Eisenbahnbrücke. Diese einspurige Bahnstrecke verlief von Koblenz-Lützel über Bassenheim, Ochtendung, Polch zum Bahnhof Mayen Ost und hatte dort Anschluss an die Eifelquerbahn von Andernach nach Gerolstein. Aktuell kann man auf dem ehemaligen Gleisbett mit dem Fahrrad auf dem Maifeld-Radweg bis nach Ochtendung fahren.

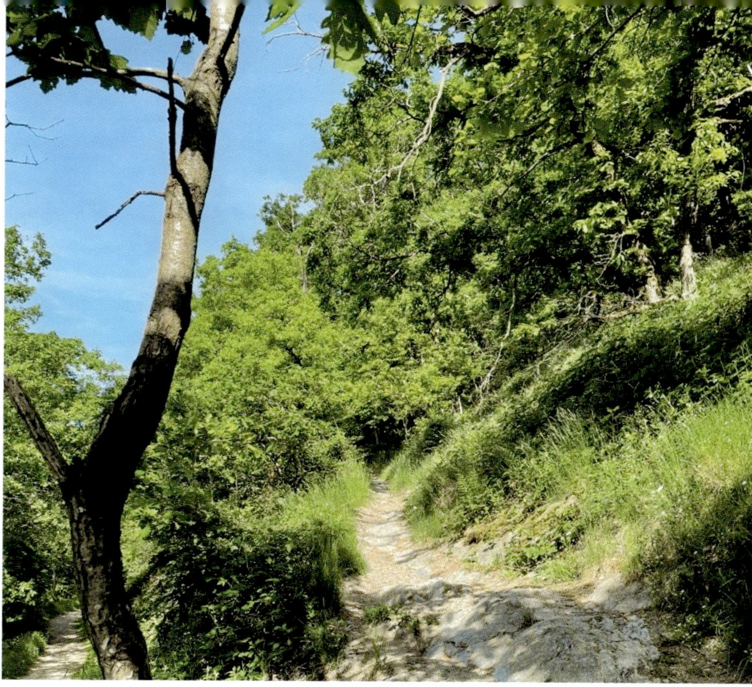

Wenn das kein Traumpfädchen ist ...

Wald hinaus und gehen über Felder und Waldränder bis zum Blick auf den Michelberg, einen schönen Vulkankegel. Allmählich verlieren wir an Höhe und können schon bald die ersten Häuser von Ochtendung sehen.

Wir folgen weiter unserer Markierung und gehen schließlich die Schillerstraße noch ein wenig weiter bis zur Bushaltestelle Richtung Koblenz. Das war eine schöne, gemütliche Tour auf dem Nette-Romantik-Pfad.

GESCHICHTE(N)

Wer sich in den Nette-Romantik-Pfad verliebt hat, möchte vielleicht nach Ochtendung umziehen. Das ist sehr zu empfehlen, vor allem die Vereinsauswahl ist gigantisch. Man kann sich engagieren bei den „Modellbahnfreunden Maifeld“, beim „Kegler-Sport-Club“ oder bei den „Schachfreunden Ochtendung“. Wie wäre es mit dem „Angler-Sport-Club 1961 Ochtendung“, dem „Karate-Club Ochtendung“ oder einem von zwei Kaninchenzuchtvereinen? Außerdem ist Ochtendung eine Karnevalshochburg, genau wie Köln und Mainz. Lustig geht es zu bei der „KG (also Karnevalsgesellschaft) Ewig Jung“, der „KG Jecke Mädche“, der „KG Schafskopf“, dem „Carnevalsverein Ochtendunger Bürgerwehr“ und der „Großen Ochtendunger Karnevalsgesellschaft“. Und was ist der Narrenruf, also das Alaaf und Helau von Ochtendung? „Maju!“

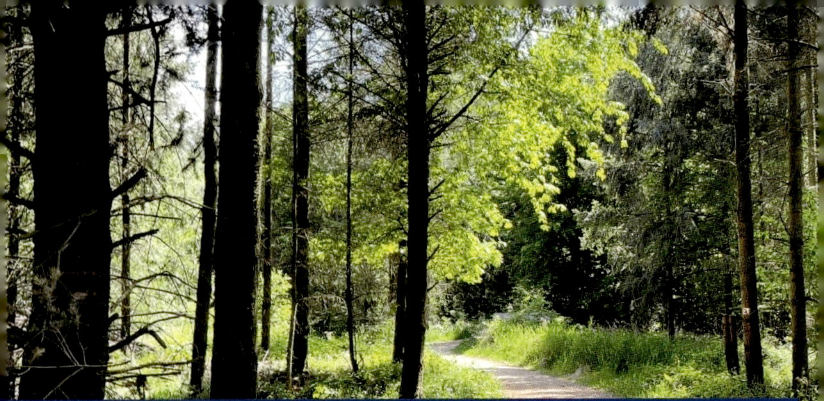

Auf dem Rheinburgenweg zum Kühkopf

TOUR 20

Entspanntes Wandern durch den Koblenzer Stadtwald

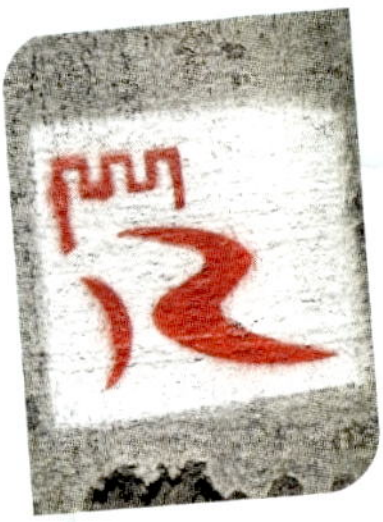

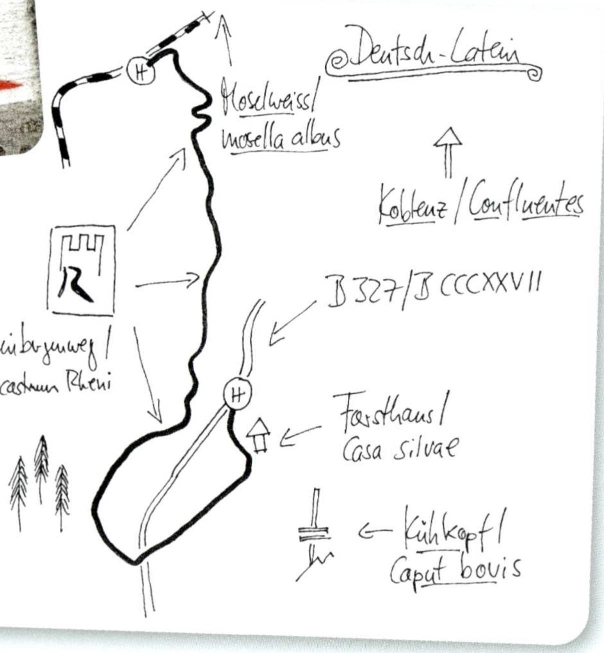

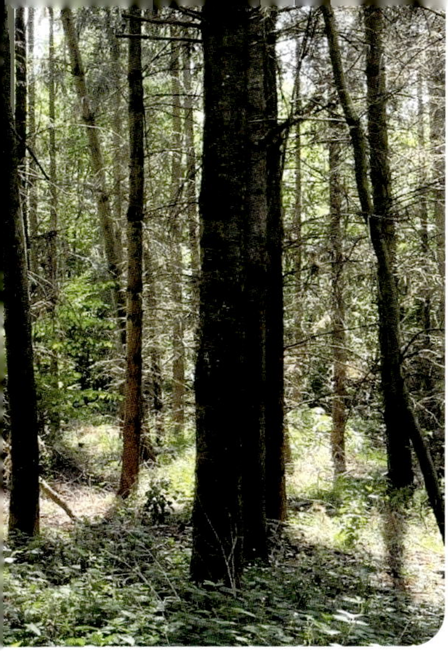

mittelschwer

7,8 Kilometer

324 Höhenmeter

Start:
Bahnhof Koblenz-Moselweiß
Gülser Brücke

Ziel:
Bushaltestelle Koblenz,
Karthause/Kühkopf

Der Hund hat seine Pfote genau zwischen Mosel und Rhein gelegt

DER WEG

Wir starten an der Gülser Eisenbahnbrücke und gehen auf der südlichen Seite der Brücke von der Mosel weg den Fußweg hinauf. An den Gleisen sehen wir die rot-weiße Markierung des Rheinburgensteigs. Nicht enttäuscht sein, weder werden wir heute den Rhein sehen (aber jede Menge Mosel) noch eine Burg (aber jede Menge Berg). Wir gehen weiter Richtung Haltepunkt Moselweiß an den Gleisen entlang und wenden uns dann rechts durch eine Schrebergartenanlage. Es geht ordentlich bergan auf spannenden Wegen – extrem schmal oder tunnelartige Passagen. Oberhalb des Moselweißer Hangs gehen wir eine Weile am Wohngebiet von Karthause entlang, auf der rechten Seite blitzt immer wieder das silberne Band der Mosel zwischen den Bäumen hervor. Nach dem Wohngebiet gewinnen wir auf unserem Weg am Berghang immer mehr an Höhe. Es geht nun mal Richtung Hunsrück, der ja der Legende zufolge nach dem Rücken eines Hundes benannt ist. Nun, wenn man das ernst nimmt, dann ist die Hundetatze der Koblenzer Stadtwald rund um den Kühkopf, der Hund hat seine Pfote genau zwischen Mosel und Rhein gelegt. Wir wandern am Moselhang entlang und haben kurz hintereinander tolle Ausblicke Richtung Lay und Winningen, jeweils mit einer Ruhebank für eine kurze

Aussichtspunkt mit Moselblick

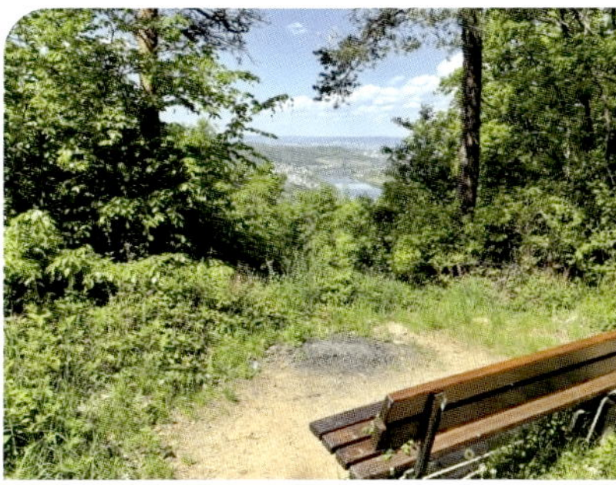

GESCHICHTE(N)

Das römische Imperium ließ sich nur mit einer perfekten Infrastruktur beherrschen, dem berühmten Netz der Römerstraßen. Wo genau aber gingen und fuhren die Römer in Confluentes (Koblenz)? Das ist erstaunlich unerforscht. Klar ist, dass die Rheinstraße von Köln nach Mainz dem heutigen Verlauf der B9 folgte. Der Weg am Forsthaus Kühkopf wird allerdings Römerstraße genannt. War das wirklich die ehemalige Trasse Richtung Trier? Ich bezweifle das. Ich tippe eher auf die heutige Bundestraße 327, an der auch unser Bus hält. Oder habt ihr eine ganz andere Theorie?

Pause. Wir kommen an der Schwedenschanze vorbei, die eigentlich eben nicht von den Schweden, sondern zunächst von kaiserlichen Truppen genutzt wurde. Die Erdwälle kann man immer noch sehr gut erkennen, die Schussrichtung war interessanterweise auf die alte Römerstraße Richtung Forsthaus Kühkopf ausgerichtet. Kurz darauf erreichen wir einen wunderbaren Ausblick Richtung Norden und Gülser Brücke. Mit Stolz können wir feststellen: schon einiges an Wegstrecke und vor allem Höhe geschafft! An der Schutzhütte Layer Kopf wenden wir uns nach links, weg vom Moseltal. Auf Forstwegen gehen wir weiter durch den Koblenzer Stadtwald und erreichen die Bundesstraße auf der Höhe des *Forsthauses Remstecken* (das übrigens täglich

Ausblick auf die Mosel und den Ortsteil Lay

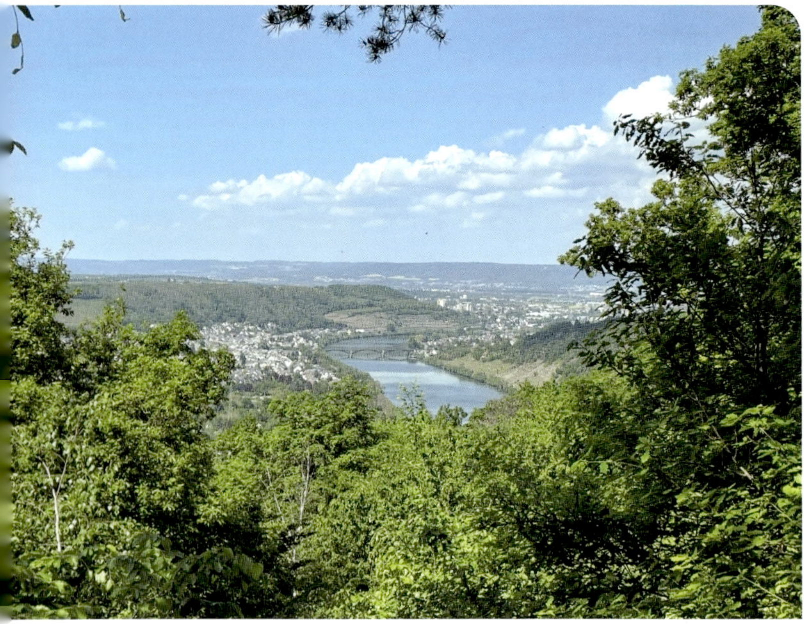

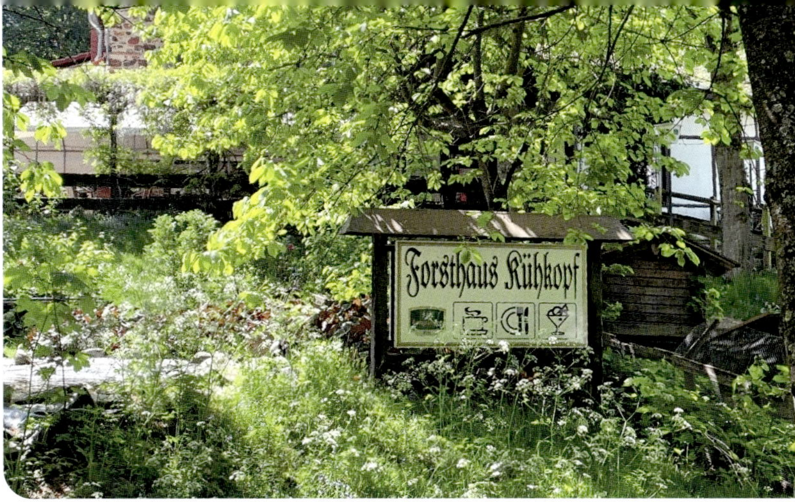

ANDRACKS GASTRO-TIPPS

Zum Abschluss der Koblenzer Wandertour sollte man unbedingt im *Forsthaus Kühkopf* einkehren. Es ist herrlich, dort auf der Terrasse mitten im Wald zu sitzen und sich verwöhnen zu lassen. Die Speisekarte lässt keine Wünsche offen: Bemerkenswert ist die Auswahl an Schnitzeln, die gibt es vom Schwein, vom Kalb, in einer vegetarischen, veganen und sogar glutenfreien Version. Nur die Beilage ist immer gleich: Pommes und Salat! Und an jedem ersten und dritten Sonntag gibt es „Dad Köhkopp Spätaufsteherfrühstück".

EISENBAHNROMANTIK

Zwischen dem Haltepunkt Moselweiß und dem Hauptbahnhof von Koblenz wurde 1900 das „Bahnbetriebswerk Koblenz-Mosel" errichtet. Hauptsächlich wurden dort Dampflokomotiven gewartet. Nachdem das „Tuff-Tuff-die-Eisenbahn-Zeitalter" vorbei war, wurde das Bahnbetriebswerk 1988 geschlossen. Seit 2007 ist das Eisenbahnverkehrsunternehmen „Transdev" der Besitzer des Geländes und hat dort Wartungshallen für die von ihr betriebene Mittelrheinbahn gebaut.

für eine Einkehr geöffnet hat!). Wir überqueren die Straße über eine Fußgängerbrücke. Hinter dem Waldparkplatz gehen wir mit der Markierung des Rheinburgenwegs auf dem schmalen Pfad neben dem breiten Forstweg. Wir befinden uns unterhalb des höchsten Koblenzer Bergs, dem 382 Meter hohen Kühkopf, der weithin durch den Fernmeldeturm Koblenz auf dem Gipfel erkennbar ist. Auf dem sehr schönen Pfad gehen wir bergab, bis wir an der nächsten Kreuzung das *Forsthaus Kühkopf* erreicht haben. Wir folgen der Wald-Straße vor dem Forsthaus und haben nach 400 Metern die Bushaltestelle an der Bundesstraße erreicht.

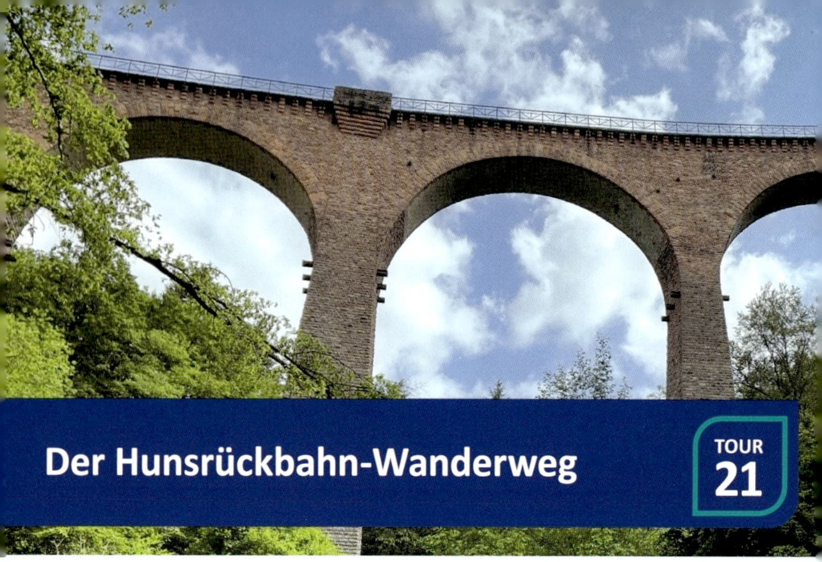

Der Hunsrückbahn-Wanderweg

TOUR 21

Achtung Zugbetrieb – der Hubertusviadukt ist noch heute Teil einer aktiven Eisenbahnstrecke

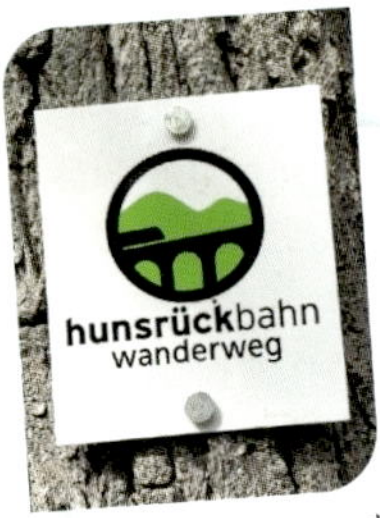

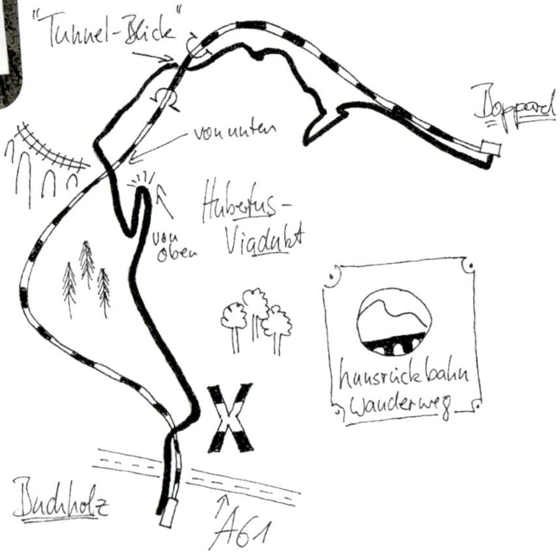

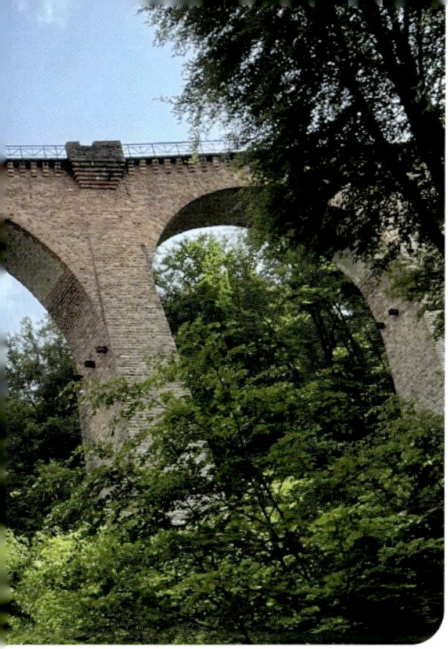

mittelschwer

8,2 Kilometer

131 Höhenmeter

Start:
Bahnhof Boppard-Buchholz
Ziel:
Hauptbahnhof Boppard

Ein Traum für Trainspotter und Naturfreunde

DER WEG

Angekommen in Boppard-Buchholz auf Bahnsteig 1 (wenn es nur einen einzigen Bahnsteig gibt, wird der eben „Eins" genannt) laufen wir nach rechts Richtung Parkplatz. Am Ende des Parkplatzes gehen wir auf einen Pfad und überqueren kurz darauf die A61. Dann wandern wir über einen schönen Weg und kreuzen die Gleise der Hunsrückbahn. Vorsicht! Manchmal rauscht da auch ein ICE vorbei, deswegen vor Überschreiten der Gleise rechts und links schauen, sonst droht im Wald die ewige Ruhe.

Den Ruhewald von Buchholz erreichen wir an den „Drei Eichen" und queren eine Landstraße. Nun folgen wir der schön gestalteten Markierung des Hunsrückbahnwanderwegs und gehen eine Weile geradeaus durch den Wald. Kurz vor der Liesenfeldhütte wird unser Weg spannend, das Wanderabenteuer an der Hunsrückbahn beginnt. Unterhalb der Hütte haben wir eine hervorragende Sicht auf den Hubertus-Viadukt. Ein Fahrplan informiert alle Trainspotter, wann der nächste Zug kommt. Manchmal stehen an diesem Platz so viele Hunsrückbahn-Fans mit ihren Kameras und Handys wie Fotografen an einem roten Teppich.

Unser Weg führt uns hinab ins Tal und wir haben ein Déjà-vu – wir begegnen

Beginn der Steilstrecke

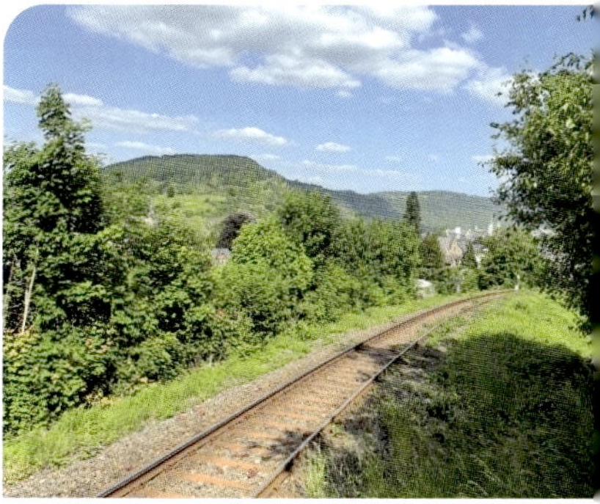

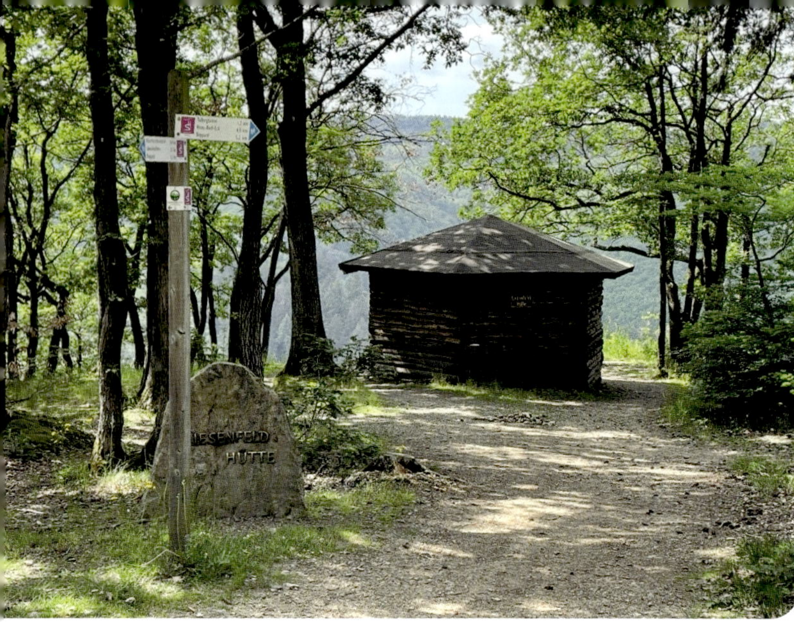

Schutz und Aussicht bietet die Liesenfeldhütte

wieder dem Hubertus-Viadukt, diesmal aber aus der Froschperspektive. Unglaublich, wie hoch dieses Bauwerk ist, das konnte man an der Liesenfeldhütte gar nicht so wahrnehmen. Wir wandern durch das Tal (der Bach heißt Mistlochgraben), aber Achtung! – es warten noch einige knackige Anstiege. Mit der Markierung der Traumschleife Elfensteig gehen wir steil rechts den Berg hinauf bis zu einer weiteren Aussicht auf die Hunsrückbahn. Wir blicken auf den Talbergtunnel, unter unseren Füßen befindet sich das Mundloch eines weiteren Tunnels.

Es geht weiter oberhalb der Bahn, immer die Markierung des Hunsrückbahnwanderwegs im Blick. Nach einer Weile erwartet uns das nächste Highlight: der erste Blick auf Vater Rhein.

GESCHICHTE(N)

Ich möchte an dieser Stelle die Geschichte des Hunsrückbahnwanderwegs erzählen. Verantwortlich für die meisten schönen Wanderwege, wie zum Beispiel die Traumschleifen oder die Traumpfade, sind touristische Verbände, die die Wege konzipieren, markieren und bewerben. Der Hunsrückbahnwanderweg allerdings ist von Alf Keilen geplant worden, und das ist ein Vollblut-Eisenbahner. Keilen ist für den Betreiber „Transdev“ verantwortlich für die Hunsrückbahn und die Moselweinbahn. Eigeninitiativ hat er parallel zu den beiden Bahnstrecken schöne Wandertouren ausgearbeitet und Markierungen angebracht. Ein Hoch auf Alf!

ANDRACKS GASTRO-TIPPS

Es gibt unzählige Einkehrmöglichkeiten in Boppard, aber warum in die Ferne schweifen, wenn das Gute liegt so nah. Das Essen im *Gleis 3/4* direkt am Bahnhof ist ausgezeichnet. Man bekommt Pizzen, Dürüm, Salate, Lahmacun. Mein Favorit ist das Pide mit Sucuk, also der scharfen Knoblauchwurst. Wenn ich daran denke, läuft mir das Wasser im Mund zusammen...

Auf schmalen Pfaden wandern wir weiter zu weiteren Aussichten auf die Rheinschleife, den Ort Filsen am anderen Ufer und die Weinlage Bopparder Hamm – übrigens die bei weitem größte Weinlage im Weinanbaugebiet Mittelrhein.

Wir gehen wieder bergab, diesmal endgültig. Dabei kommen wir noch einmal den Gleisen der Hunsrückbahn sehr nahe. Der Fotopunkt heißt „Einfahrt in die Steilstrecke", wieder informiert ein Fahrplan, wann die Triebwagen gemächlich vorbeifahren. Kurz darauf haben wir Boppard erreicht und gehen zum Hauptbahnhof dieser schönen Stadt am Rhein.

EISENBAHNROMANTIK

Die Hunsrückbahn, die wir auf unserer Wanderung begleiten, ist eine technische Meisterleistung. Zwischen Boppard Hauptbahnhof und Boppard Buchholz müssen zwischen Rhein und Hunsrückhöhen 336 Höhenmeter überwunden werden. Zwei malerische Viadukte und fünf Tunnel machen die 6,3 Kilometer zu einer wahren Eisenbahnschönheit. Fürs Guinness-Buch der Rekorde: Der Streckenabschnitt zwischen Boppard und Buchholz ist die steilste Bahnstrecke Deutschlands.

Rheinwindungen mit Blick auf Filsen (links) und Boppard (rechts)

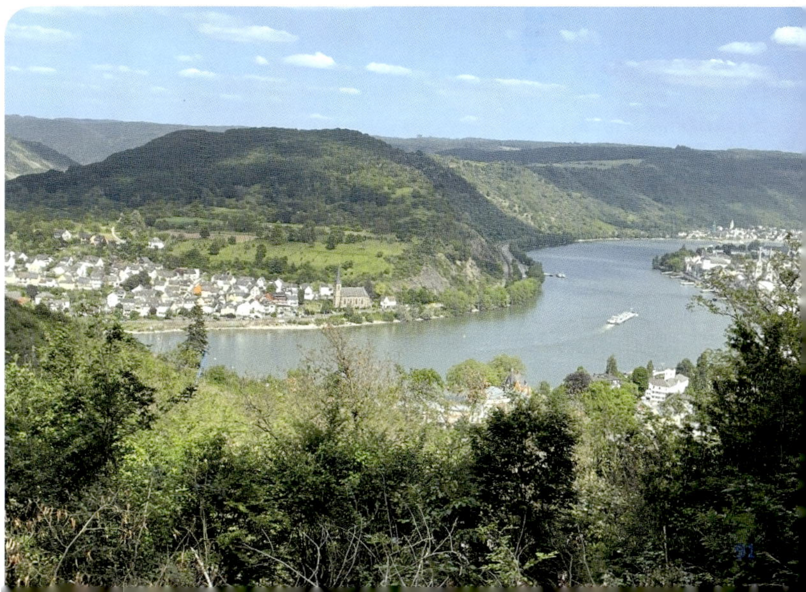

Auf der Rundtour 6 in Bad Neuenahr

TOUR 22

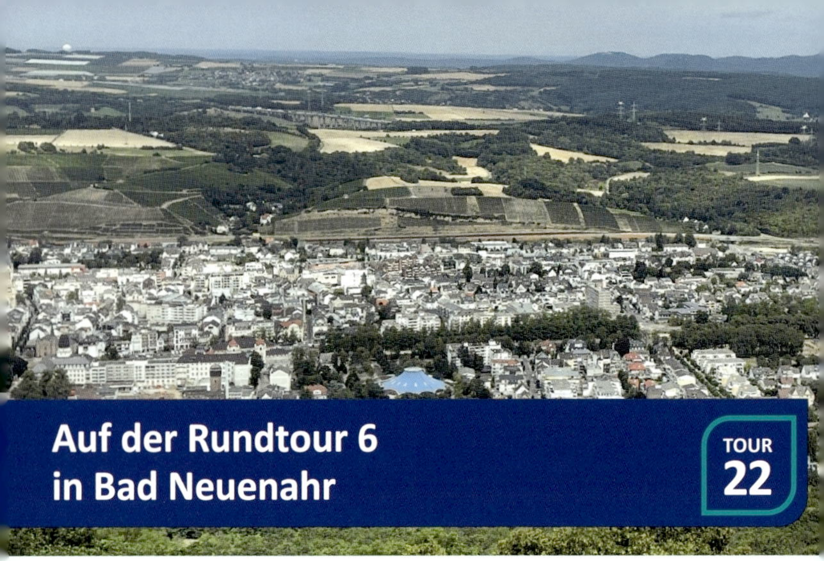

Weitsicht über Bad Neuenahr

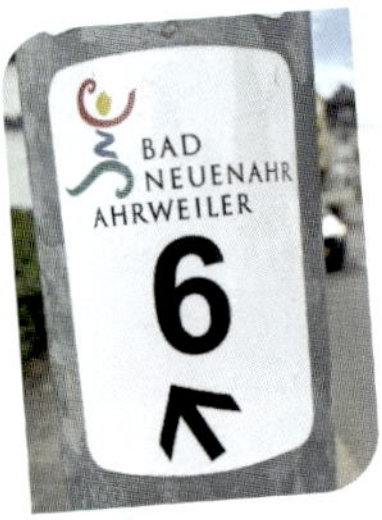

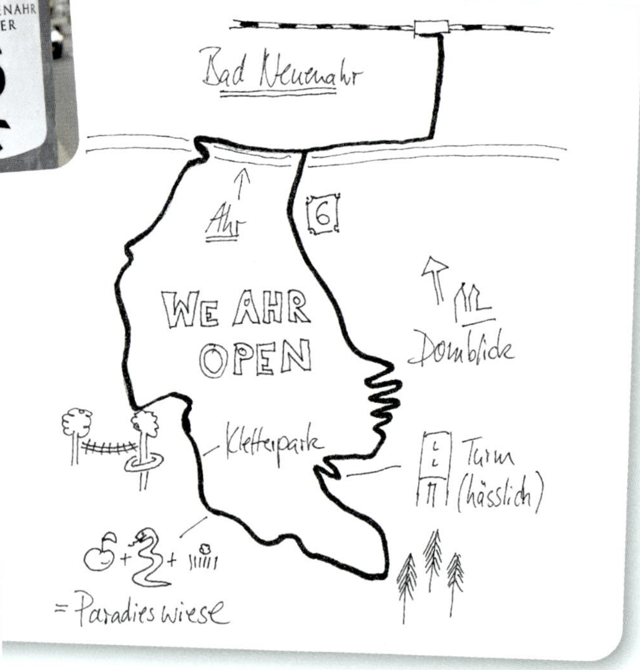

GPX-TRACK

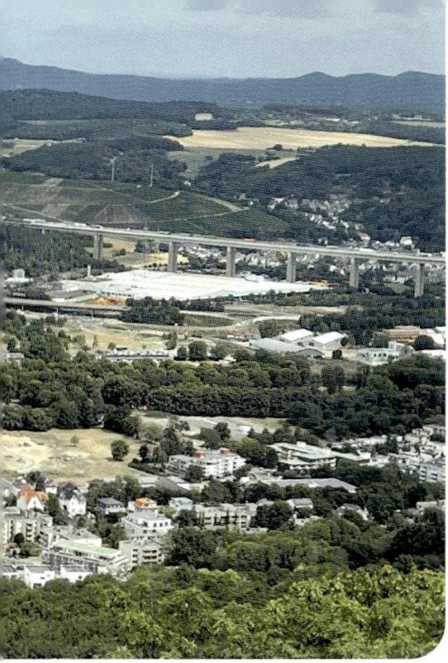

- mittelschwer
- 8,6 Kilometer
- 237 Höhenmeter
- Start und Ziel: Bahnhof Bad Neuenahr

Weitsicht bis Köln und ins Siebengebirge

DER WEG

Wir starten am Bahnhof von Bad Neuenahr. „Neuenahr pur", so steht es am alten Bahnhofsgebäude. Aber da stehen auch so Sachen wie „Immer heiter – Gott hilft weiter". Das ist ein guter Sinnspruch für so manche Bahnfahrt.

Wir wenden uns links und gehen am Kreisverkehr in die Landgrafenstraße hinunter bis zur Ahr, dann wandern wir rechts an der Ahr entlang. Ganz harmlos kommt das Flüsschen daher, man kann sich kaum vorstellen, welche zer-

Historisches Bahnhofsgebäude Bad Neuenahr

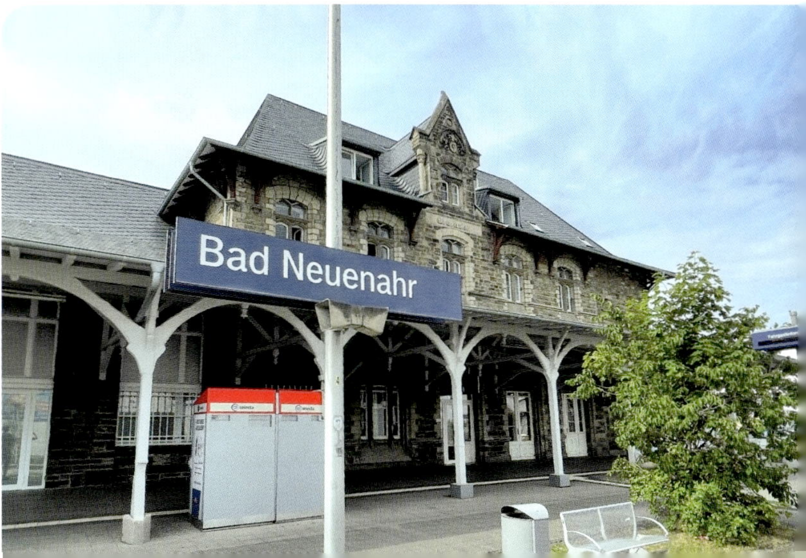

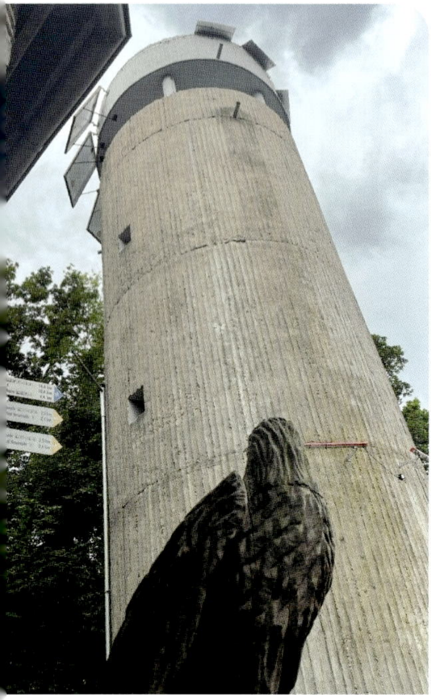

Manche Aussicht lässt sich zuerst nur erahnen

störerische Wucht die Ahr im Sommer 2021 entfaltet hat. Ein Zeugnis dieser Horrornacht werden wir am Ende der Wandertour sehen.

Auffällig sind die riesigen bunten Blumenkübel mit vergleichsweise mickrigen Pflanzen. Über die zweite Fußgängerbrücke überqueren wir die Ahr und erreichen den Kurpark. Das Motto an der Touristeninformation ist „We ahr open" – Gäste sind also wieder sehr willkommen. Oberhalb des Kurparks treffen wir auf die „6", die Markierung des Rundwanderwegs 6 von Bad Neuenahr. Wir gehen am Friedhof vorbei und tauchen in den Wald ein, hinauf zum Neuenahrer Berg. Als ich auf der Wanderkarte die langgezogenen Serpentinen gesehen hatte, hatte ich mich auf extre-

EISENBAHNROMANTIK

Das Bahnhofsgebäude von Bad Neuenahr ist nicht irgendein Zweckgebäude, sondern eine Kathedrale des Reisens, ein Palast des Eisenbahnzeitalters. Erbaut wurde das Empfangsgebäude von einem Kölner Stararchitekten im neugotischen Stil. In den Chroniken wird vermeldet, dass der Bahnhof am 17. September 1880 eröffnet wurde. Im ersten Zug, der in Bad Neuenahr hielt, saßen ausschließlich „gehobene Gesellschaften". Einen Tag später durfte dann auch die restliche Bevölkerung nach Bad Neuenahr fahren.

GESCHICHTE(N)

Seit der Ahrflut befinden sich die Räume der Spielbank Bad Neuenahr im Bahnhof. Wenn das für alle Bahnfahrer kein Zeichen ist, mal sein Glück zu probieren. Ich empfehle, es einmal mit Black Jack zu probieren. Bei diesem Spiel (Mindesteinsatz fünf Euro) hat man das Gefühl, etwas mehr Entscheidungsmöglichkeiten zu haben als beim Roulette.

Man sollte aber noch ein frisches Hemd und eine frische Hose im Rucksack haben. Es wird nämlich um „gepflegte und angemessene Kleidung" gebeten. Ausdrücklich verboten sind nur Flip-Flops und Achselshirts – aber die sind beim Wandern auch nicht erlaubt. Viel Glück!

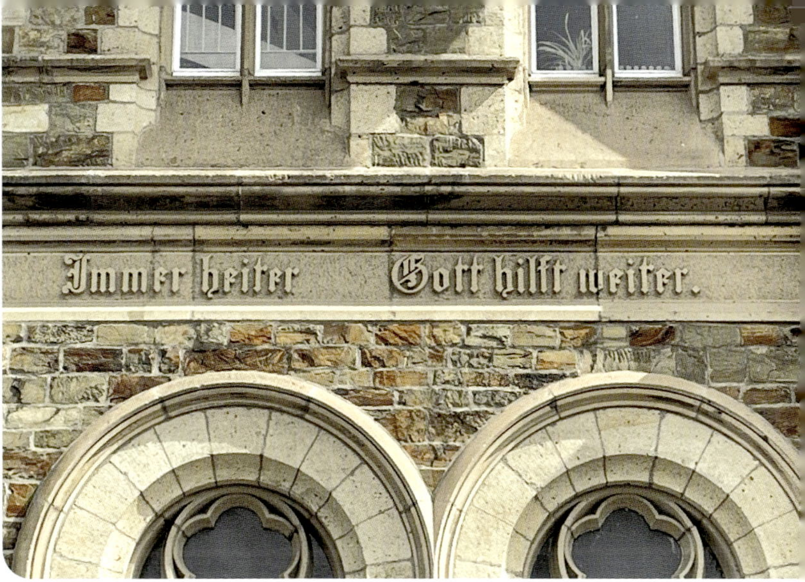

Der Bahnhof von Bad Neuenahr hält die ein oder andere Weisheit parat

me, steile Wege eingestellt. Aber es ist eher ein entspannter Bergspaziergang.
Wir queren eine Straße und schon bald stehen wir vor dem – man muss es in dieser Deutlichkeit sagen – sehr hässlichen Steckenberg-Turm. Aber die Aussicht vom Turm, die ist Weltklasse! Unter uns breitet sich das Ahrtal aus, rechter Hand ist deutlich das Siebengebirge mit dem Hotel auf dem Petersberg zu erkennen und am Horizont sogar die Doppeltürme des Kölner Doms. Rheinland pur!
Vom Berg hinab geht es zunächst auf sehr schönen Waldpfaden, später über eine asphaltierte Straße. Schön ist kurze Zeit später die Wiese, die sogenannte Paradieswiese. Wer von der kurzen Wandertour körperlich noch nicht ausgelastet ist, kann sich dort im Klettergarten austoben.
Weiter geht es durch den Wald, bis wir die ersten Häuser von Bad Neuenahr erreichen. Es schließt sich noch ein längerer Gang durch den Kurpark an. Am Wegrand sind die Überreste der zerstörten und verbogenen Maria-Hilf-Brücke zu sehen, ein Zeugnis der Flutnacht 2021. Wir gehen wieder über die Brücke und geradeaus durch die Fußgängerzone Richtung Bahnhof.

ANDRACKS GASTRO-TIPPS

Dieser Luther ist ein wahrer Teufelskerl! Wandlungsfähig, handlungsstark. Erst war er ein katholischer Mönch, dann Junker Jörg, dann hat er mal eben eine neue Religion gegründet. Und nun führt er noch *Luthers Weinrestaurant* am nördlichen Ahrufer, gegenüber des Kurparks. An sieben Tagen jeweils dreizehn Stunden geöffnet – Martin Luther, du bist ein Tausendsassa!

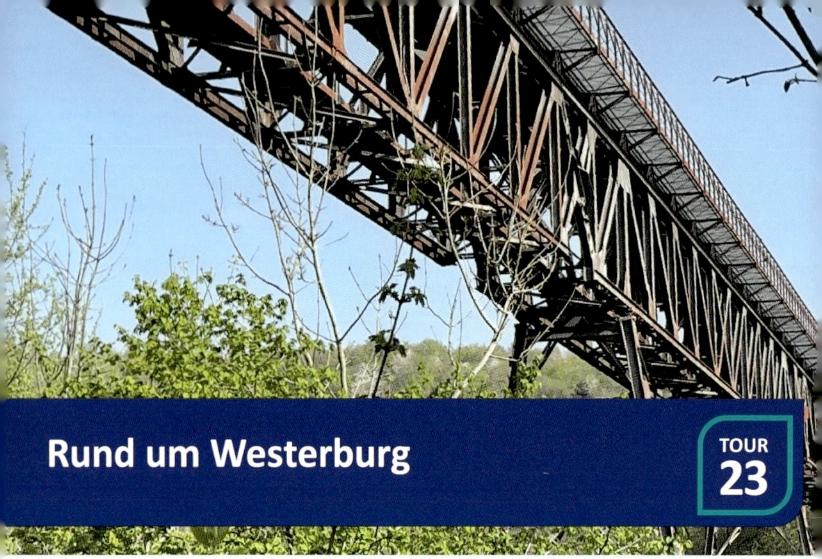

Rund um Westerburg

TOUR 23

Die historische Eisenbahnbrücke von Westerburg

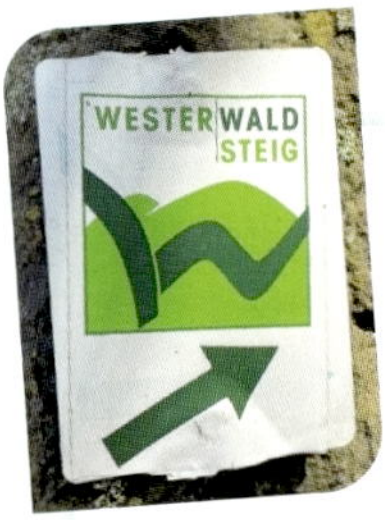

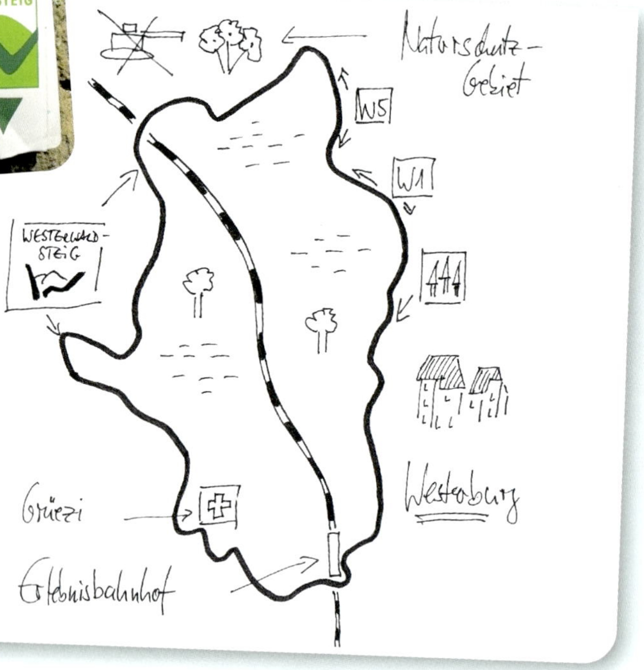

GPX-TRACK

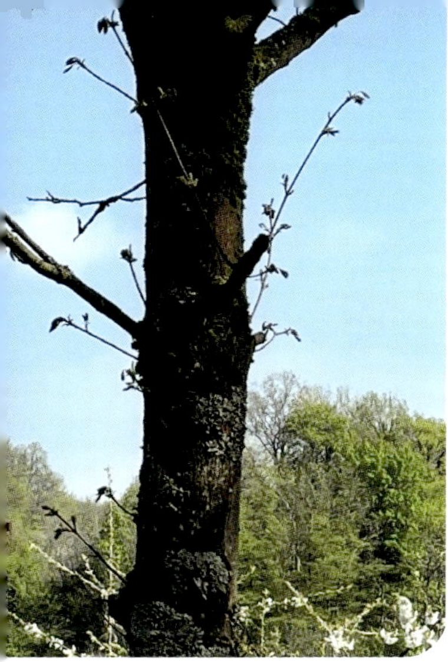

mittelschwer

8,6 Kilometer

172 Höhenmeter

Start und Ziel:
Bahnhof Westerburg

Westerburg liegt nicht in der Schweiz

DER WEG

Am Bahnhof folgen wir dem Wegweiser des Westerwald-Steigs Richtung Dreifelden, überqueren die Gleise und gehen die Straße hinauf. Wir unterqueren die Straßenbrücke und gehen rechts hinauf in den Ortsteil Gershasen. Wir laufen durch den Ort und stellen erstaunt auf einem Straßenschild fest, dass wir „In der Schweiz" sind. So, so.

Wir folgen weiter unserer gelb-grünen Zuweg-Markierung, dem W des Westerwald-Steigs. Oberhalb des Ortes gehen wir in den Wald hinein. Wir wandern auf einem schönen Forstweg. Ein historischer Gedenkstein erinnert daran, dass wir auf einem Wanderweg unterwegs sind, der 1935/1936 von der „Deutschen Jugend" im Rahmen des Reichsarbeitsdiensts der Nazis erbaut wurde. Echt gruselig. Am nächsten Querweg haben wir den „richtigen" Westerwald-Steig erreicht und gehen rechts. Wir folgen dem grünen W auf Weiß durch den Wald und gehen ein kurzes Stück oberhalb einer Umgehungsstraße. Diese Straße überqueren wir, müssen aber auf jeder Straßenseite durch kuriose Metalldrahttüren schlüpfen, die einen Wildwechsel verhindern sollen. Wir wandern weiter durch einen Wald und überqueren die Schienen der Oberwesterwaldbahn an einem Übergang mit Andreaskreuz. Schon bald erreichen wir ein beeindruckendes Naturschutzgebiet, das auf einem ehemaligen Truppenübungsplatz eingerichtet wurde. Das „nationale Naturerbe" wurde 2018 vom Bund dem NABU übergeben und umfasst 153 Hektar. Wir gehen durch eine interessante Heidelandschaft und tauchen in ein verwunschenes Waldstück ein. Kurz hinter einem Rastplatz schwenkt unser Pfad rechts ab. An dieser Stelle verlassen wir den Westerwald-Steig und gehen geradeaus auf einem wun-

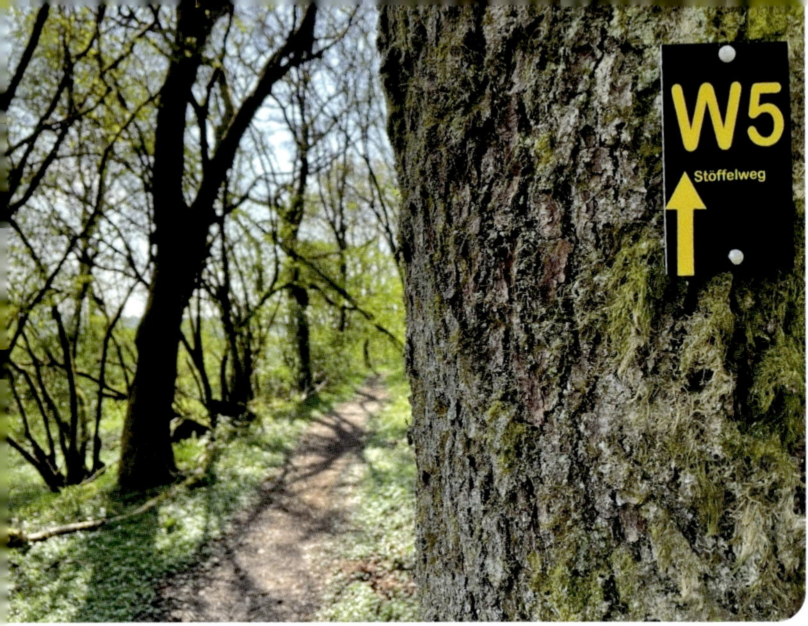

Stöffelweg mit W5 Wegweiser

derschönen Weg an bemoosten Steinen vorbei.

Wir folgen der Markierung des Ortsweges W5 Stöffelweg (schwarz-gelb). Vorbei an einem Schutzpavillon laufen wir weiter geradeaus auf eine Freifläche hinaus. Am Querweg gehen wir links und folgen der Markierung des Ortswegs W1 (Wäller-Ruhe-Weg). Auf diesem Ruhe-Weg wandern wir passenderweise bis zum Parkplatz des Friedhofs. Unterhalb des Friedhofs wechseln wir abermals unsere Markierung und gehen nun auf dem Dreikirchen-Weg Richtung Westerburg. Noch einmal überqueren wir Eisenbahnschienen, diesmal sind es aber die Gleise der stillgelegten Westerwaldquerbahn. Es geht hinunter bis zu einer Hauptstraße. Dort können wir theoretisch mit dem Dreikirchen-Weg geradeaus gehen und einen Abstecher bis zur Burg machen.

GESCHICHTE(N)

Das Westerwaldstadion von Westerburg hat Fußballgeschichte geschrieben. Nicht nur weil bei jedem Heimspiel die Heldentaten der „SG Westerburg“ in der Bezirksliga Ost zu bestaunen sind. Das Westerwaldstadion (aktueller Name „netclusive Arena“) war 2006 während der WM in Deutschland das Trainingsgelände der tschechischen Nationalmannschaft. Die Wäller Luft hat den Tschechen kein Glück gebracht. Nach einem 3:0 gegen die USA verloren die böhmischen Kicker gegen Ghana und Italien und mussten schon nach der Vorrunde die Heimreise antreten – und dem Westerwald „Auf Wiedersehen“ sagen.

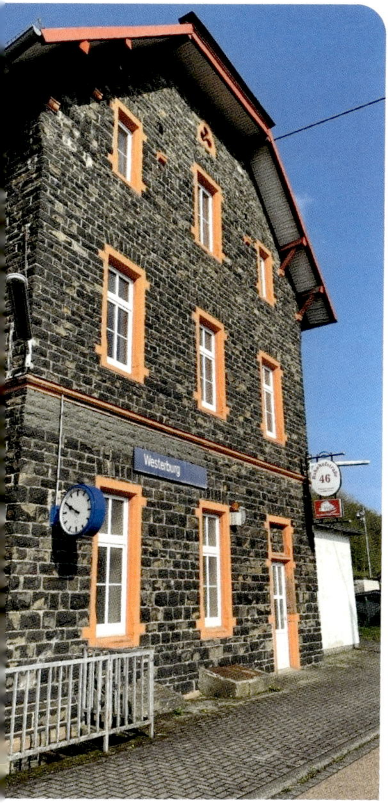

Bahnhof Westerburg mit Plakatmuseum

EISENBAHNROMANTIK

Westerburg war jahrzehntelang DER Eisenbahnknotenpunkt des Westerwalds. Dort kreuzten sich unsere Oberwesterwaldbahn mit der Westerwaldquerbahn von Montabaur nach Herborn. Für die Strecke nach Herborn wurde die gigantische Hülsbachtalbrücke gebaut, die bis heute das Stadtbild prägt.
Unbedingt sollte man als Eisenbahn-Fan den Erlebnisbahnhof Westerwald besuchen. Besonders faszinierend finde ich das Eisenbahn-Plakat-Museum. Dort werden historische Werbeplakate für die Bahnreise aus Deutschland, Frankreich und Großbritannien gezeigt.

Ansonsten gehen wir an der Hauptstraße rechts und am Kreisel in die Bahnhofstraße, die uns überraschenderweise zum Bahnhof führt.

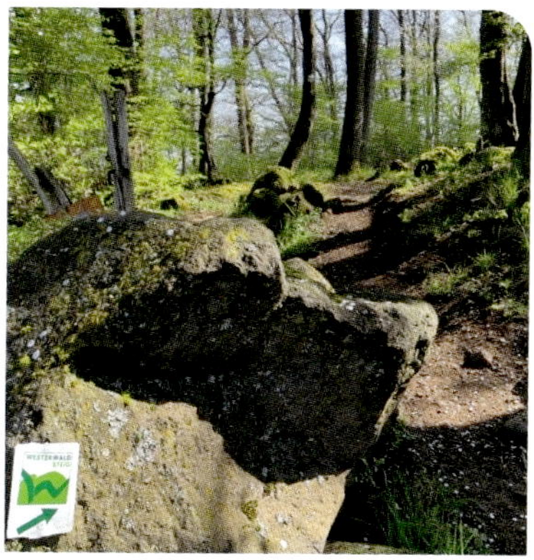
Westerwald-Steig im Naturschutzgebiet

ANDRACKS GASTRO-TIPPS

In Westerburg gibt es zahlreiche Einkehrmöglichkeiten, wegen der Nähe zum Bahnhof würde ich aber *La Grappa* in der Bahnhofstraße empfehlen. Es gibt wanderfreundliche Öffnungszeiten, bis auf Dienstag ist täglich mittags und abends geöffnet. Die Auswahl an Pizzen ist gigantisch. Besonders skurril sind die Pizza Perverso und die Pizza Toto Schillaci, die an den sizilianischen Stürmer erinnert, der bei der WM 1990 Torschützenkönig wurde. Und zum Abschluss ist ein Grappa erlaubt, wir sind doch mit der Bahn da.

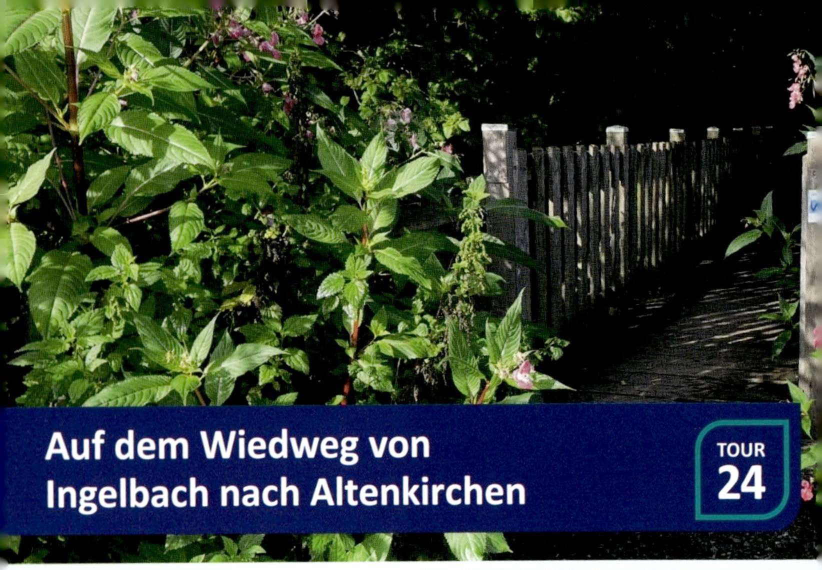

Auf dem Wiedweg von Ingelbach nach Altenkirchen

TOUR
24

Wanderpfad mit Wiedweg-Markierungszeichen

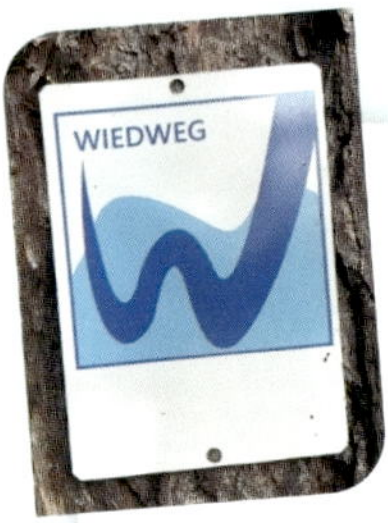

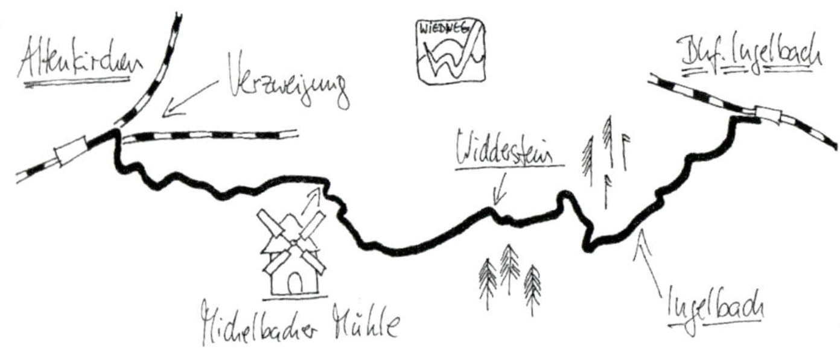

GPX-TRACK

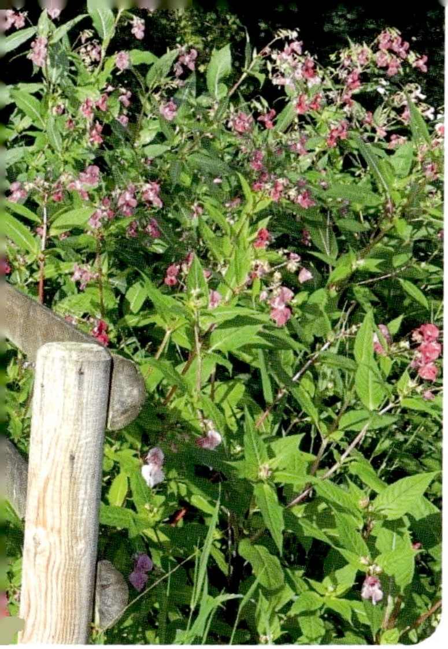

mittelschwer

8,8 Kilometer

62 Höhenmeter

Start:
Bahnhof Ingelbach
Ziel:
Bahnhof Altenkirchen

Über die Hügel und Täler des Westerwalds

DER WEG

Am Ende des Bahnsteigs von Ingelbach sehen wir die ersten Zuwegmarkierungen des Wiedwegs. Nach dem Bahnübergang gehen wir rechts und an den Gleisen entlang. Unser asphaltierter Weg knickt links ab. Wir wandern durch eine Talsohle und erreichen am Ende des Waldes freie Flur. Wer schon leicht ermattet ist, kann sich auf einer Bank ausruhen und den herrlichen, weiten Blick ins Wiedtal genießen.

Auf unserem Zuweg geht es über Felder bergab, wir queren eine Kreisstraße und nähern uns Ingelbach – der Ort ist zwei Kilometer von seinem Bahnhof entfernt. An der Straße „Wir sind Helden" – nein Quatsch, die Straße heißt „In den Helden" – treffen wir auf den Wiedweg mit seinen blauen Markierungen. Die richtige Richtung ist Altenkirchen.

Wir überqueren erstmals die Wied. Bis zur Mündung sind es noch 85 Kilometer auf dem Wiedweg, aber die Quelle in der Nähe von Linden an der Westerwälder Seenplatte ist näher – ungefähr 20 Kilometer. Wir folgen der blauen Markierung auf weißem Grund. Zunächst wandern wir oberhalb der Wied, nach einem Linksknick auf einem asphaltierten Weg den Berg hinauf, dann rechts auf einem Forstweg.

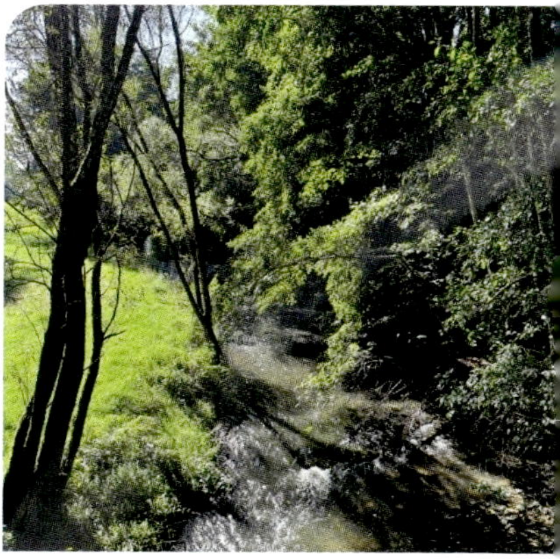

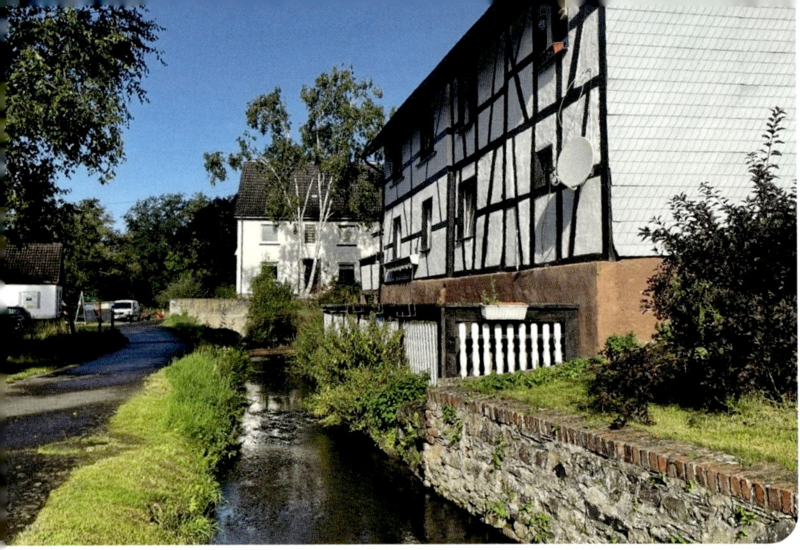

Wir gehen durch ein Kahlschlaggebiet – der Klimawandel lässt grüßen. Das ist leider kein richtiger Westerwald mehr, eher ein Wester-mal-mit-mal-ohne-Wald. Und was können wir tun? – Zumindest mit Bus und Bahn zum Wandern fahren.

Wir gehen bergab, an einem Bächlein umfängt uns wieder ein dichter Wald. Den Ortsrand von Widderstein streifen wir ab und halten uns links. Über einen schönen Forstweg und einen weiteren kahlen Wald queren wir die Wied und sehen mächtige LKWs und LKW-Anhänger, die Mehl der Michelsbacher Mühle geladen haben – oder

EISENBAHNROMANTIK

Der Bahnhof Altenkirchen ist ein sogenannter Verzweigungsbahnhof. Aktuell ist die Verzweigung für jeden Bahnreisenden zu spüren. Wenn der Zug von Hachenburg kommend in Altenkirchen einfährt, wechselt der Triebwagen nach einem kurzen Aufenthalt die Fahrtrichtung, um weiter Richtung Au an der Sieg zu fahren. In naher Zukunft soll auch wieder der Betrieb der Strecke von Altenkirchen nach Siershahn aufgenommen werden. Dann kann man am Verzweigungsbahnhof ohne Verzweigung von Au nach Siershahn durchfahren.

ANDRACKS GASTRO-TIPPS

Eine Stärkung für die Tour kann man in der *Bäckerei Grund* am Bahnhof Ingelbach zu sich nehmen. Sieben Tage in der Woche hat die Filiale geöffnet. Die *Bäckerei Grund* ist ein sympathisches Familienunternehmen und besteht seit über 40 Jahren. Und das Beste: Es wird nur Mehl der Michelsbacher Mühle verbacken – und an dieser Mühle an der Wied sind wir vorbeigewandert!

laden werden. Wir gehen an der Wied entlang, auf schmalen Pfaden, auf breiten Wegen, viele Bänke laden zur Rast. Dieser sanfte Fluss kann aber auch anders: Plötzlich wird es laut und die Wied purzelt und kaskadiert über Steine hinab.

Weiter geht es, links von unserem Weg fließt der uns bekannte Fluss, rechter Hand begleitet uns ein alter Mühlbach. Wir queren die Bundesstraße 8 von Köln nach Frankfurt und folgen weiter unserer Markierung.

Nach ersten Aussichten auf Altenkirchen verlassen wir den Hauptweg und gehen mit der markierten Zuwegung Richtung Bahnhof Altenkirchen.

Bahnhofsgebäude Ingelbach

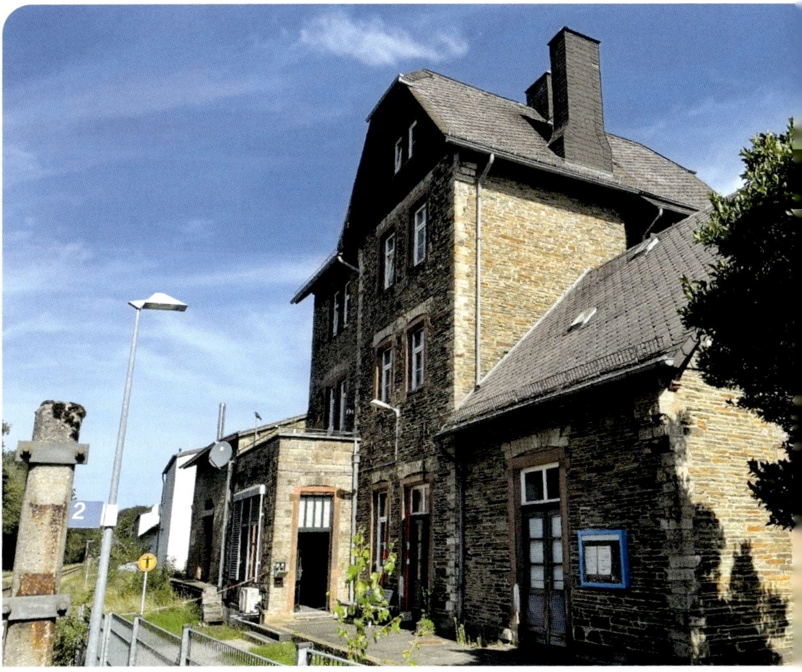

GESCHICHTE(N)

Am Ortsausgang von Altenkirchen kommen wir am Haus Felsenkeller vorbei. Sieht aus wie eine Gaststätte, ist aber eine Bildungseinrichtung. Schaut doch mal ins Programm, vielleicht könnt ihr einen Kursus mit der kurzen Wanderung von Ingelbach nach Altenkirchen verbinden. Vielleicht habt ihr Lust auf Pilates, Tai-Chi oder Qi Gong? Oder wie wäre es mit einem Trommelworkshop oder Line Dance? Yoga-Kurse werden auch im Haus Felsenkeller angeboten. Sogar – kein Scherz – „Lach-Yoga“. Viel Spaß!

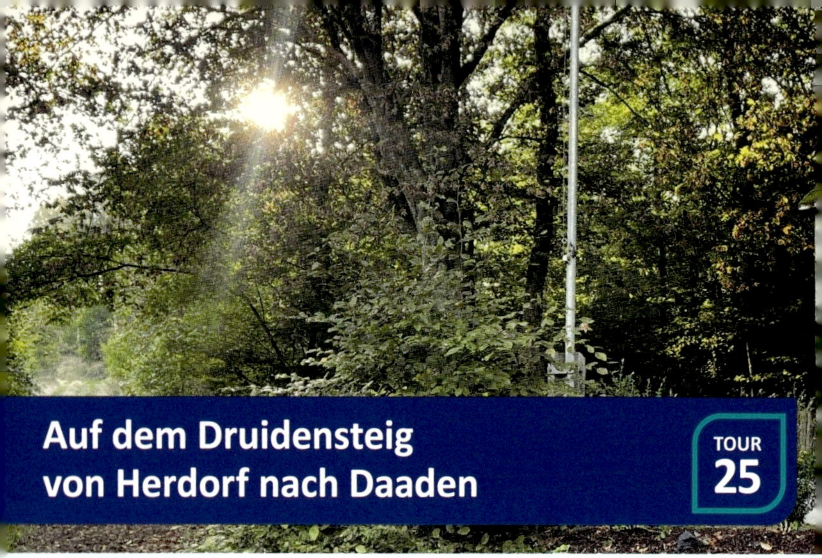

Auf dem Druidensteig von Herdorf nach Daaden

TOUR 25

Josefshäuschen am Druidensteig

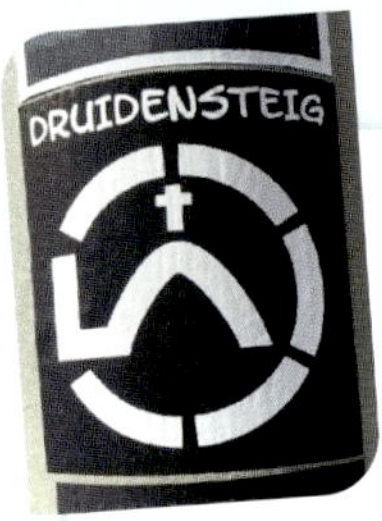

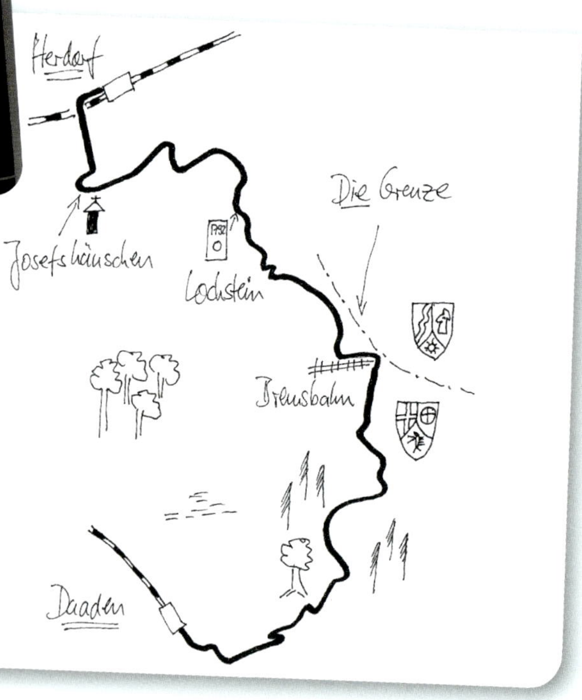

GPX-TRACK

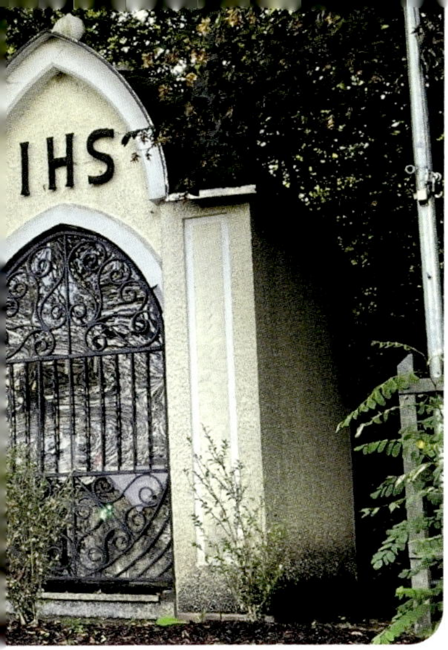

mittelschwer

9,3 Kilometer

262 Höhenmeter

Start:
Bahnhof Herdorf
Ziel:
Bahnhof Daaden

Eine grenzwertige Wanderung

DER WEG

Am Bahnhof von Herdorf orientieren wir uns an den orangen Zuweg-Markierungen des Druidensteigs und stoßen schon bald auf den ersten Wegweiser. Wir nehmen den Zuweg Richtung Daaden, denn das ist unser Etappenziel. Wir unterqueren die Hellertalbahn. Direkt nach der Unterführung gehen wir NICHT nach rechts mit dem Druidensteig-Logo (der Gesamtweg würde sonst zu lang). Wir wenden uns vielmehr links und folgen der europäischen Fahne, dem Logo des europäischen Fernwanderwegs E1. Nach wenigen Metern gehen wir rechts den „Bornseifen" hinauf, bis an das Ende der Straße. Dann rechts und – es pfeifen die Finken von den Dächern – auf dem Finkenweg links. Wir wandern bergan, bis wir am Josefshäuschen den Hauptweg des Druidensteigs erreichen.

Der Druidenstein hat unserem Wanderweg den Namen gegeben, aber den lernen wir noch näher bei einer anderen VRM-Tour (Tour 44) kennen. Wir gehen Richtung Daaden und erst einmal eine ganze Weile oberhalb von Herdorf und dem Hellertal. Immer wieder haben wir Blicke auf den Ort, seine beiden markanten Kirchtürme und auf der anderen Talseite das sehr auffällige Hüttenhaus. Wir kommen an einer bequemen Dreh-Liege an der Skihütte der „DJK Herdorf" vorbei, Hüttengaudi inklusive. Weiter geht es geradeaus, auf sehr schönen Wegen, vorbei an Pferdekoppeln, fast immer mit Talblicken.

Am Ende des Weges wandern wir rechts den Berg hinauf und tauchen in den Wald. Sehr lobenswert sind die aufwändig gestalteten und sehr aufschlussreichen Info-Tafeln am Weg. Einen unscheinbaren Stein am Wegrand hätte wahrscheinlich jeder übersehen. Wir erfahren, dass es sich um einen sogenannten Lochstein von 1792 handelt, der die (unterirdischen!) Grenzen der verschiedenen Bergwerke markierte. Damit wir uns nicht alleine fühlen, werden wir kurz darauf vom „Auge Gottes“ beobachtet und staunen schon bald über den „Schatz im Silbersee“. Um das Gewässer zu sehen, muss man einen Abstecher vom Druidensteig machen. Zurück auf unserem Weg gehen wir an einer Bike Station mit Ersatzschlauchautomat vorbei – brauchen wir als Wanderer nicht.

Heimatmuseum des Daadener Landes

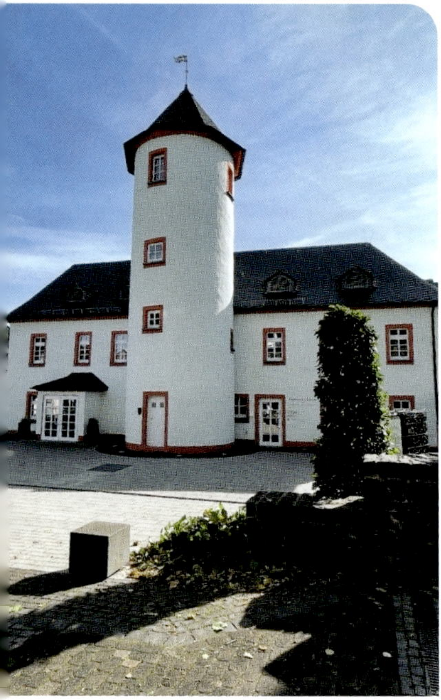

Unterhalb des Hohenseelbachskopf führt ein schnurgerader Forstweg bergan. Eigentlich stinklangweilig zu wandern, doch eine Info-Tafel klärt auf, dass sich auf ebendieser Schneise eine sogenannte Bremsbahn befunden hat, die die Steine der Basaltsteingrube am Hohenseelbachskopf transportiert hat. Oben, am höchsten Punkt unserer Wanderung, touchieren wir die Grenze zwischen Rheinland-Pfalz und Nordrhein-Westfalen, bleiben aber auf „unserer“ Seite. Ab der Grenze geht es nur noch bergab, durch Kahlschlagflächen bis zu einem Waldlehrpfad. An mehreren Bäumen und Sträuchern liest man: „Welcher Baum/Strauch ist das?“ Zuerst dachte ich: „Woher soll ich das denn wissen?“, dann entdeckte ich, dass die Tafeln mit einem Klappmechanismus versehen sind – die Lösung der Rätsel ist unter den Tafeln versteckt.

Wir gehen an einem Wanderparkplatz und an der mächtig alten Hüllbuche vorbei, schon bald sind die ersten Häuser von Daaden zu sehen. Wir folgen der Markierung des Druidensteigs, gehen an der Hauptstraße links und am

GESCHICHTE(N)

Oberhalb von Herdorf stoßen wir am sogenannten Josefshäuschen auf den Hauptweg des Druidensteigs. Die Geschichte dieser Andachtsstätte ist kurios. Wenn ich das richtig verstanden habe – die Formulierungen auf der Info-Tafel sind etwas verworren – hat ein gewisser Herr Reifenrath einen gewissen Herrn Schlosser an diesem Ort erschossen. Weil dieses Ereignis für die Eltern des Mörders (hochangesehene Leute in Herdorf) sehr peinlich war, errichteten sie „zur Sühne für diese Tat“ 1874 das Josefshäuschen.

ANDRACKS GASTRO-TIPPS

Am höchsten Punkt unserer Tour können wir in der *Waldgaststätte Hohenseelbachskopf* einkehren. – Achtung, die Gaststätte liegt auf der anderen Seite der Grenze, Visum und Pass nicht vergessen! – In Daaden kommen wir auf unserem Weg zum Bahnhof am *Eiscafé Dolomiti* und an dem Gasthaus *Am Dorfbrunnen* vorbei.

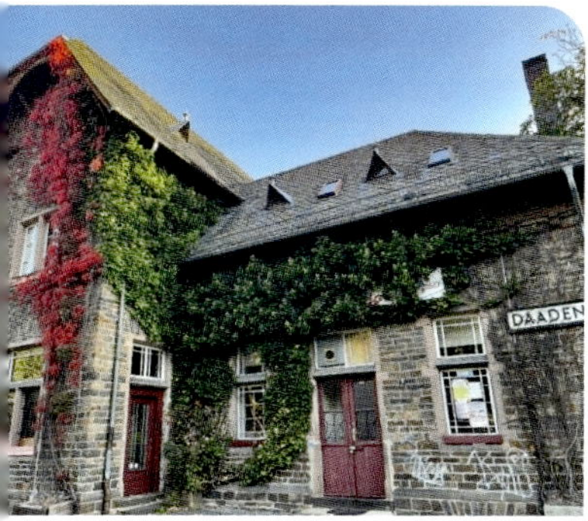

Altes Bahnhofsgebäude Daaden

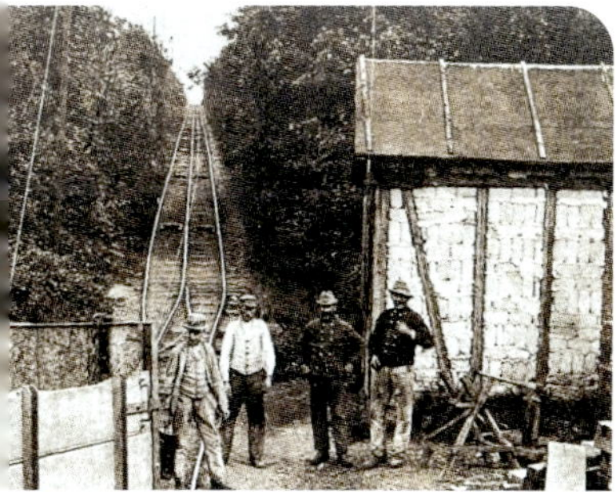

Bremsbahn am Hohenseelbachskopf

EISENBAHNROMANTIK

Auf unserer Fahrt nach Herdorf fahren wir auf der sogenannten Hellertalbahn. Diese heute so verwunschene und abseits der Hauptverkehrswege gelegene Strecke war dereinst Teilstück einer Hauptachse der deutschen Eisenbahnen von Deutz (noch nicht zu Köln gehörend) nach Gießen. Weil diese Strecke wichtig für den militärischen Nachschub des Krieges 1870/71 war, wurde die Hellertalbahn sogar zweigleisig ausgebaut. Aber schon 1915 war es mit der Eisenbahnpracht im Hellertal vorbei. Durch den Bau eines Tunnels wurde die Hauptstrecke verlegt, 1965 wurde das zweite Gleis abgebaut.

Kreisel geradeaus. Im Ortszentrum von Daaden verlassen wir am Heimatmuseum den Hauptweg und gehen rechts mit der orangen Zuwegsmarkierung. Wir überqueren die Straße und den Friedewalder Bach, dann vor der Gaststätte *Am Dorfbrunnen* rechts, über den Parkplatz und dann haben wir den Prellbock und damit das Ende der Daadetalbahn (und den Bahnhof) erreicht.

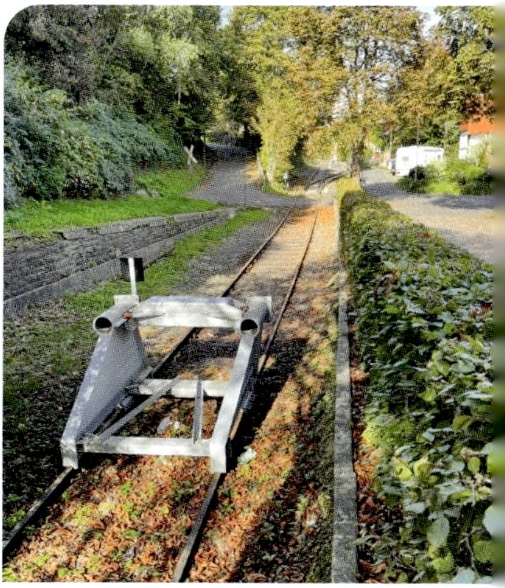

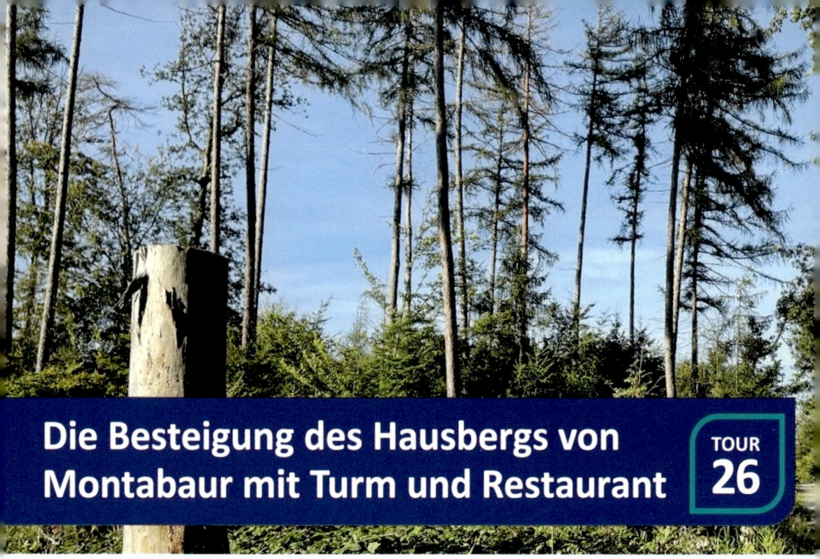

Die Besteigung des Hausbergs von Montabaur mit Turm und Restaurant

TOUR 26

Unterwegs zum Köppel

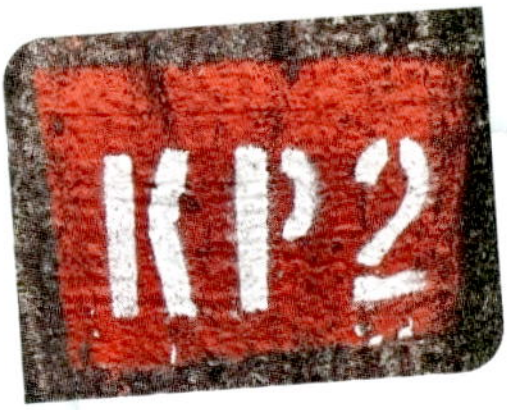

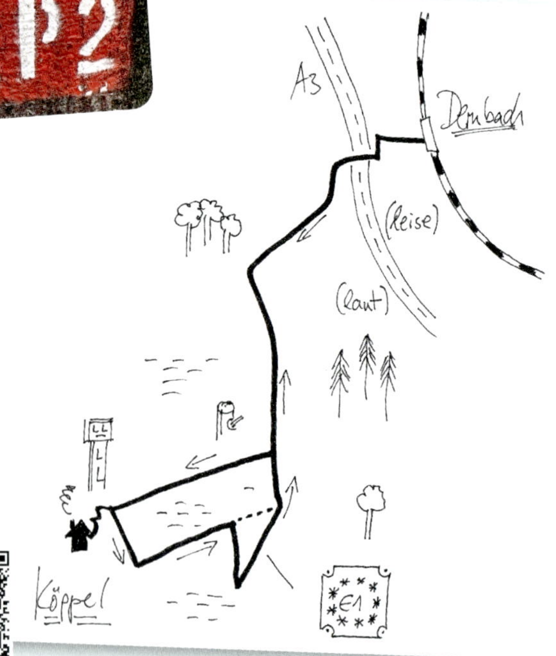

GPX-TRACK

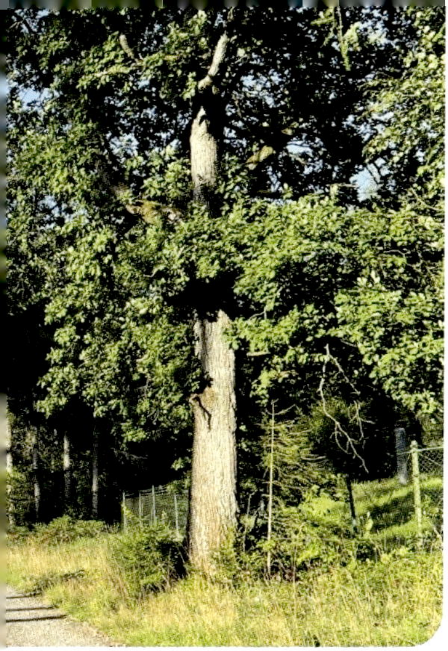

mittelschwer

9,4 Kilometer

261 Höhenmeter

Start und Ziel:
Bahnhof Dernbach

Auf zum Köppel!

DER WEG

Vom Bahnhof beziehungsweise der Bushaltestelle von Dernbach biegen wir in die Straße „Schöne Aussicht" – das sind doch schöne Aussichten! Lasst euch nicht von der Kilometerangabe „Köppel 7,2 km" irritieren. Wir werden einen alternativen und manchmal abenteuerlichen Weg zum Köppel nehmen, der ist 4,7 Kilometer lang. Mit der orangen Markierung „PW9" biegen wir links in den Kreuzweg und schon bald rechts Richtung Autobahn und unterqueren die A3. Es ist schon beeindruckend, wie sehr Schallschutzwände vor Autolärm schützen können. Auf der Dernbach zugewandten Seite säuselt der Verkehr, auf der Waldseite dröhnt es hinauf. Wir gehen am Querweg mit dem „PW9" nach links. An den zwei Bänken erreichen wir den Köppelweg 2 mit der roten Markierung „KP2" und gehen rechts. Wir folgen – zunächst bergan, dann wieder leicht bergab – dem schnurgeraden Weg und biegen nach 800 Metern mit dem „KP2" nach links. Auf diesem Forstweg gehen wir eine Weile, queren eine Kreisstraße, vorbei an einem Wanderparkplatz mit Übersichtskarte, immer geradeaus. An einer Gedenkstätte rechter Hand verlassen wir den „KP2" und gehen rechts hinauf. Dieser ehemalige Forstweg ist die Direttissima zum Köppel, wird aber nicht mehr vom Forst genutzt und ist dementsprechend zugewachsen. Zu Risiken und Nebenwirkungen fragen Sie Ihren persönlichen Wanderexperten Andrack. Mein Tipp: Um diesen abenteuerlichen Weg zu gehen, benötigt ihr festes Schuhwerk, Trittsicherheit und lange Hosen. Wir wandern auf einem schmalen Pfad durch hohe Gräser und balancieren auf dünnen Ästen. Dann queren wir ein ausgetrocknetes Bachbett und gehen durch die weitgehend kahle Landschaft, auf der dereinst ein Fichtenwald stand.

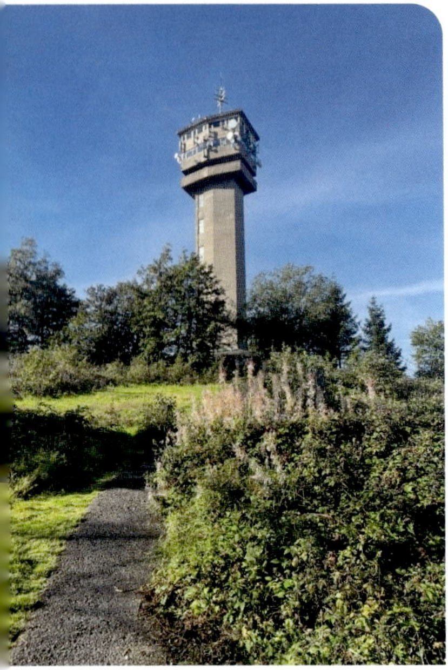

Aussichtspunkt auf dem Köppel

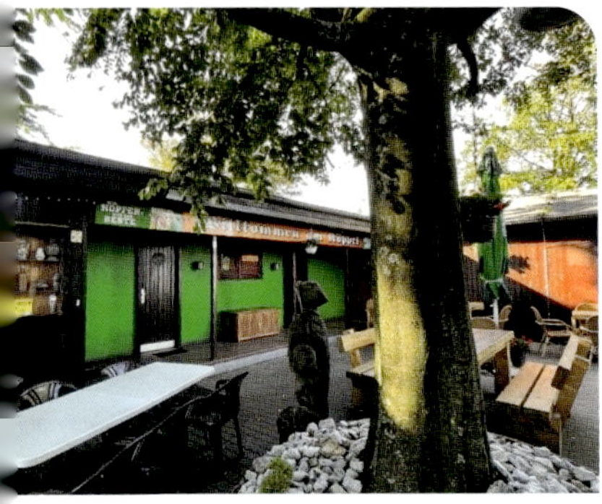

Täglich geöffnet – die Köppel-Hütte

EISENBAHNROMANTIK

Der Bahnhof Dernbach ist Teil der Unterwesterwaldbahn, die kurz nach Eröffnung der Oberwesterwaldbahn 1870 projektiert, aber zunächst nicht gebaut wurde. Es waren keine finanziellen Mittel aufzutreiben. 1884 konnte dann die Strecke Siershahn – Montabaur – Staffel eröffnet werden.
In Siershahn gab es einen Anschluss an den Rhein (die sogenannte Brexbachtalbahn) und nach Altenkirchen. Diese Streckenteile zu reanimieren, käme einer Eisenbahnrenaissance im 21. Jahrhundert gleich.

Vor uns zeigt uns der Aussichtsturm auf dem Köppel die Richtung, wir können uns an einzelnen noch gebliebenen Baumreihen orientieren. Teilweise ist unser Weg sumpfig, manchmal liegen Bäume quer. Auch dornige Passagen müssen wir überstehen, eine Machete wird aber nicht benötigt. Wir queren einen Forstweg und erreichen schließlich einen Asphaltweg unterhalb des Köppel.
Ein schmaler geteerter Weg schlängelt sich hoch zum Berggipfel, am Wegrand haben die Landesforsten Rheinland-Pfalz Infos zum Waldumbau wegen des Klimawandels angebracht. Auf dem

ANDRACKS GASTRO-TIPPS

Die im wahrsten Sinne des Wortes alles überragende Einkehrmöglichkeit des Köppel ist die *Köppel-Hütte*, die uns herzlich willkommen heißt. Die mit Sorgfalt zusammengestellte Speisekarte und das regionale Westerwälder Bier überzeugen. Der absolute Knaller ist aber, dass die Hütte täglich geöffnet ist, die Kernöffnungszeiten sind von 11:00 Uhr bis 18:00 Uhr, Montag bis Sonntag.

GESCHICHTE(N)

Der Köppelgeist ist ein scheues Wesen. Nachts treibt er sein Unwesen in, auf und um den Aussichtsturm herum. Aber tagsüber, wenn der Turm für Besucher geöffnet hat, versteckt sich der Köppelgeist. Bekannt ist nur, dass es sich um einen Berggeist handelt, denn im Westwälder – also im Wäller – Dialekt heißt ein Berg „Köppel“. Findige Wanderer haben allerdings den Köppelgeist schon gesehen, teilweise sogar doppelt. Diese Menschen sagen, der Köppelgeist sei in den Schnapsgläsern der *Köppel-Hütte* zu finden. Könnte man mal ausprobieren.

Gipfel locken die Hütte und der Aussichtsturm. Wir gehen auf dem gleichen Weg zurück, wie wir gekommen sind. Wer nicht noch einmal den Abenteuerweg zurückgehen möchte, kann den breiten Asphaltweg unterhalb des Köppel rechts und an der nächsten Kreuzung links gehen. Dann geradeaus den Abhang hinunter. Wir wandern nun auf dem europäischen Fernwanderweg E1 vom Nordkap nach Sizilien, markiert mit der Europa-Fahne.

Wir können auf unserem Rückweg weiter dem „KP2“ folgen, oder noch mal den Weg geradeaus auf einem eher abenteuerlichen Abschnitt gehen. Ab der Gedenkstätte folgen wir exakt den Wegen, die wir auch auf dem Hinweg genutzt haben. Das ist interessanter als man denkt, in der Gegenrichtung ergeben sich nämlich neue Perspektiven, neue Einsichten, ein neuer Lichteinfall. Nach der Überquerung der Kreisstraße also rechts, hinauf, hinab, an den zwei Bänken links, vor der Autobahn rechts, unter der A3 hindurch, links auf den Kreuzweg, rechts auf der Straße „Schöne Aussicht“ hinunter bis zum Bahnhof.

Gefallenendenkmal Zweiter Weltkrieg

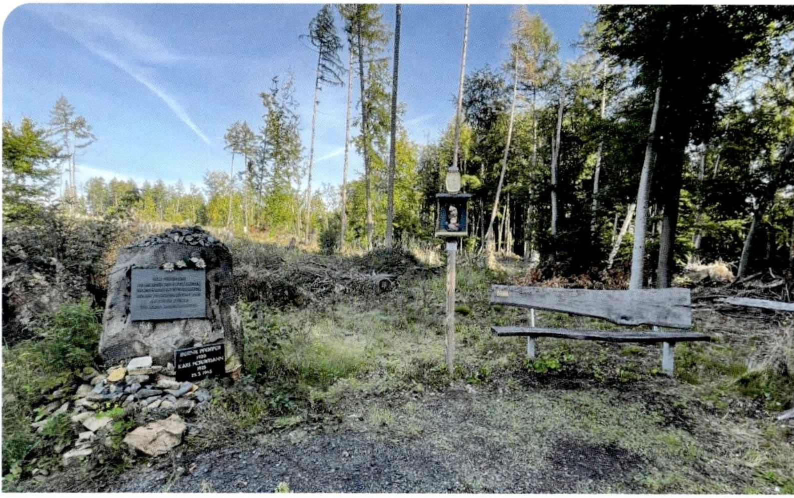

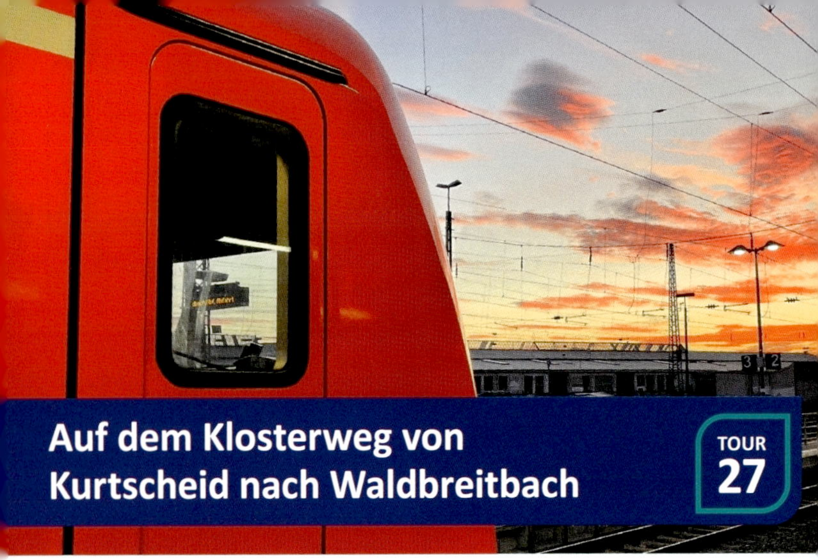

Auf dem Klosterweg von Kurtscheid nach Waldbreitbach

TOUR 27

Morgendämmerung am Bahnhof Neuwied – dann in den Bus nach Kurtscheid

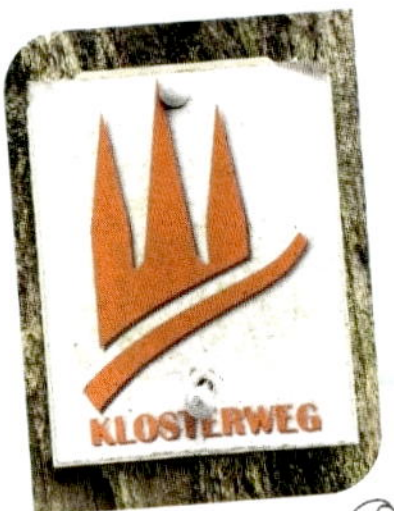

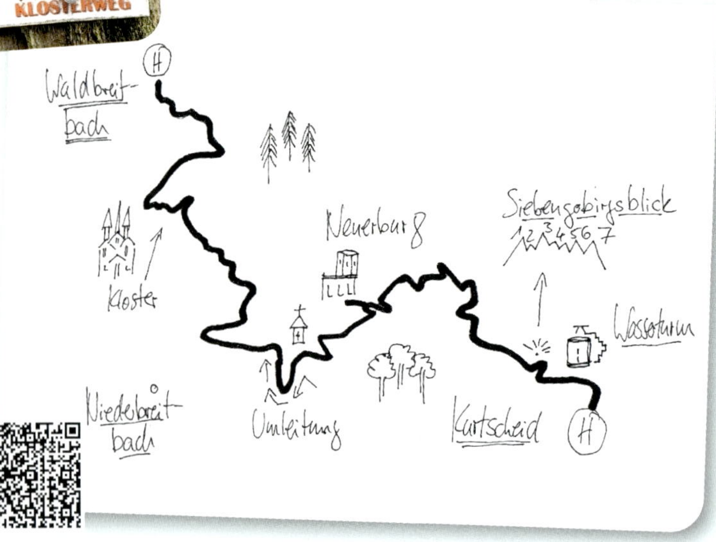

GPX-TRACK

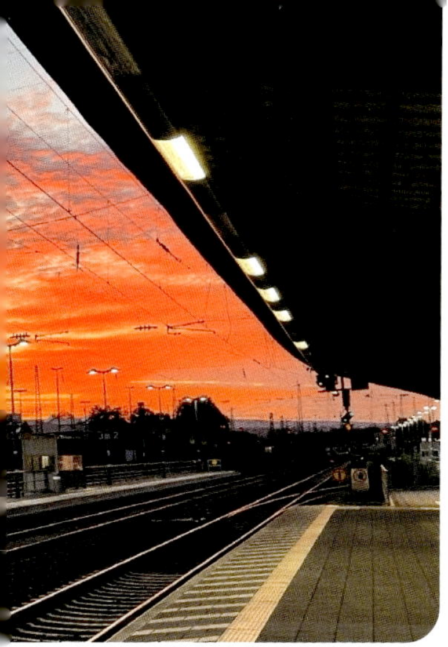

mittelschwer

9,5 Kilometer

234 Höhenmeter

Start:
Bushaltestelle Kurtscheid, Dorfstraße
Ziel:
Bushaltestelle Waldbreitbach, Mitte

Vom Siebengebirgsblick bis zum Klosterort an der Wied

DER WEG

An der Bushaltestelle „Dorfstraße" in Kurtscheid starten wir unsere Wanderung und gehen eine Weile lang auf eben dieser Dorfstraße – die zieht sich ein wenig. Die Dorfmitte von Kurtscheid ist sehr schön gestaltet, mit vielen Infos über den Ort und einem Gedenkstein, der an die erste urkundliche Erwähnung von „Kurtschyt" 1457 erinnert. Hinter der Kirche stoßen wir am Friedhof auf den Klosterweg und wenden uns rechts. Dann folgen in schneller Folge viele Highlights.

- Erstes Highlight: Barfußpfad.
- Zweites Highlight: Holzliegen-Hollywoodschaukel für alle Wanderer.
- Drittes Highlight: Aussichtsplattform auf dem alten Wasserturm.
- Viertes Highlight: Siebengebirgsblick mit toller Panoramatafel. Wow!

Nach dem Highlight-Gewitter von Kurtscheid gehen wir zunächst auf einem Grasweg an der Landstraße entlang, dann in den Wald hinein. Über viele Forstwege führt unser Weg bergab, bis wir an einen Abzweig zur Neuerburg ankommen. Den Abstecher zur Burg sollte man unbedingt machen. Die alten Gemäuer können zwar nicht besichtigt werden, aber es ist schon irre, dass der Landgraf Ludwig II. von Thüringen (ein Schwager von Kaiser Barbarossa) diese Burg erbauen ließ. Und dass eben dies der westliche Außenposten seiner weit-

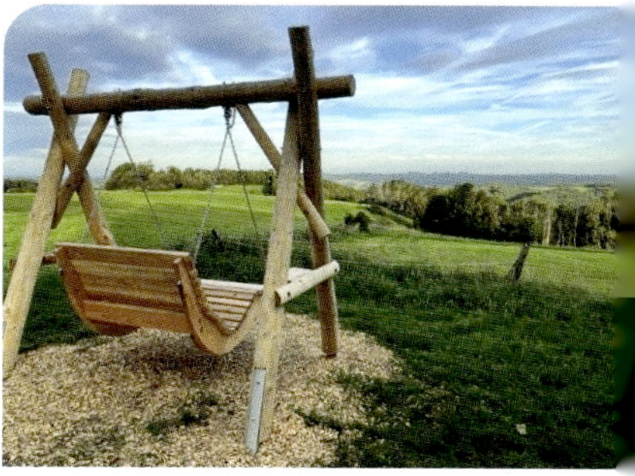

EISENBAHNROMANTIK

Die Bahnstrecke im Wiedtal bei Waldbreitbach – dieses Projekt existiert nur noch auf dem Papier. Von Neuwied bis Niederbieber wurde die Strecke gebaut (siehe Tour 3). Dem Oberlauf der Wied folgte auch die Kasbachtalbahn. Aber die Bahnhöfe von Hausen, Roßbach (Wied) und eben Waldbreitbach, die existieren nur in der Fantasie von Eisenbahn-Nostalgikern.

läufigen Besitztümer war, die über die Wartburg in Eisenach bis nach Freyburg an der Unstrut reichten. Der Westerwald war damals ein Teil von Thüringen. Ei verbibbsch!

Nach dem Abzweig zur Neuerburg überqueren wir auf einer provisorischen Brücke den Bach Burgseifen und gehen auf schönen Wegen am Kelterhof vorbei ins Fockenbachtal. In Sichtweite ist im Tal rechter Hand eine Kapelle, die der Mutter Rosa gewidmet ist – das ist die Gründerin des Waldbreitbacher

GESCHICHTE(N)

Eine einfache Frau aus Waldbreitbach gründete Mitte des 19. Jahrhunderts einen Orden mit dem einprägsamen Namen Franziskanerinnen von der allerseligsten Jungfrau Maria von den Engeln. Kloster Marienhaus ist nicht nur an unserem Weg gelegen, sondern auch Namenspate für den Klosterweg, den man „für die Seele“ wandern kann.

Franziskanerinnenkloster Marienhaus

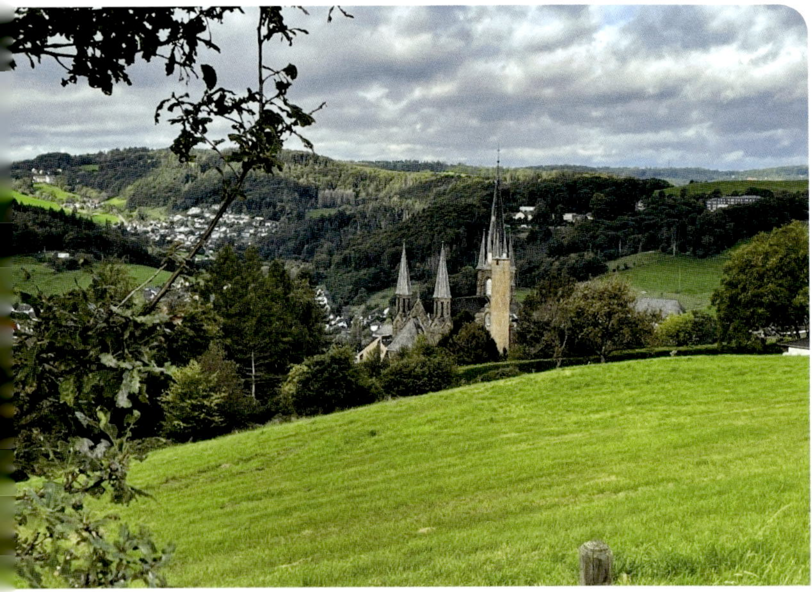

ANDRACKS GASTRO-TIPPS

In Waldbreitbach gibt es zahlreiche Einkehrmöglichkeiten nach der Wanderung auf dem Klosterweg. Sehr zu empfehlen ist *Simones Conditorei* links die Hauptstraße hinunter. Direkt an unserem Weg liegt die *Pizzeria Massimo*, gegenüber der Bushaltestelle „Waldbreitbach Mitte“ das *Hotel zur Post*. Und direkt an der Bushaltestelle kann man sich im *Eiscafé Riviera* innerlich abkühlen.

Klosters. Unser Weg verläuft aber links, für kurze Zeit auf dem asphaltierten Weg. Wir überqueren den Fockenbach und gehen direkt rechts in einem Hohlweg bergan bis zum Ackerhof. Wir haben schon wieder eine gute Höhe erklommen und gehen an Kuhweiden mit Blick auf Niederbreitbach und das Wiedtal vorbei. Lustige Kühe sind das, ganz helles, lockiges Fell haben die und sehen dadurch fast wie Schafe aus.

Wir stoßen auf den Wiedweg und gehen rechts noch mal den Berg hinauf bis zu einer grandiosen Aussicht, vis-à-vis die thüringische Neuerburg. Einen Kilometer nach der Aussicht wandern wir an den Anlagen des Klosters Marienhaus vorbei – Klostergärten, Klosterladen, Klosterbuchhandlung, Klosterkirche, *Restaurant Klosterbergterrassen* – und das alles direkt am Klosterweg!

Nach dem Kloster geht es nicht direkt nach Waldbreitbach, sondern auf tollen Waldpfaden oberhalb des Wiedtals. In einer Schutzhütte am Weg begeistern uns kitschige Naturlandschaften-Puzzles – das muss man gesehen haben! An Teichen vorbei erreichen wir den Ort und das Portal des Klosterwegs an der Maria Himmelfahrt-Kirche. Wir folgen dem Zuweg zum Westerwald-Steig bis zur Hauptstraße, der „Neuwieder Straße“. Schließlich gehen wir an der Straße rechts zur Bushaltestelle.

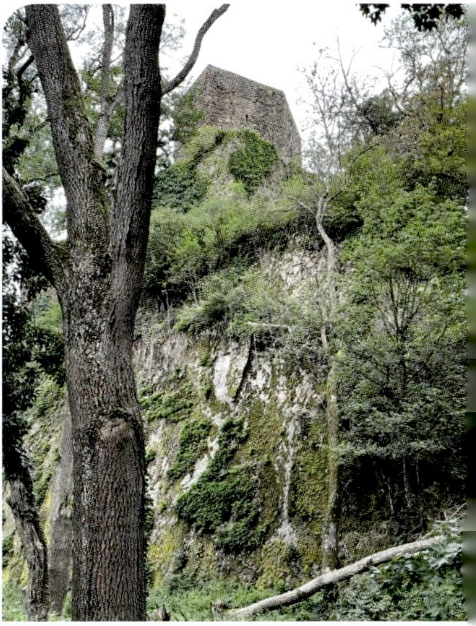

Steilklippe mit Neuerburg-Ruine

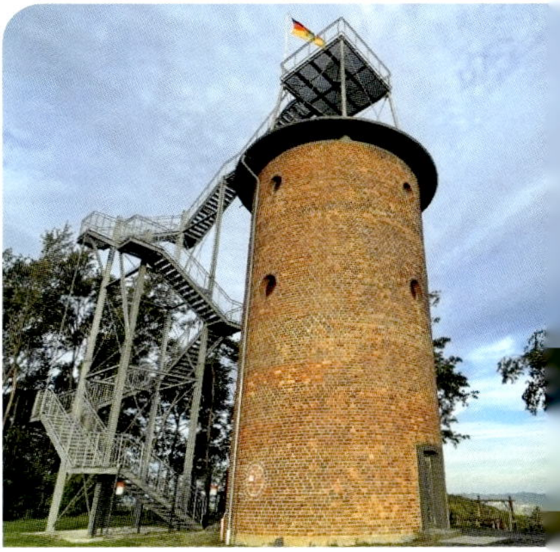

Aussichtsturm am Wasserturm in Kurtscheid

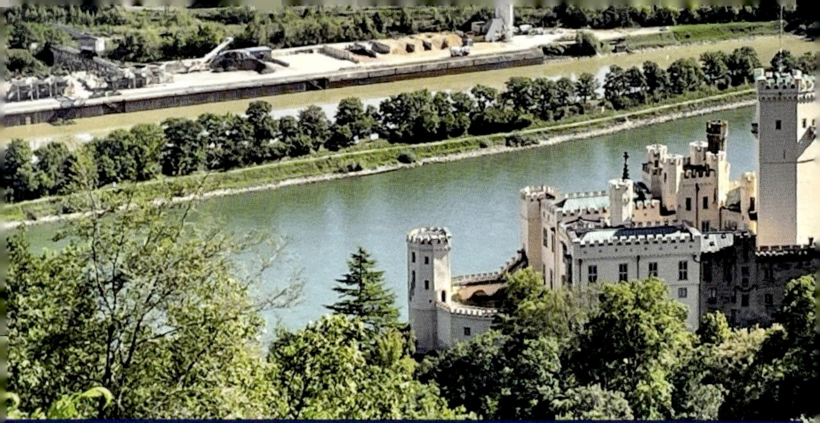

Auf dem Rheinburgenweg von Remstecken nach Stolzenfels

TOUR 28

Der Name sagt alles: Schloss Stolzenfels über dem Rhein

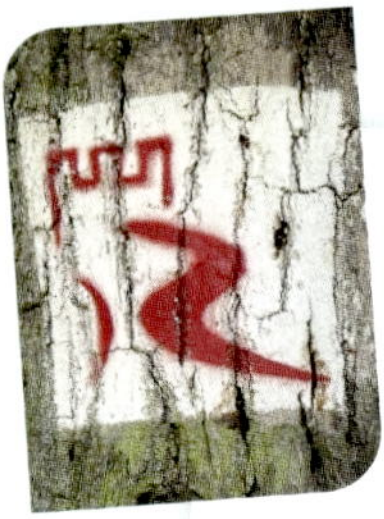

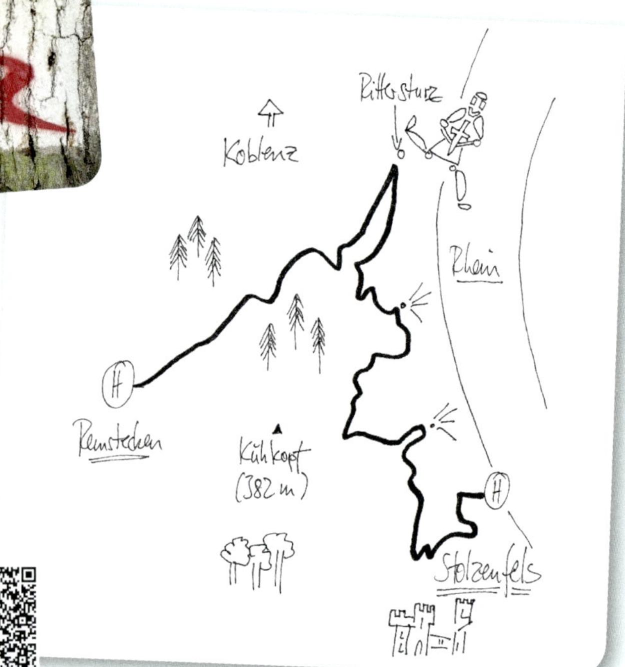

GPX-TRACK

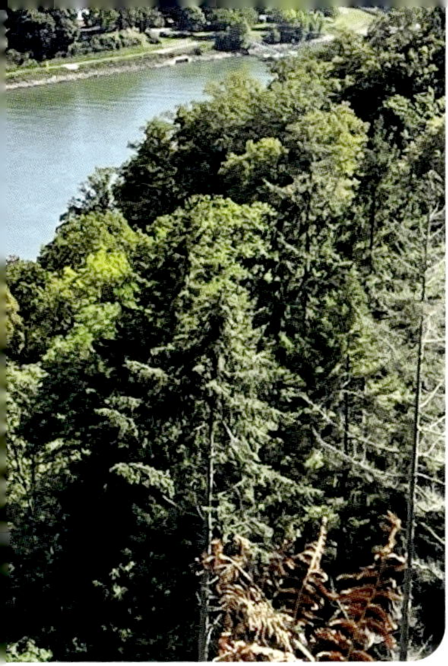

mittelschwer

9,8 Kilometer

194 Höhenmeter

Start:
Bushaltestelle Koblenz, Karthause Remstecken
Ziel:
Bushaltestelle Stolzenfels, Schlossweg

Der Koblenzer Wald, ein stürzender Ritter und das Schloss

DER WEG

Aus Richtung Koblenz mit dem Bus kommend müssen wir zunächst auf einer Fußgängerbrücke den Hunsrück-Highway überqueren. Am Brückengeländer treffen wir auf die erste rot-weiße Markierung des Rheinburgenwegs.
Unser Weg führt uns dann eine Weile bergab auf schönen, wurzeligen Waldpfaden. Auf Höhe des Forsthauses Kühkopf (siehe Tour 20 von Moselweiß zum Kühkopf) stoßen wir auf die blauen Wegweiser des Rheinburgenwegs. Links geht's nach Koblenz, rechts geht's nach Koblenz – es scheinen nicht nur alle Wege nach Rom, sondern auch nach Koblenz zu führen. Wir nehmen den rechten Weg und gehen – vorbei an einigen Waldparkplätzen – durch den Wald fast bis zum Rittersturz. Um die Aussicht zu genießen, müssen wir kurz den Weg verlassen. Wir können aber auch weiter auf dem Rheinburgenweg gehen, der nach rechts abknickt.

Schon bald haben wir am Dommelberg eine Hütte und eine tolle Aussicht erreicht. In nördlicher Richtung genießen wir die Blicke auf Rhein, Koblenz und zur Festung Ehrenbreitstein.
Noch ein wenig spektakulärer ist kurz darauf die Aussicht an der Wedgenhöhe. Diesmal gehen die Blicke Richtung Süden. Auf der anderen Rheinseite mündet die Lahn in den Rhein, bekrönt von Burg Lahneck. Etwas weiter rheinaufwärts ist auch gut die Marksburg zu erkennen. Und auf unserer Rheinseite sehen wir bis zum hell getünchten Schloss Stolzenfels – unserem Ziel. Weiter gehen wir durch den Wald auf schmalen Pfaden, ab einer Wegkreuzung wandern wir dann weiter auf einem breiten Forstweg. Nachdem wir seit Remstecken fast nur bergab oder auf ebenen Wegen gewandert sind, müssen wir gegen Ende unserer Tour noch mal bergan gehen.

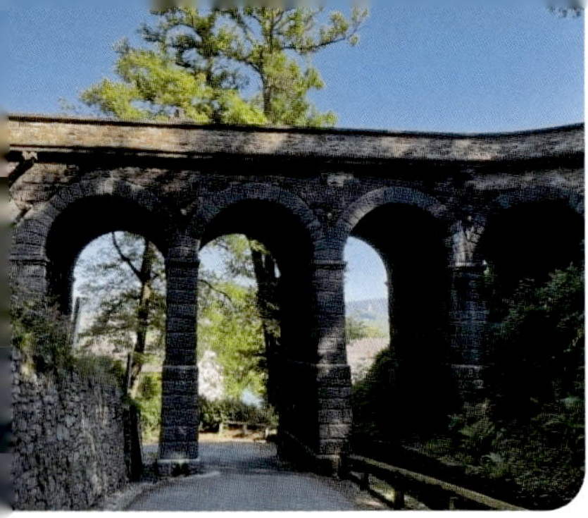

Fußgängerbrücke am Schlosspark – ein wahrhaftiger Viadukt

EISENBAHNROMANTIK

Vom Rittersturz, aber auch vom Dommelberg haben wir einen relativ guten Blick auf die Horchheimer Eisenbahnbrücke. Etwas verdeckt wird sie von der Südbrücke, die 36 Meter entfernt gebaut wurde. Schon 1878 wurde die erste Horchheimer Eisenbahnbrücke im Zuge des preußischen Kanonenbahn-Projekts fertiggestellt und verband Berlin mit Metz, die Lahn mit der Mosel. Nach der Zerstörung der Brücke im Zweiten Weltkrieg wurde sie 1961 in der aktuellen Form neu gebaut.

Wir kommen an der Rot-Weiß-Hütte vorbei. Weiß der Himmel, warum die Hütte so heißt, sie ist weder rot noch weiß – nur holzbraun. Wir gehen oberhalb des Rheins, das Schloss Stolzenfels kommt immer näher. Dann durch den Wald bergab, wir verlassen den Rheinburgenweg und gehen mit der orangen Zuwegmarkierung bergab Richtung Schloss. Vorbei am Eintrittskarten-Häuschen schlängelt sich der Schlossweg am Schlosspark vorbei Richtung Rhein. Kurz bevor wir unter einer Art Brücke das Schloss-Areal verlassen, lohnt noch ein kurzer Abstecher linker Hand zur Kirche Sankt Menas. Noch wenige Schritte, und wir haben unsere Bushaltestelle erreicht.

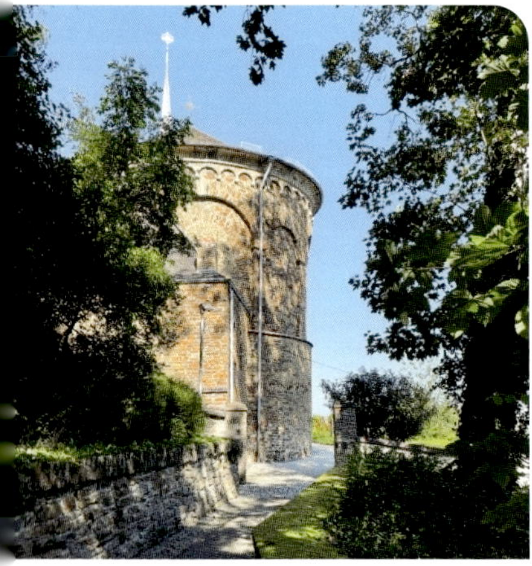

Die Kirche Sankt Menas

GESCHICHTE(N)

Der Rittersturz bei Koblenz hat eine bewegte Geschichte. Zunächst stürzte ein Ritter den Felsen hinunter. Dieser Legende ist unbedingt Glauben zu schenken, denn sonst hieße ja der „Rittersturz“ nicht „Rittersturz“, oder? Kurz nach dem Unfall des Edelmanns wurde der Platz als Hinrichtungsstätte genutzt. Eine sinnvollere Funktion wurde dem Rittersturz vor über 100 Jahren zuteil. Auf dem Plateau wurde ein Hotel gebaut und eine Bergbahn führte hinauf. 1948 trafen sich im Rittersturz-Hotel die Regierungschefs der neuen westdeutschen Bundesländer, um sich zu beraten.

ANDRACKS GASTRO-TIPPS

Für die Tour von Remstecken hinunter an den Rhein empfiehlt sich ausnahmsweise eine Einkehr VOR der Wanderung. Im *Forsthaus Remstecken* kann man regionale Speisen und Getränke verkosten. Im Ausschank ist das Koblenzer, DIE Biersorte der Region. Auf unserer Rückfahrt am Rhein entlang halten wir auch an der Bushaltestelle Stolzenfels, Königsbach. Dort wird das Koblenzer gebraut. Das Bier, das den Namen des Königsbachs trägt, kommt allerdings mittlerweile aus Bitburg. Wohl bekomm's!

Schloss Stolzenfels aus der Nähe

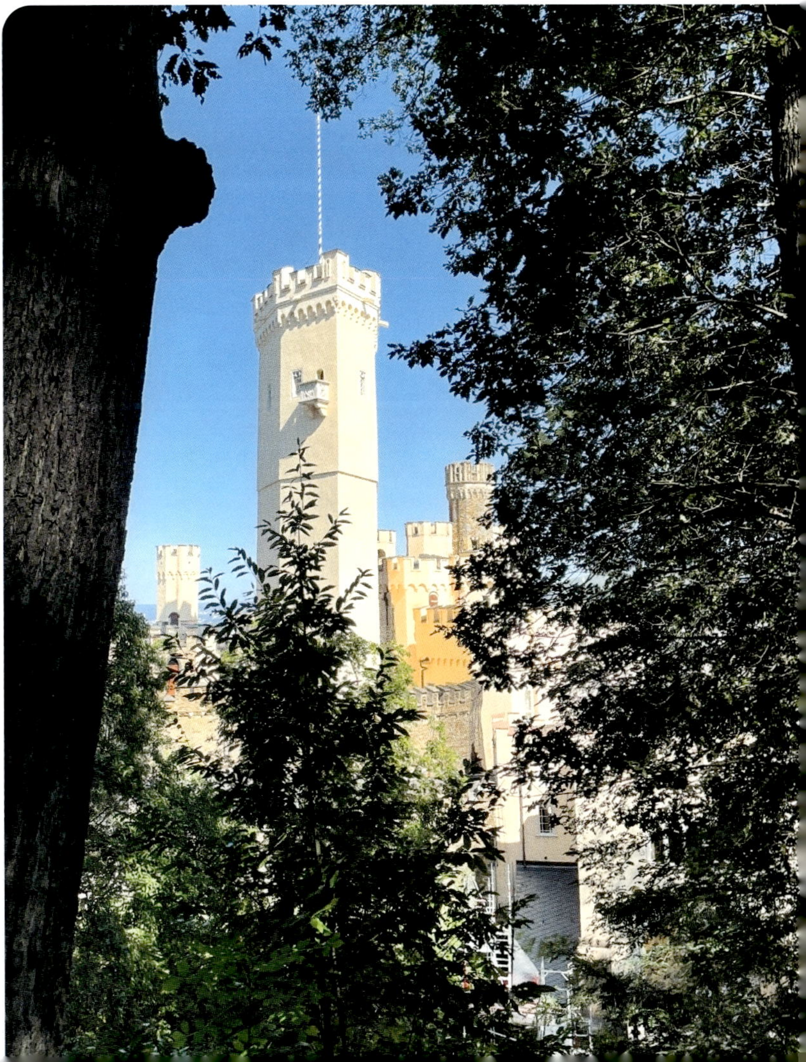

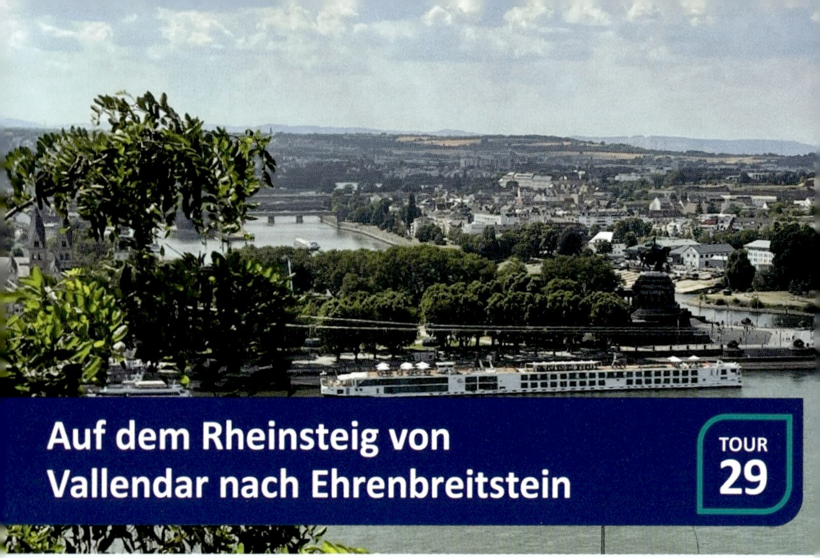

Auf dem Rheinsteig von Vallendar nach Ehrenbreitstein

TOUR 29

Blick auf das Deutsche Eck am Rheinufer

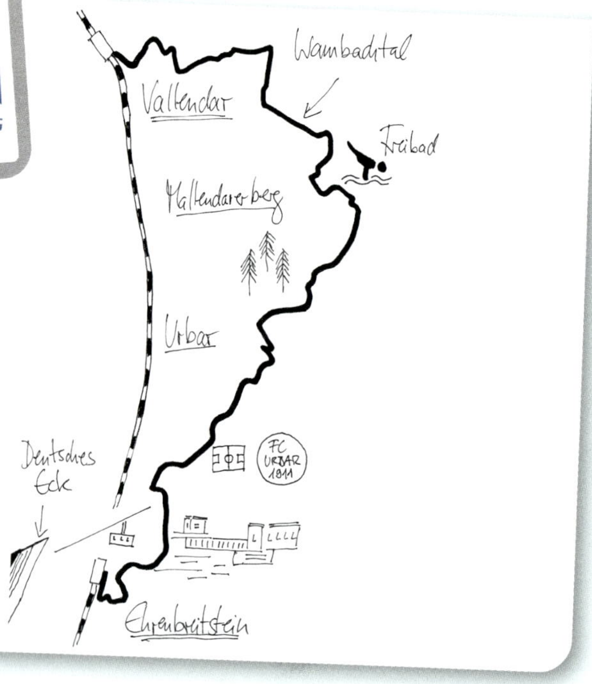

GPX-TRACK

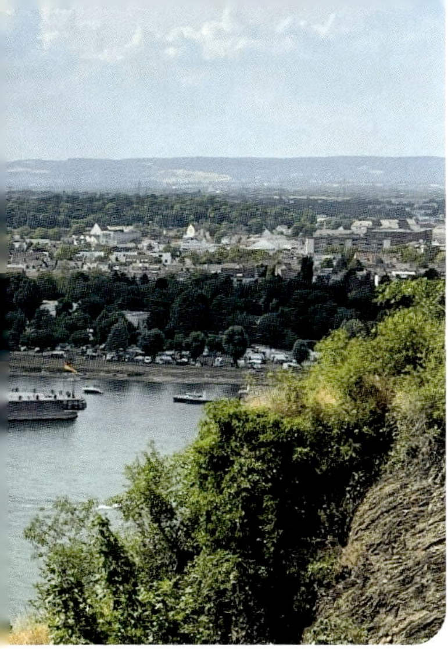

mittelschwer

9,8 Kilometer

242 Höhenmeter

Start:
Bahnhof Vallendar
Ziel:
Bahnhof Ehrenbreitstein

Zur schönsten Festung des Rheinlands

DER WEG

Von der Bushaltestelle oder aus der Unterführung vom Bahnhof kommend gehen wir vom Rhein weg durch die Wilhelm-Ross-Straße. Dann links versetzt durch den Beuelsweg an der wunderschönen Marienburg vorbei, in der schon Goethe residierte. Unterhalb der Kirche St. Marzellinus & Petrus durch das Pärkchen und am Pfarrbüro vorbei erreichen wir eine Querstraße, die Kirchstraße. Am roten Haus mit dem Tempo-30-Schild und dem Spiegel haben wir den Rheinsteig erreicht und gehen rechts. Schon bald erwartet uns der Rathausplatz von Vallendar mit vielen tollen Fachwerkhäusern. Man sollte einen Ort nie nach seinem Bahnhofsviertel beurteilen, auch Vallendar nicht. Nächstes Highlight am Wegrand ist die Überquerung des Hillscheider Bachs auf einer alten Steinbücke. Ein Brückenheiliger – wahrscheinlich St. Nepomuk – wacht über die Sicherheit der Brücke, direkt daneben das malerische, schmale Fachwerkhaus „Auf'm Nippes", eine ehemalige Gerberei und Lohmühle.

Wir wandern weiter durch Vallendar, schmale, gepflasterte Wege zwischen Gärten hinauf und an einem sehr christlichen Gebäude an der Hinterseite wieder hinunter. Anschließend gehen wir entspannt das Wambachtal entlang, bis kurz nach einem alten Mühlbach der Rheinsteig rechter Hand den Berg hinaufführt. Es geht vorbei an Weiden und im Sommer kann man eine kurze Pause einlegen – im Freibad von Vallendar. Ein riesiges Gelände, es empfiehlt sich wirklich, bei dieser Tour Badesachen und ein kleines Handtuch mitzunehmen.

Weiter geht es vorbei an Tennisplätzen und am Fußballfeld des „SC Grün-Weiß Vallendar", später an Feldern entlang. Wir queren links-rechts versetzt eine Landstraße und gehen danach wieder

GESCHICHTE(N)

Spannend ist nicht nur die Geschichte der preußischen Festung Ehrenbreitstein, sondern auch die der Gebäude unterhalb der Festung. Zum Rhein hin (an der Bushaltestelle sozusagen) findet sich das Dikasterialgebäude (eine Art Verwaltungsamt) des alten Schloss Philippsburg. Das Schlossgebäude wurde bei der Sprengung der alten Festung durch den fiesen Napoleon zerstört. Beim Abstieg von der Festung kommen wir am Fuß der Festung am Marstall vorbei, den alten Pferdeställen mit ehemals genau 69 Boxen für die fürstlichen Gäule.

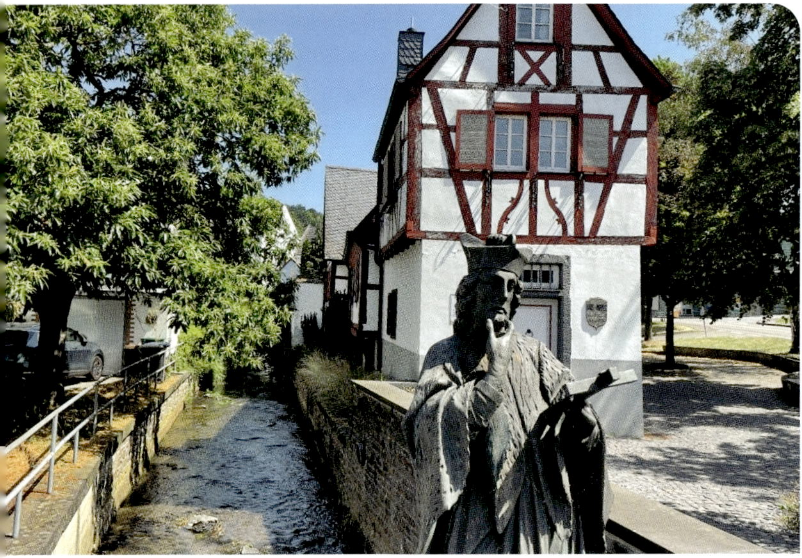

St. Nepomuk-Figur am Hillscheider Bach

abwärts (an der Bank übrigens links halten). Am Ortsausgang von Urbar wandern wir kurz an der Landstraße bergan und dann rechts hinauf, teilweise steil zum Mühlenberg. Anschließend durch ein Wohnviertel, vorbei am Sportplatz des „FC Germania Urbar 1911", an einem militärischen Sperrgebiet vorbei, dann rechts – und schon sind wir sozusagen in der Einflugschneise der Festung Ehrenbreitstein. Dort jagt ein Highlight das nächste: Adventure Golf mit wunderbarer Außenterrasse, Lese-Lounge, futuristisch anmutende Aussichtsterrasse, Bergstation der Seilbahn. Und natürlich die Festung.

Früher verlief der Rheinsteig quer durch die Festung Ehrenbreitstein, heute gehen wir vor dem Ticketverkauf und Shop links hinunter. Natürlich empfehle ich dringend, die Festung zu besichtigen, das ist wirklich der Hammer, nicht zuletzt würde man den schönsten Biergartenblick Deutschlands verpassen!

EISENBAHNROMANTIK

Vor 100 Jahren hätten wir nach Vallendar vom Koblenzer Hauptbahnhof mit der Straßenbahnlinie 7 fahren können, mit der Linie 8 sogar weiter bis nach Sayn. Diese Strecken wurden 1906 in Betrieb genommen, fast nur im eingleisigen Betrieb mit Ausweichstellen. Nach dem Zweiten Weltkrieg wurden diese rechtsrheinischen Strecken kurz wieder instandgesetzt, bald aber schon durch O-Busse ersetzt.

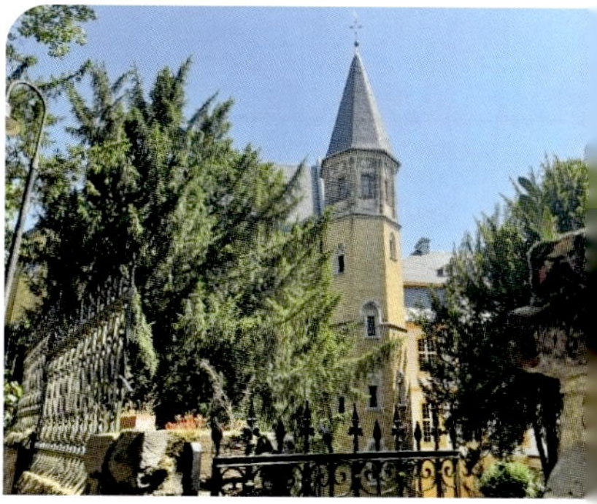

Turm der Marienburg-Kapelle

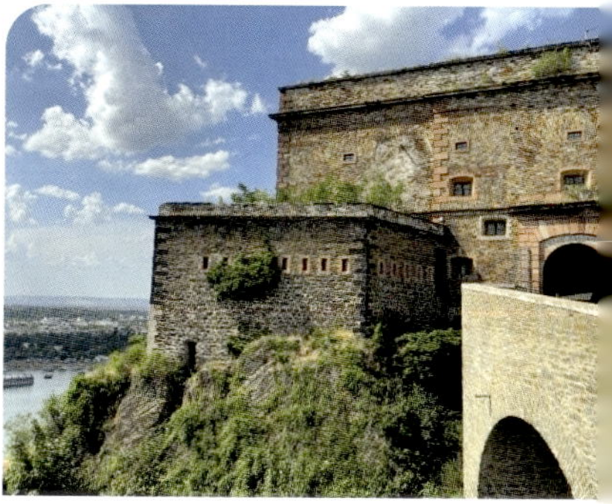

Festungsanlage Ehrenbreitstein

Wenn wir weiterwandern, geht es einige Serpentinen hinunter – man ist geneigt zu denken, das geht so weiter bis zum Bahnhof Ehrenbreitstein. Jedoch führt uns der Rheinsteig auf halber Höhe an einer Bank auf einem wunderbaren schmalen Pfad noch mal hinauf, über steile Naturtreppen bis an die Festung heran. Dann geht es aber auf einer asphaltierten Straße endgültig bergab, immer weiter durch die endlos große Festungsanlage. Nach dem Tor des „Südlichen Abschnitts" sollten wir noch mal einen Blick zurück aufs Deutsche Eck werfen. Wir wandern weiter an der Mauer und sollten den Durchschlupf linker Hand nicht verpassen. Dort geht es in einer Art Geheimgang auf Treppenstufen hinab. An diesen Abschnitt, und damit haben wir die Festung endgültig verlassen, schließen sich schöne, naturnahe Wege mit Geländer an, bis wir den Marstall (siehe Geschichte) erreichen. Nun müssen wir nur noch die Straße überqueren und durch die Unterführung Richtung Bahnhof Ehrenbreitstein gehen, entweder zur gleichnamigen Bushaltestelle oder zum Bahnhof.

ANDRACKS GASTRO-TIPPS

Der *Biergarten* auf der Festung und das danebenliegende *Restaurant Casino* werden vom Koblenzer *Café Hahn* betrieben. Bei dem Café handelt es sich nicht um eine „Aber-bitte-mit-Sahne"-Veranstaltung, sondern um eine etablierte (Klein-)Kunstbühne. Daher sollte man sich nicht wundern, wenn man auf der Speisekarte des Biergartens so manchen Veranstaltungs-Tipp findet.

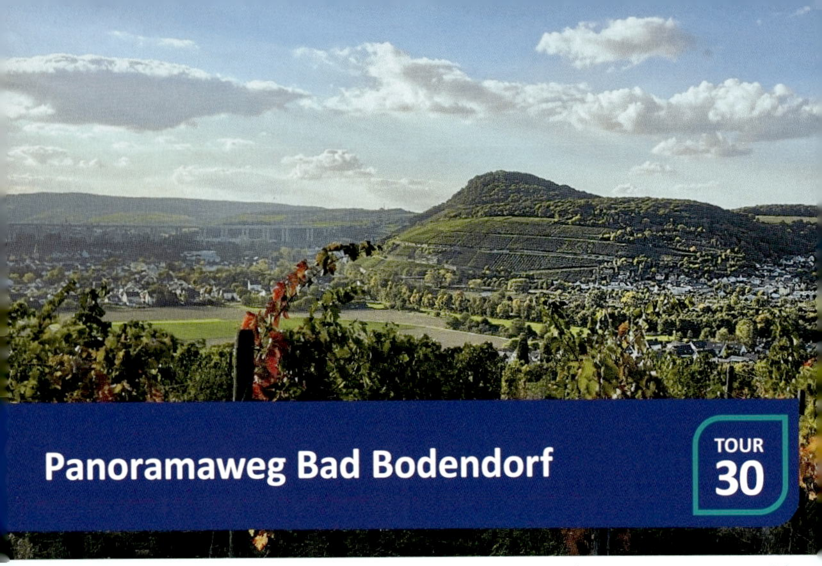

Panoramaweg Bad Bodendorf

TOUR 30

So weit das Auge reicht: Panorama satt, wie es der Panoramaweg verspricht

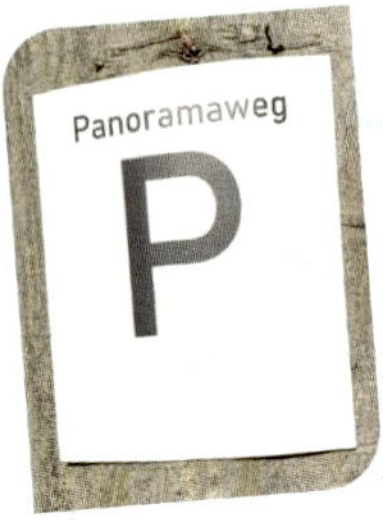

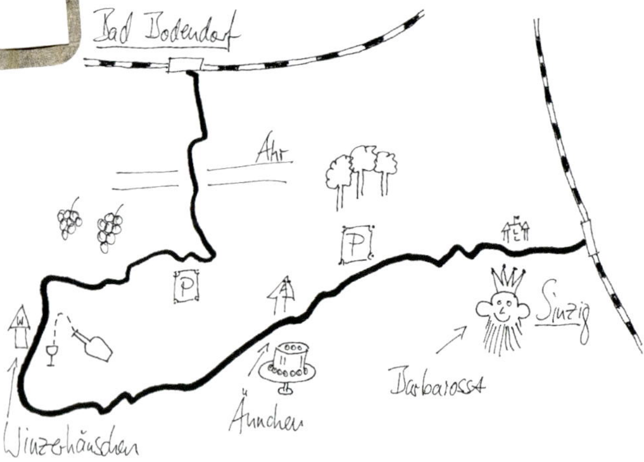

GPX-TRACK

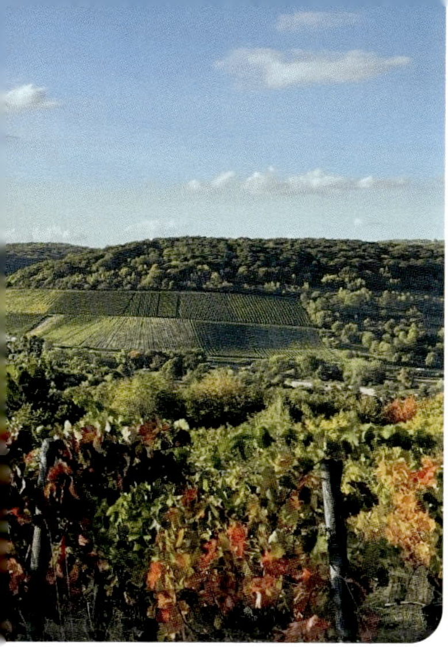

mittelschwer

9,9 Kilometer

185 Höhenmeter

Start:
Bahnhof Sinzig
Ziel:
Bahnhof Bad Bodendorf

Auf ein Kännchen beim Ännchen

DER WEG

Am Bahnhof von Sinzig orientieren wir uns an den Markierungen des Ahrsteigs und gehen auf der Barbarossastraße Richtung Innenstadt. Warum die Barbarossastraße Barbarossastraße heißt, erschließt sich an der Barbarossa-Statue in einem Park am Straßenrand. Den Rotbart verbindet etwas mit dem Rheinort Sinzig, denn er übernachtete dort unter anderem in der Nacht vor seiner Kaiserkrönung. Seit dem 19. Jahrhundert trägt Sinzig den Titel „Barbarossa-Stadt"!

Am Schloss Sinzig gehen wir kurz durch den Schlosspark und wandern dann über die Straße „Am Hellenberg" und den „Mühlenbergweg" – immer mit der Ahrsteig-Markierung – den Berg hinauf. An der Stelle, an der scharf links eine Straße zum Feltenturm abzweigt, verlassen wir den Ahrsteig und wenden uns links. Wir folgen dem „P" des Panoramasteigs und wandern auf einem schmalen Pfad, später auf einem asphaltierten Weg mit schönen Aussichten ins Herbachtal. Schon bald können wir das Eingangsportal des Cafés *Zum Ännchen* sehen. In der Folge wandern wir auf einem herrlichen Weg am Waldrand entlang. Wem es nach geistiger Nahrung dürstet, kann in einer Bücher-Schutzhütte etwas schmökern. Man darf auch ein oder mehrere Bücher mitnehmen, wenn man denn auch eigene Bücher dort zurücklässt.

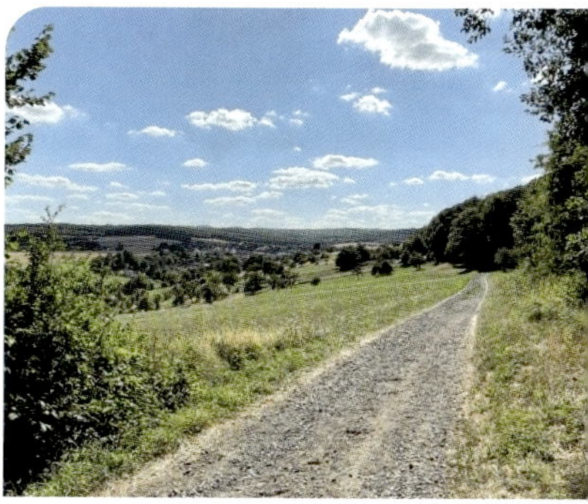

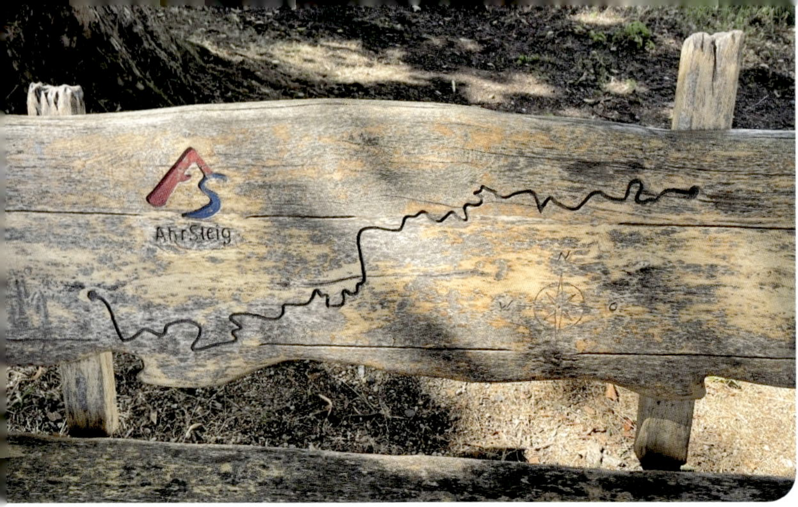

Wanderbank mit Verlauf des Ahrsteigs

Wir erreichen einen Waldparkplatz und gehen rechts in den Wald hinein. Nach einer kurzen Weile finden sich linker Hand das *Winzerhäuschen* (siehe Gastro-Tipps) und gigantische Ausblicke ins Ahrtal. Wir folgen weiter dem „P" des Panoramasteigs, durch mal dichten, mal kahlgeschlagenen Wald, später an der Hangkante des Ahrtals entlang. Bitte nicht verpassen, wenn unser „P"-Weg plötzlich links in einen schmalen Pfad bergab Richtung Bad Bodendorf übergeht. Wir gehen nun direkt auf den Ahr-Ort zu, überqueren die Ahr und treffen kurz vor der Hauptstraße mal wieder auf den Kai-

EISENBAHNROMANTIK

Ein sehr trauriges Kapitel der Geschichte der Ahrtalbahn wurde am 14. Juli 2021 geschrieben. Die Flut forderte unzählige Todesopfer, übrigens auch in unserem Startort Sinzig am Rhein. Auch der Betrieb der Ahrtalbahn musste zeitweilig eingestellt werden. Mit großer Anstrengung wurde an der Instandsetzung gearbeitet und schon knapp vier Monate nach der Flutkatastrophe konnte der Streckenabschnitt Ahrweiler – Bad Bodendorf – Sinzig eingleisig wieder in Betrieb genommen werden.

ANDRACKS GASTRO-TIPPS

Alleine für die beiden Top-Einkehrmöglichkeiten lohnt sich diese Wandertour. Zunächst kommen wir am *Ännchen* vorbei. Dort backt die Chefin – das Ännchen – seit 35 Jahren die herrlichsten Kuchen und Torten. Achtung, manchmal sind die schnell ausverkauft! Und wenig später lockt das *Winzerhäuschen* mit Blick ins Ahrtal. Dort gibt es feine Weine und kleine Speisen. Na ja, was heißt klein, von den Käsewürfeln mit Zwiebeln wird eine Kleinfamilie durchaus satt.

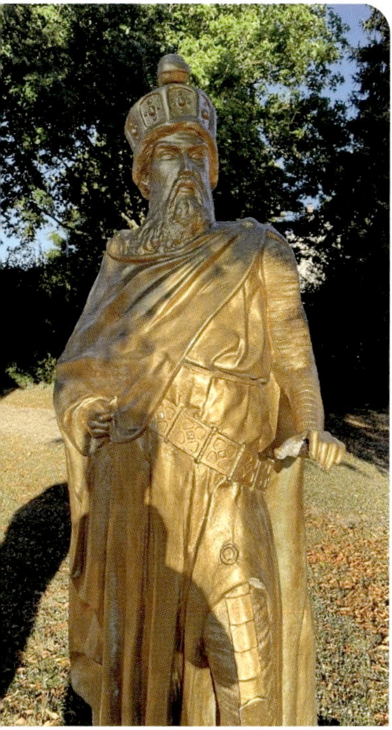

Barbarossa mit dem obligatorischen Rauschebart, hier einmal in Gold

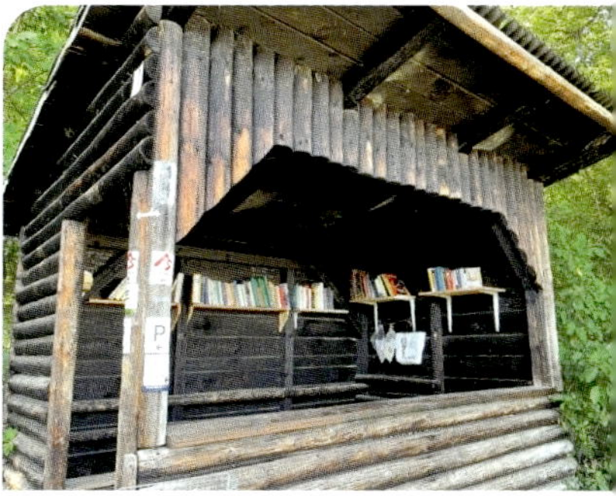

Bücher-Schutzhütte lädt zum Schmökern ein

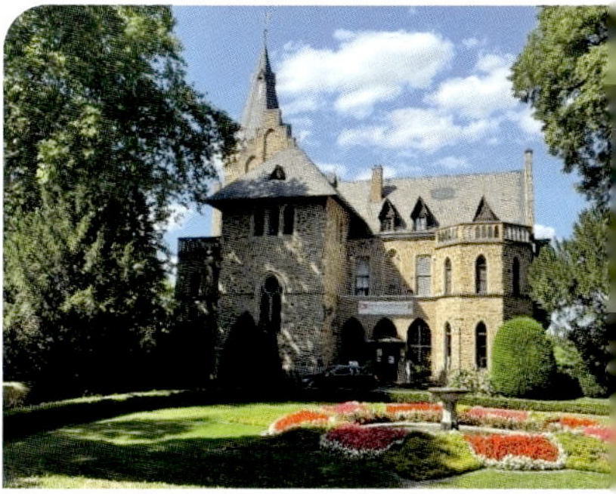

Schloss Sinzig mit blühender Parkanlage

ser Barbarossa mit dem Rauschebart, diesmal mit güldenem Erscheinungsbild. Hat der gute Mann etwa auch mal in Bad Bodendorf übernachtet? Wir überqueren die Bundesstraße, gehen geradeaus in die Bahnhofstraße und erreichen schon bald – wenig überraschend – den Bahnhof von Bad Bodendorf. Das war eine Wandertour mit vielen Komponenten: Rhein, Ahr, Wein, Kuchen, Bücher, Wald und Ausblicke.

GESCHICHTE(N)

Kaiser Barbarossa überstrahlt in Sinzig alles. Immerhin ist er als Kaiser viermal in der „Kaiserpfalz" der Stadt am Rhein gewesen. Aber auch schon in den Jahrhunderten vor dem Rotbärtigen war Sinzig ein „palatium", das heißt eine Pfalz, ein Aufenthaltsort für Könige und Kaiser seit dem 9. Jahrhundert. Und so weilte auch Einhard, ein Chronist von Karl dem Großen, 814 in Sinzig und berichtete von einem Weinwunder. Nicht Wasser wurde zu Wein, sondern Bier. So, so. Das lässt sich 1 200 Jahre später nicht mehr überprüfen. Egal, denn wie sagte schon der Autor Thomas Kapielski: „Ein Tag ohne Bier ist wie ein Tag ohne Wein."

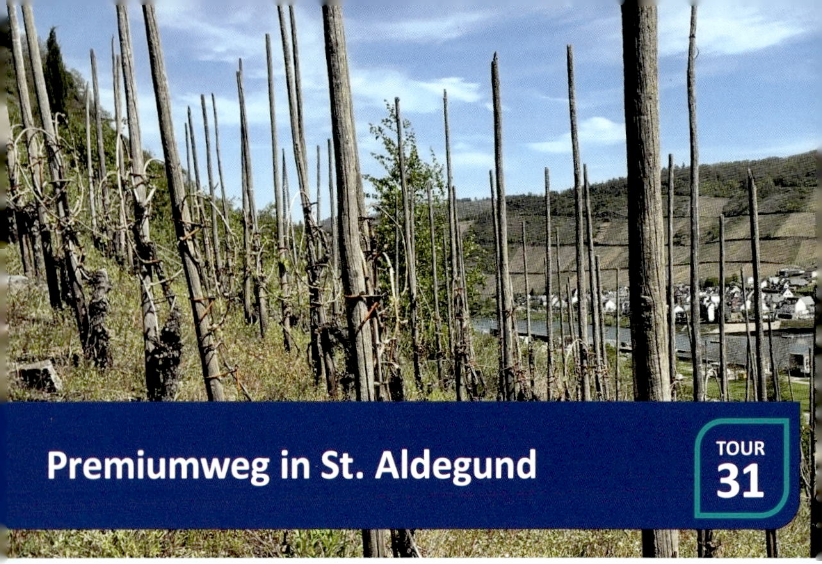

Premiumweg in St. Aldegund

TOUR 31

Rebflächen entlang des Moselufers

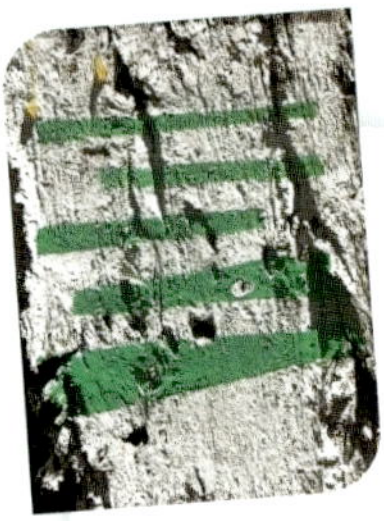

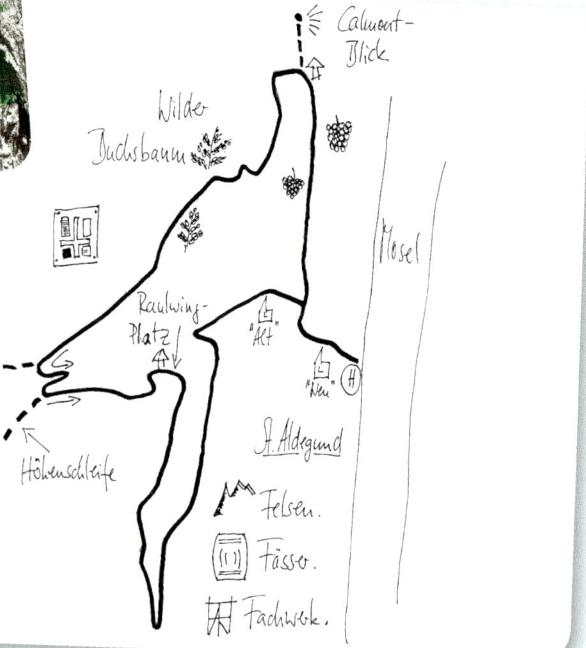

GPX-TRACK

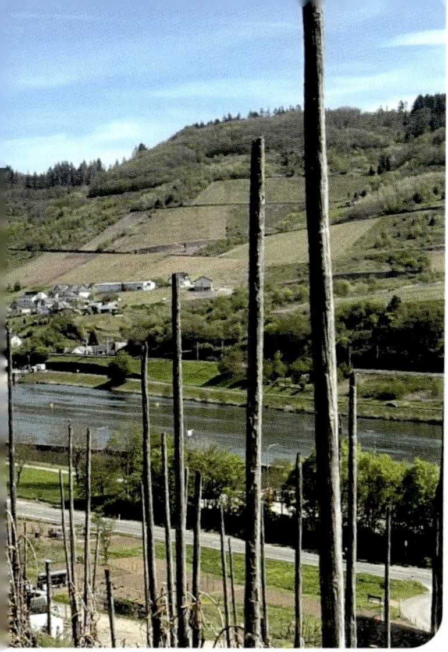

schwer

5,0 Kilometer (kurz)
9,4 Kilometer (komplett)

233 Höhenmeter (kurz)
351 Höhenmeter (komplett)

Start und Ziel:
Bushaltestelle St. Aldegund, Römerstraße

Felsen, Fässer, Fachwerk

DER WEG

Der Premiumweg „Felsen, Fässer, Fachwerk" startet an der „neuen" Kirche von St. Aldegund, die alte Kirche werden wir noch kennenlernen. Unser Premiumweg ist ein Kulturweg, aber keine Sorge, wir werden auch jede Menge Natur erleben. Bei unserem Weg durch den Moselort kommen wir an wunderschönen und beeindruckenden Fachwerkhäusern vorbei. Die zumeist ziegelroten Holzbalken heben sich wunderbar von dem leuchtenden weißen Putz ab. Eine Besonderheit fällt auf – wer es sich im Mittelalter leisten konnte, baute sich einen putzigen Erker ans Haus.

Wir gehen steil hinauf, auf das Fachwerk folgen die Felsen. Der Schiefer, auf dem in den Steillagen des Ortes die köstlichsten Tropfen gedeihen. Am Kehr-Heiligen-Häuschen können wir verschnaufen und erste Blicke auf das Moseltal werfen. Ein kurzer Abstecher zum Calmont-Blick ist empfehlenswert, immerhin ist der Bremmer Calmont der steilste Weinberg Europas. Wir wandern weiter und gehen schon bald über Stiegen und Pfade weiter bergan. Deutlich sind die alten Trockenmauern zu erkennen, die die Rebflächen abstützten. Dann wird es sehr geheimnisvoll, Felsen und grünes Strauchwerk begleiten uns auf dem schmalen Pfad. Wir wandern durch eines der gewaltigsten Areale des wild wachsenden Buchsbaums an der Mosel. „Lieber Gott, beschütze uns Wanderer" lesen wir auf einer schwarzen Tafel am Wegesrand. Gut beschützt erreichen wir in einer Talsohle eine Holzbrücke. An dieser Stelle haben wir die Qual der Wahl. Wenn wir uns rechts auf den Höhenweg wenden, wandern wir die komplette Schleife des Premiumwegs. Wer sich sportlich betätigen will, für den ist dieser Umweg richtig, sehr spektakulär ist der Weg auf der

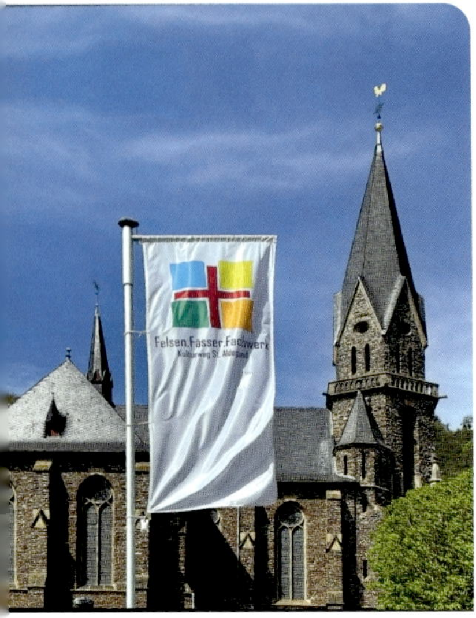

St. Bartholomäus in St. Aldegund

EISENBAHNROMANTIK

Der Umsteigebahnhof für unsere Fahrt nach St. Aldegund ist der Bahnhof Bullay. Ein interessanter Eisenbahnknotenpunkt an der Mosel, man kann dort in die Stichbahn nach Traben-Trarbach umsteigen. Und Bullay ist seit 1995 Umweltbahnhof. Die Anbindung an die Moselradstrecken wurde verbessert, eine Photovoltaikanlage installiert. Und es gibt die Möglichkeit, ich zitiere wikipedia: „Fahrräder unterzustellen, zu duschen und die Toiletten zu benutzen." Zitat Ende. Geduschte Fahrräder, das ist doch eine tolle Sache!

Höhe nicht. Ich empfehle geradeaus zu gehen, auf der Brücke den Bach zu überqueren und in Serpentinen den Hang hinauf zu wandern.
Wir gehen zum Raulwing Platz, einem sogenannten „Walderholungsplatz". Viele (auch überdachte) Sitzbänke laden zum Picknick. Kostenfrei gibt es dazu atemraubende Blicke ins Moseltal Richtung Bullay und St. Aldegund. Diese Wandertour könnte auch „Blicke, Bänke, Buchsbaum" heißen. Zwischen den Bänken führen uns die Markierungen unseres Premiumwegs auf einem schmalen Pfad bergab. Später gehen wir in einer Schleife auf breiten Wegen oberhalb von St. Aldegund hinunter. Noch einmal kurz in den Wald und dann geht es steil hinab zum Ort. Kurz bevor wir unseren Startpunkt wieder erreichen, kommen wir an der alten Kirche vorbei, einem romanischen Bau aus dem 12. Jahrhundert. Insgesamt eine fantastische, extrem abwechslungsreiche Runde.

GESCHICHTE(N)

Die Heilige Aldegundis (ungefähr 630 bis 684) war die Tochter von Waldebertus dem Ersten, ihre Schwester hieß Waldetrudis. Als 13-Jährige sollte sie den englischen Königssohn heiraten, hatte aber keine Lust darauf und floh. Ein Engel half ihr, über einen Fluss mit starker Strömung zu gelangen. Der Fluss könnte (muss aber nicht) die Mosel gewesen sein. Vater Waldebertus und Schwester Waldetrudis könnten (müssen aber nicht) wegen der Moselwälder so geheißen haben. Und wenn sie nicht gestorben sind, dann leben sie noch heute.

ANDRACKS GASTRO-TIPPS

Passend zum Thema „Fässer“ habe ich bei meiner Tour in St. Aldegund im Historischen Gewölbekeller des *Weinguts Walter J. Oster* eine prima Flasche Mosel-Riesling erstanden. Dieser Riesling war ein Cuvée aus mehreren Steillagen in unmittelbarer Nähe zu unserem Wanderweg – köstlich! Man kann im Weinkeller täglich Weine verkosten und für die Wanderung eine gekühlte Flasche mitnehmen. Auch andere Weingüter bieten Verkostungen an.

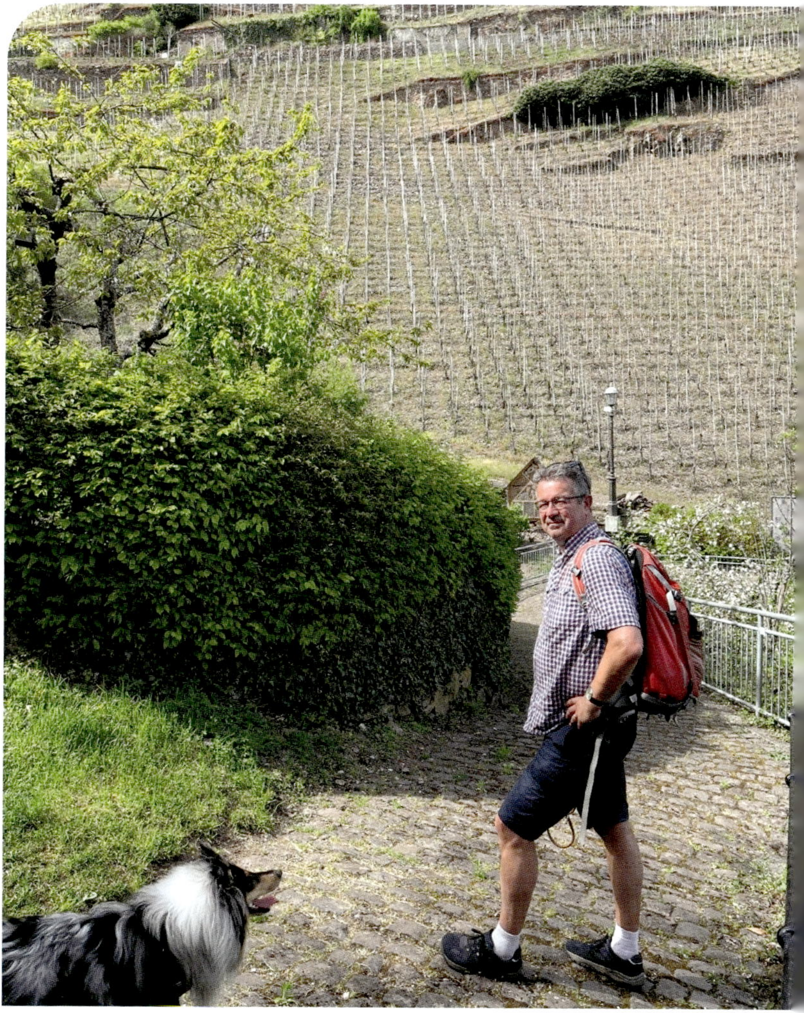

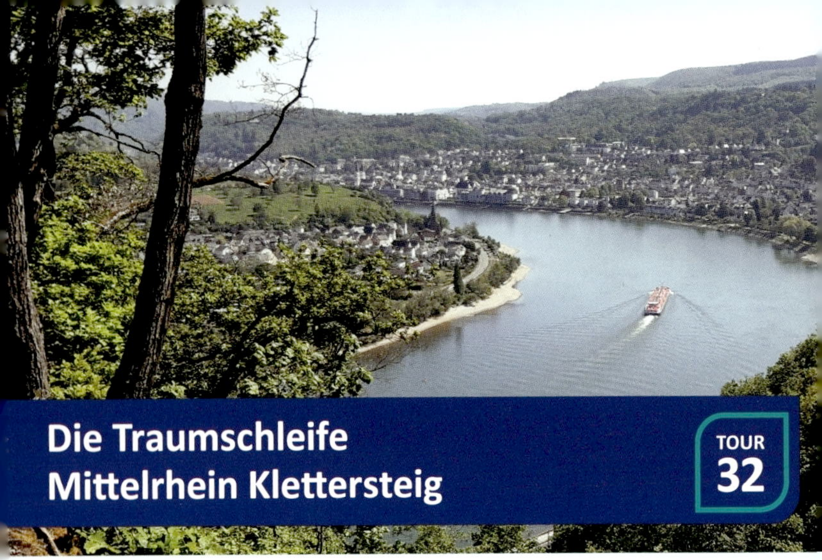

Die Traumschleife Mittelrhein Klettersteig

TOUR 32

Aussichtspunkt Fesserhöhe mit Sicht auf den Mittelrhein

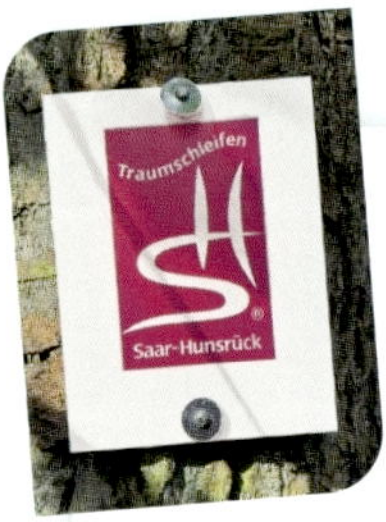

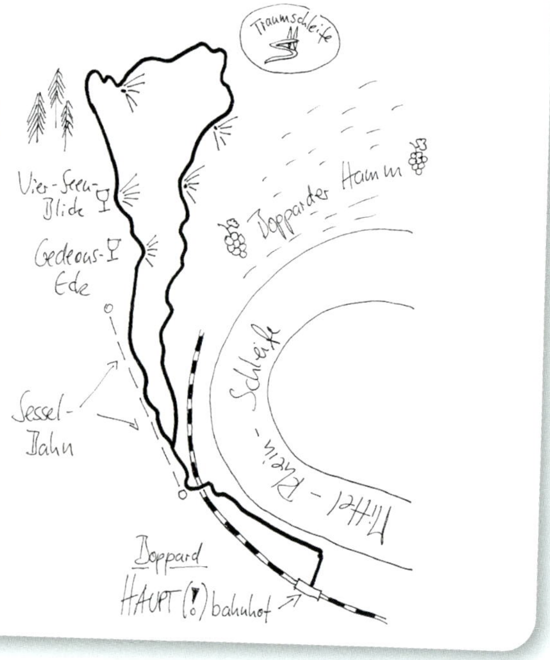

GPX-TRACK

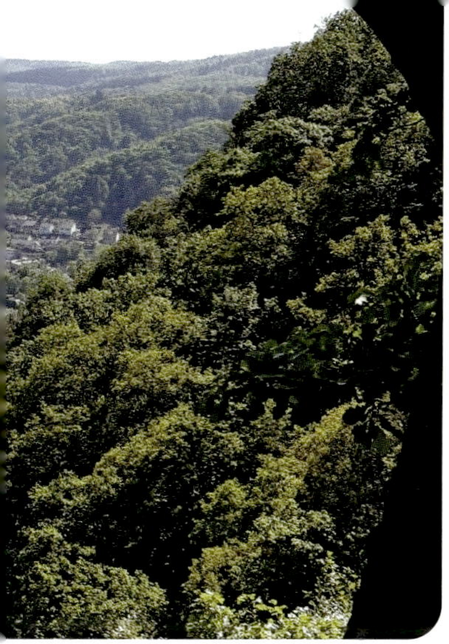

schwer

6,8 Kilometer

443 Höhenmeter

Start und Ziel:
Hauptbahnhof Boppard

Klettern ohne Klettergeschirr und Seil

DER WEG

Der Mittelrhein Klettersteig ist 5,2 Kilometer lang. Hört sich sehr einfach an. Das sind aber fünf Kilometer, die es in sich haben! Alpine Abschnitte, auch wenn man nicht klettert. Auch für Wander-Einsteiger empfehlenswert, aber bitte sehr, sehr langsam gehen, vor allem die steilen Abschnitte!

Los geht es am Hauptbahnhof von Boppard, wir gehen über die Zelkesgasse an der Weinstube *Heilig Grab* vorbei Richtung Rhein. An der Rheinpromenade gehen wir links und sehen vor uns schon den Bopparder Hamm – der Weinberg ruft! Wir biegen nach 400 Metern in die Straße „Kreuzweg" ein. Schon bald erreichen wir die Bundesstraße, überqueren diese und unterqueren die Bahngleise. Auf der rechten Straßenseite bei der Gaststätte *Fondels Mühle* haben wir das Eingangsportal des Mittelrhein Klettersteigs erreicht.

Es geht felsig steil bergan, bis wir uns entscheiden müssen. Geradeaus geht es auf den Klettersteig, den sollte man mit Klettergeschirr begehen, das man sich an einer Tankstelle des Ortes aus-

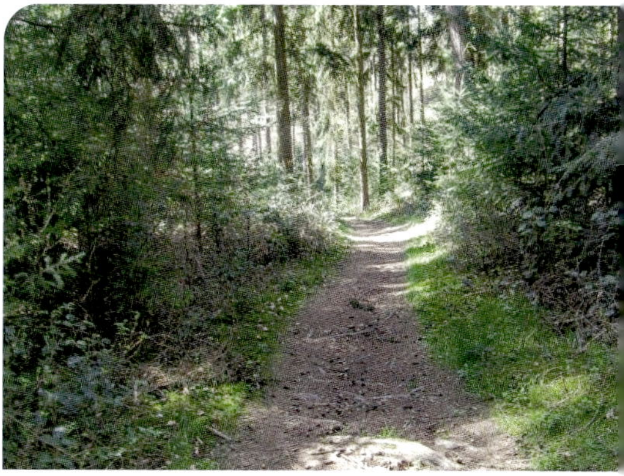

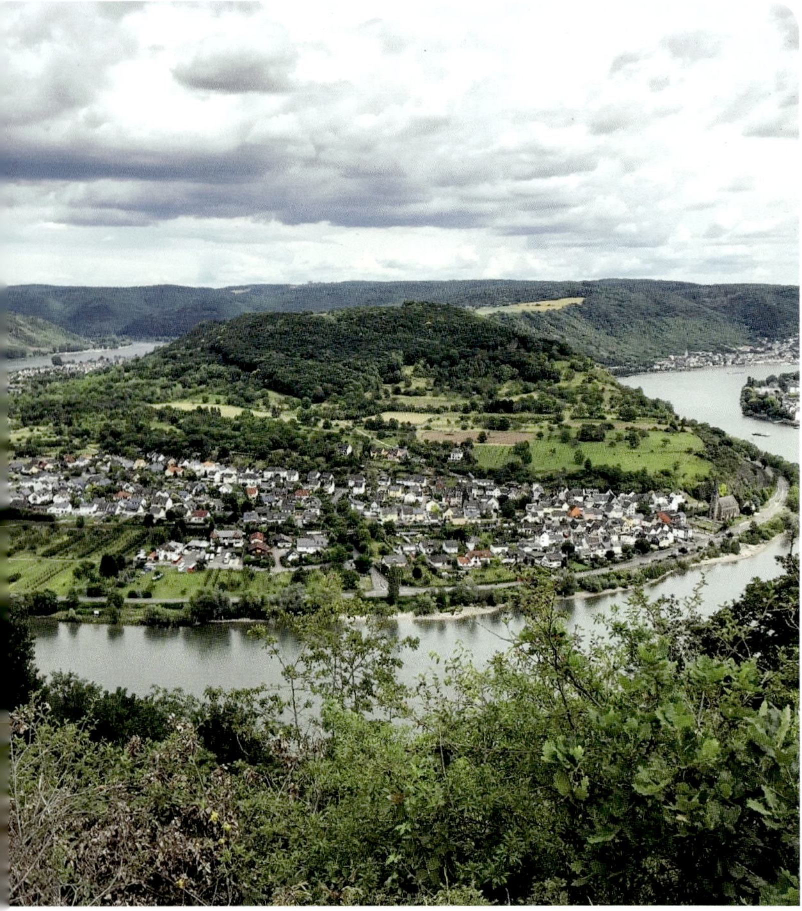

Die Bopparder Rheinschleife mit Blick auf Filsen

GESCHICHTE(N)

Ich habe dereinst folgende Sage gehört – eine mündliche Überlieferung: Es begab sich in Boppard am Rhein, dass die rheinaufwärts gelegene Gemeinde Bad Salzig eingemeindet wurde. Das ärgerte die Bad Salziger, waren sie doch den Boppardern in inniger Feindschaft verbunden. Da hatten die Bopparder eine glänzende Idee: Wir schließen unsere Kläranlage (unterhalb des Mittelrhein Klettersteigs) und nutzen als Gesamtgemeinde die Kläranlage von Bad Salzig. Eine Karnevals-Combo dichtete (frei nach dem Kölner Karnevalshit „Mer losse de Dom in Kölle“) die Zeilen: „Wir leiten die Sch... nach Bad Salzig, denn da gehört sie hin.“ Tumultartige Aufregung folgte!

ANDRACKS GASTRO-TIPPS

Im *Vierseenblick* sollte man wegen des phantastischen Kuchens einkehren, im *Gedeonseck* wegen des genialen Blicks auf die Rheinschleife. Und unten in Boppard sollte man einen Schoppen im Weinhaus *Heilig Grab* probieren. Das Weingut in unmittelbarer Bahnhofsnähe befand sich übrigens schon an gleicher Stelle, bevor der Bahnhof gebaut wurde. Mit ein wenig Glück erwischt ihr einen Tropfen, dessen Trauben ich im Herbst 2019 mitgelesen habe.

leihen kann. Wir nehmen allerdings heute die Wandervariante, die ist schon anspruchsvoll genug. Also gehen wir rechts, wandern am Hang entlang, teilweise können wir alte Trockenmauern von aufgegebenen Weingärten erkennen.

Immer wieder eröffnen sich phantastische Ausblicke auf den Rhein. Zur rechten Hand Boppard, am gegenüberliegenden Rheinufer Filsen. Zur linken Hand die Weinlage Bopparder Hamm, die sich an den Hang anschmiegt. Im größten Weinberg der Region wird ein Drittel der Weinmenge des gesamten Mittelrheins angebaut. Das mächtige Gebäude oberhalb der Bopparder Hamm ist übrigens das Klostergut Jakobsberg, von Hans Riegel aus Bonn (Ha-Ri-Bo) als Hotel ausgebaut.

In einem schmalen Seitental kommt dann die Stunde der Wahrheit. Auf schmalen, alpinen Pfaden geht es hinauf zu den Aussichten Ewigbachblick und Fesserhöhe. Man tut gut daran, dort eine Pause einzulegen, denn es geht weiter bergan durch Niederwälder mit mediterran anmutendem Baumbestand. Schließlich haben wir an der Mountain-Bike-Wettkampf-Strecke den höchsten Punkt unseres Wanderwegs erreicht. Wir folgen weiter der violetten Markierung unserer Traumschleife und können schon bald in der Gaststätte *Vierseenblick* einkehren. Aber nicht festsetzen, denn schon 300 Meter weiter lockt die nächste Einkehrmöglichkeit, das *Gedeonseck*.

Nach dieser Gaststätte wandern wir schon bald über den felsigen Bergsporn parallel zur Sesselbahn bergab Richtung Boppard. Ab dem Portal unseres Premiumwegs dann wieder auf dem bekannten Weg am Rhein entlang bis zum Bahnhof von Boppard.

EISENBAHNROMANTIK

Seit 1859 hält in Boppard die Eisenbahn, die linksrheinische Strecke wurde von Rolandseck nach Bingerbrück (heute Bingen Hbf) an der damaligen preußisch-hessischen Grenze verlängert. Das alte Empfangsgebäude wurde 1989 wegen der Verlegung der B9 abgerissen – die Bopparder waren glücklich, dass die Bundesstraße nicht mehr mitten durch den Ort führte. 2001 bekamen die Bopparder ihren Hauptbahnhof, denn immerhin gibt es auf dem Stadtgebiet fünf weitere Bahnhöfe beziehungsweise Haltepunkte.

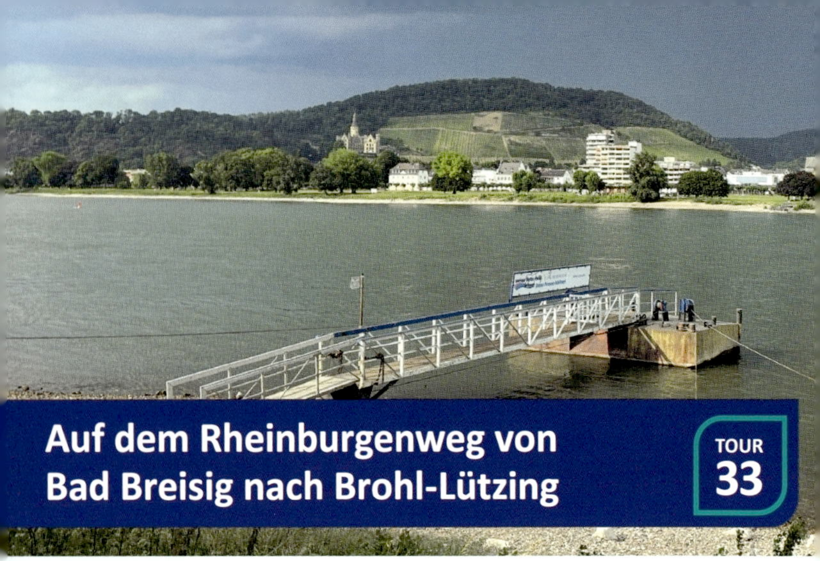

Auf dem Rheinburgenweg von Bad Breisig nach Brohl-Lützing

TOUR 33

Anlegestelle an der Bad Breisiger Rheinpromenade

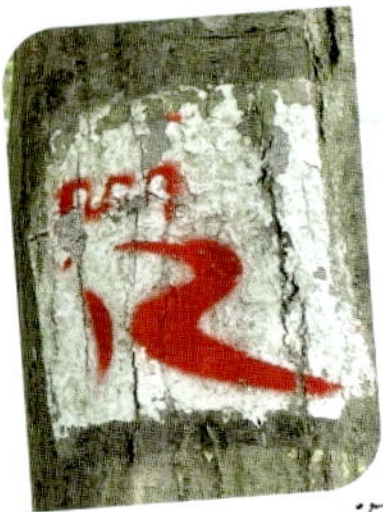

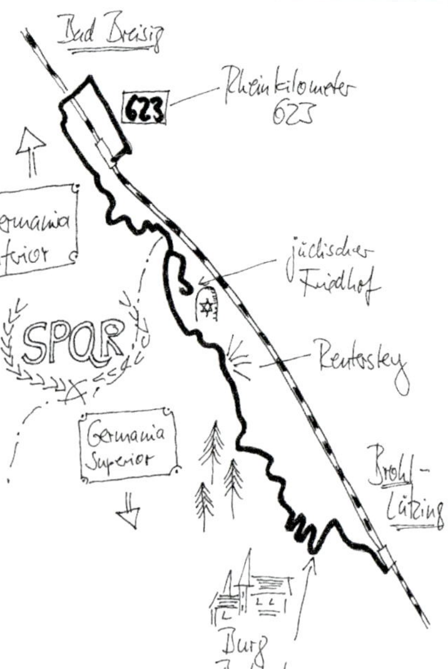

GPX TRACK

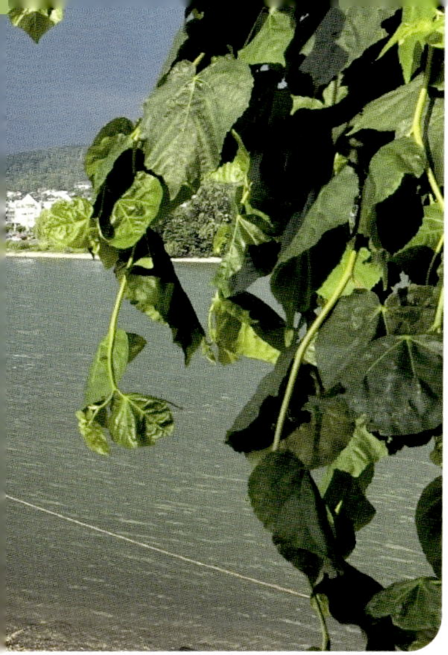

schwer

7,1 Kilometer

283 Höhenmeter

Start:
Bahnhof Bad Breisig
Ziel:
Bahnhof Brohl

Burgen, Wälder und der schönste jüdische Friedhof des Rheinlands

DER WEG

Am Bahnhof von Bad Breisig gehen wir schnurstracks zum Rhein – einfach dem Wegweiser folgen. Einige Minuten flanieren wir auf der Rheinpromenade, vorbei an Rheinkilometer 623. Das rechte Auge sollten wir schließen, dann sehen wir die Industrieanlagen von Bad Hönningen nicht. Das linke Auge reißen wir auf, denn dann erblicken wir Rhein und Schloss Arenfels. Am Kurpark stehen wir vor den Wegweisern der Eifelleiter. Ein tolles Wanderwege-Projekt: Drei Tage vom Rhein in Bad Breisig hinauf zum höchsten Berg der Eifel – Hohe Acht – und bis nach Adenau.

Wir folgen den Eifelleiter-Markierungen durch den Kurpark, unterqueren die Bundesstraße und hinter der Bahnstrecke stoßen wir auf den Rheinburgenweg. Bis Brohl-Lützing wird eine Strecke von 5,6 Kilometer ausgewiesen. Aber diese Strecke hat es in sich, das kann ich versprechen. Hinter den Tennisplätzen gehen wir kurz den Berg hinauf und wandern bis zum ersten Ausblick. Wie auf dem Zuckerhut in Brasilien beschützt ein segnender Jesus das Rheintal – besonders skurril ist eine Neonröhre als Heiligenschein.

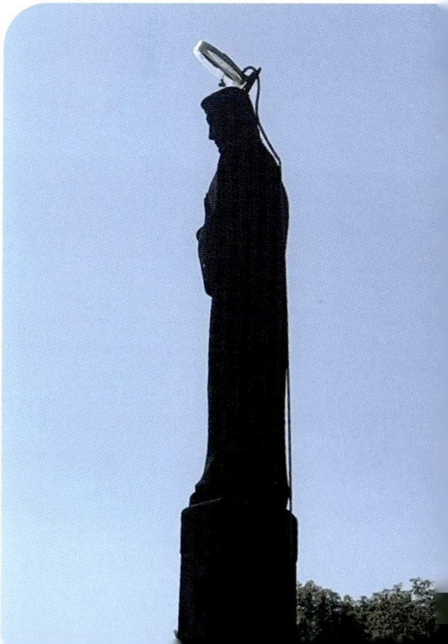

GESCHICHTE(N)

Der preußische Kultusminister August von Bethmann-Hollweg ließ die Burg Rheineck im 19. Jahrhundert im romantischen Stil neu erbauen. In den 1950er Jahren war die Burg ein touristischer Hotspot mit Drahtseilbahn, Burggaststätte und Turmbesteigung. Seit 1999 gehört die Burg Kai Krause, einem Pionier des elektronischen Synthesizers (er arbeitete mit Neil Young, Frank Zappa und Stevie Wonder zusammen) sowie Mitentwickler von Adobe Photoshop.

Bei der Überquerung des Vinxtbachtals wird es historisch. Wir gehen über die sogenannte Wagram-Brücke, erbaut in der Zeit, als die linke Rheinseite von den Franzosen besetzt war. Und eben dieser Vinxtbach war im Römischen Reich eine bedeutende Grenze. Der Bach trennte die Provinz „Germania Inferior“ (also den Niederrhein mit Köln als Hauptstadt) von „Germania Superior“ (den Oberrhein mit der Hauptstadt Mainz).

Auf dem Weg zur Burg Rheineck gibt es einen Hinweis auf den historischen Jüdischen Waldfriedhof von Breisig. Wer es nicht eilig hat, sollte unbedingt diesen Abstecher machen. Der Weg hinauf ist toll und der Jüdische Friedhof mitten im Wald ist mystisch-magisch. Leider gibt es keinen direkten Verbindungsweg zur Burg, daher muss man denselben Weg wieder zurückgehen und dann auf einem gepflasterten Weg Richtung Burg.

Hinter der Burg geht es weiter bergan und ein kurzer Abstecher führt uns zur Reutersley mit einer phänomenalen Aussicht zur Burg Rheineck, ins Rheintal und weit hinein in den Westerwald. Wir gehen auf schönen Wegen durch den Wald und dann ist es wie im Leben – es geht zunächst hinunter, dann

Burg Rheineck

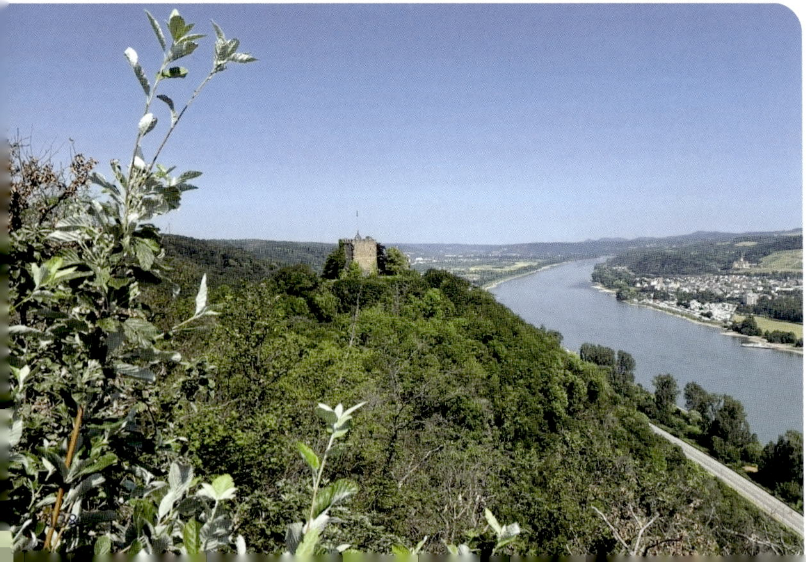

EISENBAHNROMANTIK

In Brohl können wir nach der Wanderung einen eisenbahn-romantischen Ausflug mit der Brohltalbahn unternehmen. Die Schmalspurbahn mit einem Meter Spurweite wurde vor allem für den Transport von Baumaterialien gebaut. Seit fast 50 Jahren wird der „Vulkan-Expreß" als touristische Strecke mit Dieselfahrzeugen und Dampfloks betrieben. Betrieb in den Sommermonaten: fast täglich!

auf ebenem Weg durch die ersten Straßen von Brohl-Lützing und noch mal hinauf mit bewaldeten Pfaden.

Da wir auf dem Rheinburgenweg wandern, ist es eigentlich logisch, dass wir eine weitere Burg passieren – Burg Brohleck. Diese Burg kann man für Feiern und Hochzeiten anmieten, eine normale Einkehr ist jedoch nicht möglich. Durch das Burgtor gehen wir in die Stadt und Richtung DB-Bahnhof. Wenn noch etwas Zeit ist, bis der Zug kommt, sollte man sich auch den Bahnhof des „Vulkan-Expreß" anschauen.

Kulturdenkmal Jüdischer Waldfriedhof Bad Breisig

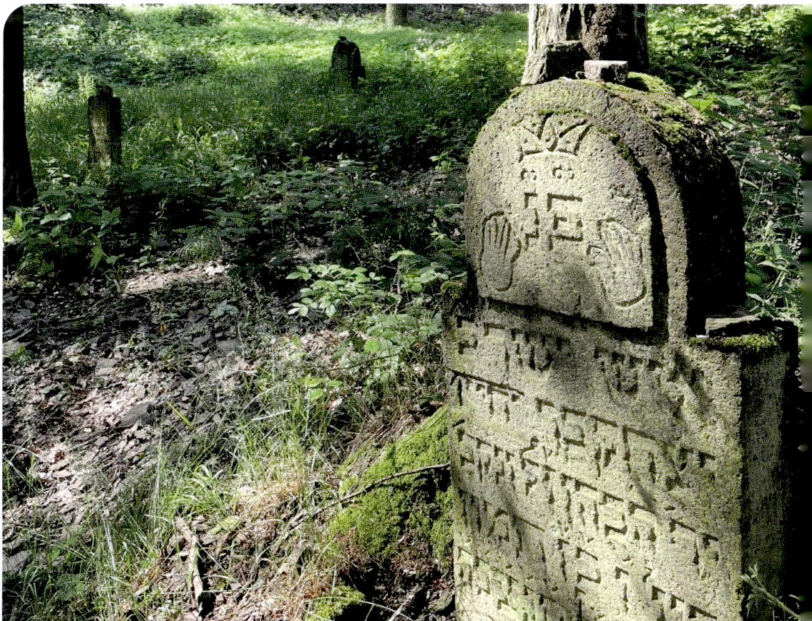

ANDRACKS GASTRO-TIPPS

Zum Start der Tour gibt es in Bad Breisig unzählige Gaststätten, direkt am Weg kann man sich beim *Biergarten* im Kurpark stärken. Am Ziel unserer Tour empfiehlt sich der *Biergarten* am Hafen Brohl-Lützing.

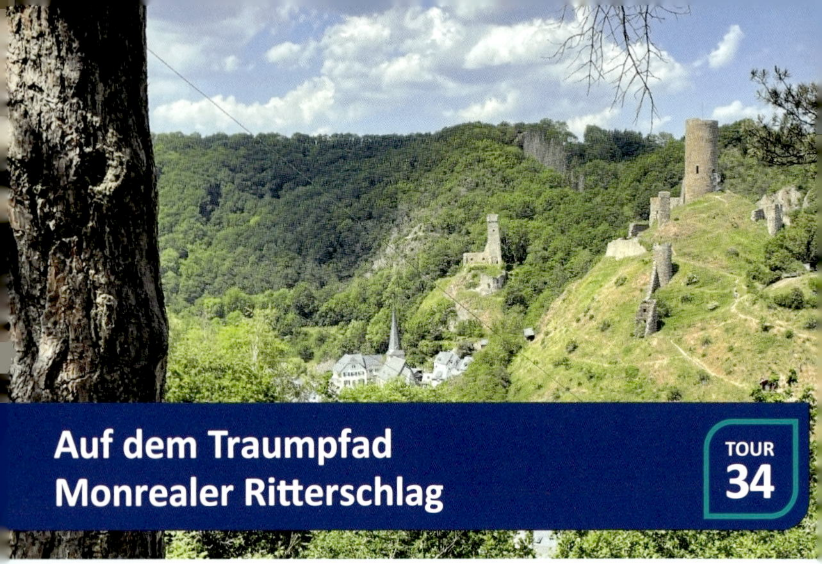

Auf dem Traumpfad Monrealer Ritterschlag

TOUR 34

Philippsburg (links) und Löwenburg (rechts) mit Blick ins Tal

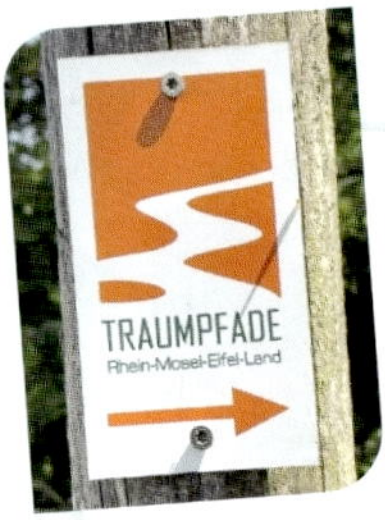

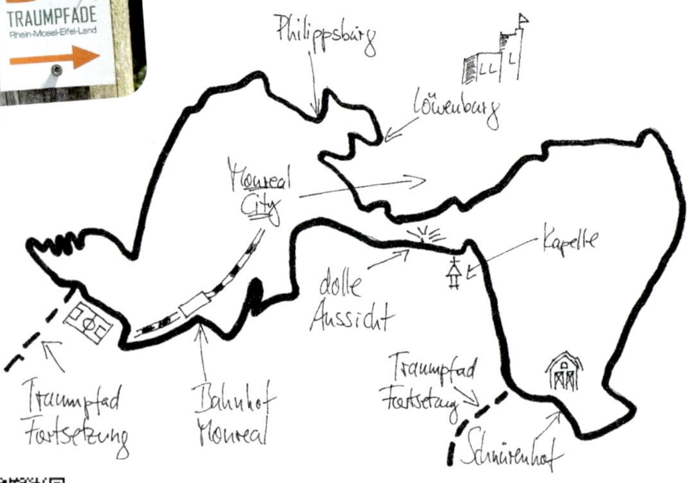

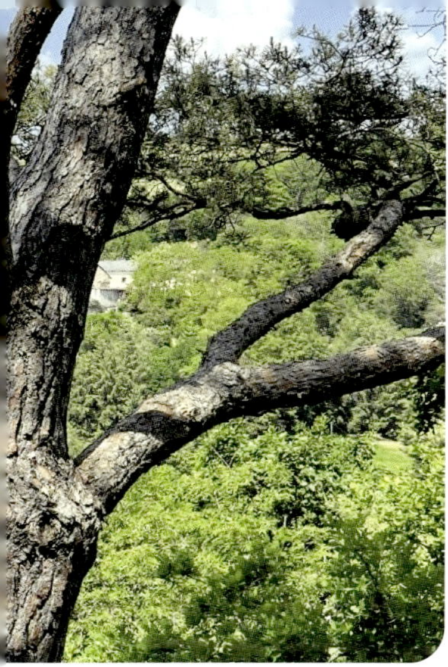

schwer

7,3 Kilometer und 0,7 km Zuweg

314 Höhenmeter

Start und Ziel:
Bahnhof Monreal

Eine Zeitreise ins Mittelalter

DER WEG

Der Traumpfad Monrealer Ritterschlag wurde 2011 zu „Deutschlands Schönstem Wanderweg" gewählt. Völlig zu Recht. Wir gehen – natürlich – am Bahnhof von Monreal los und folgen dem rechten Wegweiser, 0,7 Kilometer zum Wege. Hinter dem Sportplatz stoßen wir auf den Hauptweg und wandern rechts Richtung Monreal (2,2 Kilometer). Schon bald geht es rechter Hand auf alpinen Felsenpfaden steil den Berggrat hinauf. Es ist keine Schande, zwischendurch Pausen zu machen und Atem zu holen. An der Bergkante gehen wir mit den ersten herrlichen Ausblicken auf wahrhaftigen Traumpfaden. Über einen Stichweg können wir uns die Ruinen der Philippsburg aus der Nähe anschauen. Das ist jedoch wenig spektakulär.

Lohnender ist es kurze Zeit später, die Löwenburg zu erkunden. Eine großartige Burg mit tollem Blick ins Tal und auf Monreal. Auf einem sehr steilen Weg geht es hinunter ins Dorf. Die Wegabschnitte in diesem mittelalterlichen Ort sind fantastisch! Es geht über steinerne Brücken, durch handtuchschmale Gassen, über Kopfsteinpflaster, an liebevoll restaurierten Fachwerkhäusern vorbei. Man muss wissen, dass Monreal vom 17. bis zum 19. Jahrhundert eine sehr reiche Tuchmacherstadt war. Der Manchester-Kapitalismus mit seinen industriell hergestellten Tuchen ließ die Stadt verarmen. Aber eine Perle der Eifel ist Monreal noch immer.

Wir gehen über eine zweite Steinbrücke, danach durch eine Einfamilienhaussiedlung. Ziemlich unvermutet wird unser Wanderweg wieder sehr schön und es geht bergan. Nach diesem Waldpfad wieder hinunter und wir durchqueren die landwirtschaftlichen Gebäude des Schnürenhofs. Wir überqueren ein weiteres Mal den Elzbach und verlassen am

GESCHICHTE(N)

Warum es zwei Burgruinen in unmittelbarer Nähe in Monreal gibt, ist strittig. Die einen sagen, es hätte einen Bruderzwist gegeben und nachdem der Hermann die eine Burg gebaut hätte, hätte eben der Philipp die zweite gebaut. Wahrscheinlicher ist, dass die Anlage der sogenannten Philippsburg ein Vorposten der Hauptburg gewesen sei. Beide Burgen gehörten über Jahrhunderte den Herren von Virneburg, die als Anhänger der Kölner (Bischöfe) gegen die Kurtrierer in Mayen kämpften.

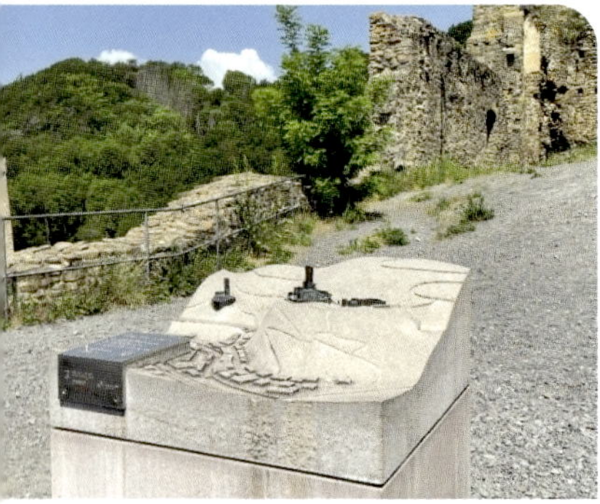

Topografie zum Anfassen

Früher Bahnhof, heute Gasthof – das Stellwerk

nächsten Wegweiser (mit dem Hinweis „Thürelzblick 5,3 km") den Traumpfad mit seinen verlässlichen Markierungen. Ab dieser Stelle müsst ihr meinen Beschreibungen vertrauen.

Wir gehen zwischen den Feldern den asphaltierten Weg hinauf. An der nächsten Bank geht es links geradeaus noch 50 Meter den Berg hoch. Oben angekommen gehen wir an der Kapelle links vorbei zu einer Bank (vom Verkehrs- und Verschönerungsverein Monreal). Dort wandern wir einen

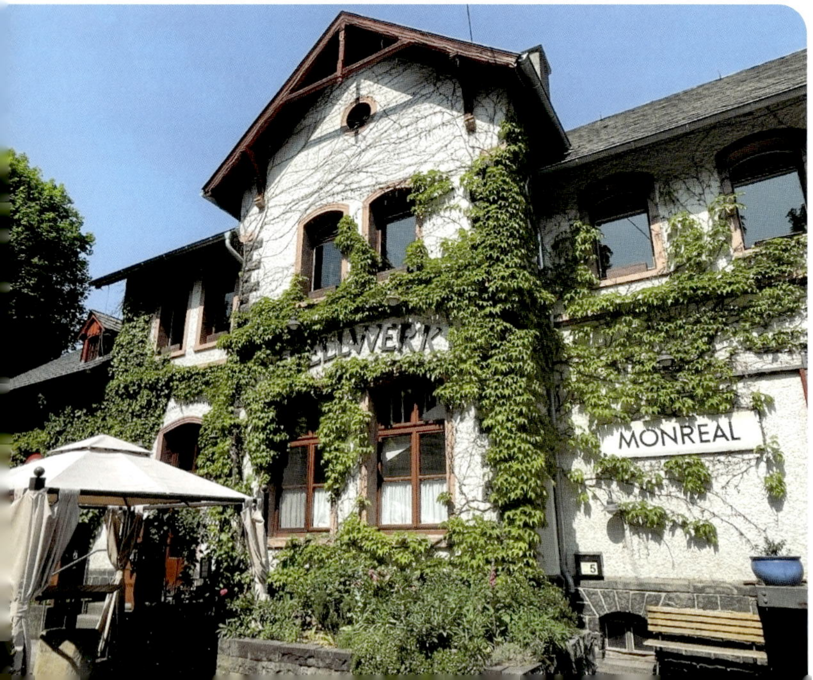

ANDRACKS GASTRO-TIPPS

Direkt am Weg sollte man unbedingt im *Café Plüsch* im Herzen von Monreal einkehren. Die beiden Besitzerinnen verwöhnen ihre Gäste vor allem mit eigenen Kuchen- und Torten-Spezialitäten. Ich empfehle als herzhafte Variante die Quiches mit Salat. Alternative: Am Abend geöffnet und ideal im Bahnhof gelegen ist das Restaurant *Stellwerk*.

schmalen Pfad steil bergan. Schon nach kurzer Zeit können wir einen atemraubenden Ausblick auf Monreal und die beiden Burgen genießen, das ist ein sehr schönes Highlight gegen Ende unserer Tour.

Wir folgen dem schmalen Pfad, der durch Wiesen und Wälder bis oberhalb des Bahnhofs führt. Wenn wir schon der Landstraße sehr nahegekommen sind, gehen wir scharf rechts und haben schon bald die Straße erreicht. Wir queren die Straße und gehen 150 Meter an der Straße Richtung Kelberg entlang. Vorsicht! Es gibt keinen Fußweg an der Straße, bitte links gehen, nicht nebeneinander, und auf den Autoverkehr achten! Bei der nächsten sich bietenden Möglichkeit gehen wir rechts zum Bahnhof. Die eventuelle Wartezeit auf den Zug können wir mit einer Behandlung im „Ynstitut für keltische Energiemedizin" in einem Gebäude unweit des Bahnhofs vertreiben.

EISENBAHNROMANTIK

Es ist ein kleines Eisenbahnwunder, dass wir mit dem Zug nach Monreal fahren. Denn 1991 wurde der Personenverkehr zwischen Gerolstein und Mayen auf der Eifelquerbahn eingestellt. Warum eigentlich Eifelquerbahn? Nun, im Gegensatz zur Eifel(haupt)-strecke, die von Köln nach Trier in Nord-Süd-Richtung verläuft, querte die Strecke von Andernach nach Gerolstein auf 94 Kilometern die Eifel. Komplett kann man die Strecke leider zurzeit nicht fahren, aber bis Monreal beziehungsweise Kaisersesch fahren seit 2000 wieder regelmäßig Züge.

Monreals Gassen im Schatten der Löwenburg

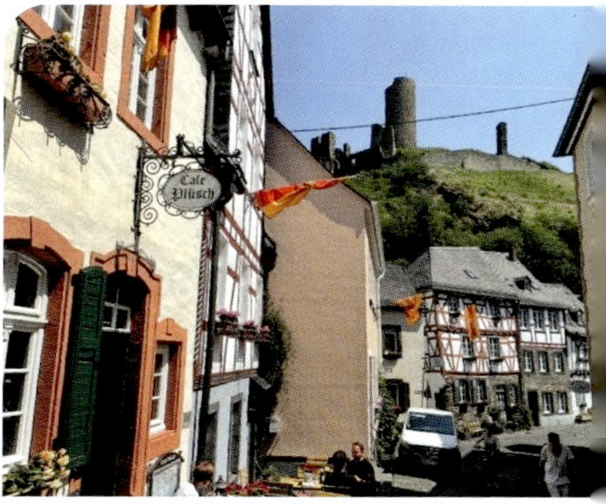

Natursteinbrücke in der Monrealer Altstadt

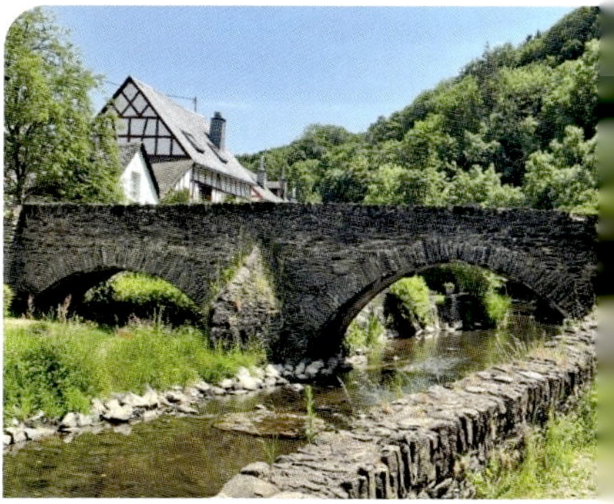

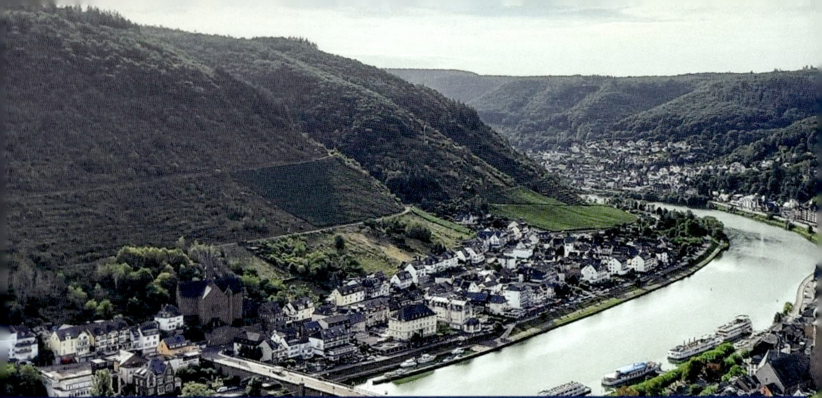

Auf dem Moselsteig von Cochem nach Klotten

TOUR 35

Blick vom Aussichtspunkt Pinnerkreuz über Cochem

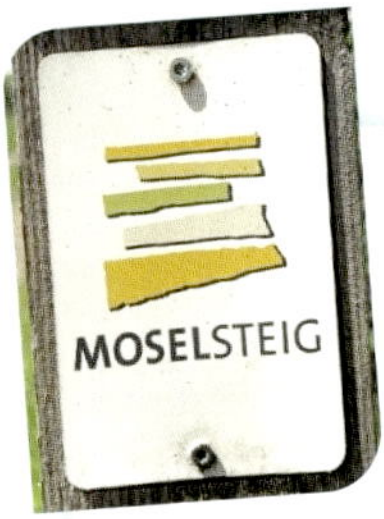

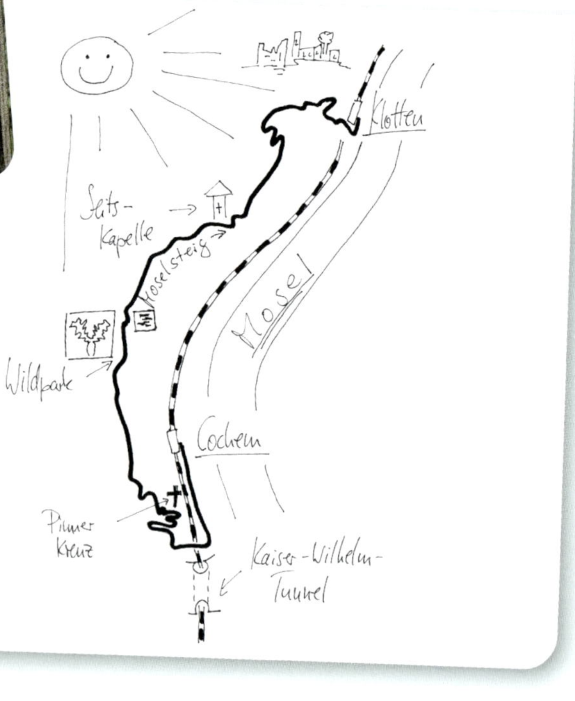

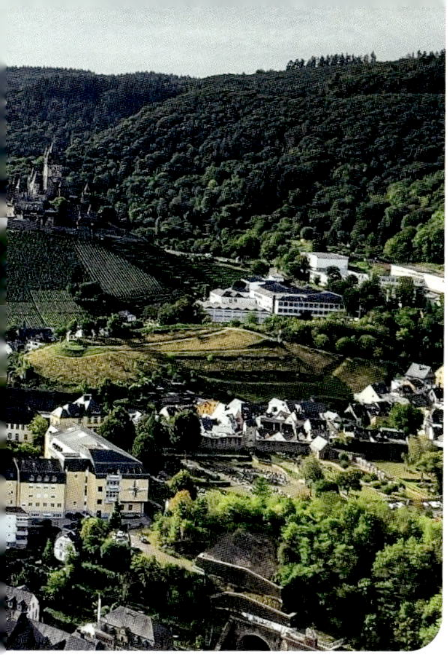

schwer

7,6 Kilometer

299 Höhenmeter

Start:
Bahnhof Cochem
Ziel:
Bahnhof Klotten

Ein Wanderweg wie eine Achterbahn

DER WEG

Vom Bahnhof Cochem wenden wir uns rechts und können uns an den Markierungen des Moselsteig-Zuwegs orientieren. Immer geradeaus auf der Ravenéstraße, am Endertplatz rechts und schon bald unter der Bahnunterführung hindurch bis zur Talstation des Sessellifts (auf Niederländisch: Stoeltjeslift). Dort stoßen wir auf den Moselsteig, den wir bis Klotten teilweise in Angriff nehmen. Die nächsten 600 Meter hinauf zum Pinnerkreuz sind sehr anspruchsvoll, lasst euch bitte Zeit beim Aufstieg. Es gibt viele Stufen, aber auch reichlich Aussichtsmöglichkeiten, um Luft zu holen. Genießt doch einfach die wunderschönen Blicke auf Mosel, Reichsburg und die Ruine der Winneburg. Am Pinnerkreuz werden wir durch ein großartiges Mosel-Panorama-Spektakel entlohnt. Wir wandern weiter, an der Bergstation des Sessellifts vorbei (es soll schon Wanderer gegeben haben, die mit dem Sessellift den Berg bezwungen haben). Hinter dem Sesselbahn-Café gehen wir noch ein kurzes Steilstück hinauf, dann geht es eine kurze Weile weiter auf einer geteerten Forststraße. Nachdem wir halb rechts einen Waldweg hinaufgegangen sind, erreichen wir den Wildpark Klotten, der Kinderherzen höherschlagen lässt. Herzstück der Anlage sind immer noch das Wildgehege und die Greifvogel-Show. Hauptattraktionen sind aber die Achterbahn und der Rittersturz, eine Wildwasser-Rutsche, bei der man ordentlich nass wird. Vor dem Wildpark kann man sich schon mal ein Bild von Klotten machen, in dem man den Ausblick durch einen riesigen Holzrahmen genießt. Wir wandern weiter durch einen schattigen Wald, vorbei an der Rabenlei.

Wir erreichen die Seitskapelle und gehen geradeaus leicht bergab. Wir

> **EISENBAHNROMANTIK**
>
> Der Kaiser-Wilhelm-Tunnel zwischen Cochem und Ediger-Eller ist ein Stück Eisenbahngeschichte. 110 Jahre lang, bis 1988, war der Tunnel mit seinen 4205 Metern Länge der längste Eisenbahntunnel Deutschlands. Auf unserem Weg durch Cochem können wir das Mundloch des Tunnels gut sehen. Wenn wir die Brücke im Ortszentrum unterquert haben, können wir ein altes Maschinenhaus erkennen, heute befindet sich im Erdgeschoss ein irischer Pub. Dieses Haus wurde gebaut, um die Lüftungsproblematik des Tunnels in den Griff zu bekommen. Das gelang nur teilweise, bis zur Elektrifizierung des Tunnels 1975 war Frischluftzufuhr ein großes Problem. Seit 2017 fahren die Züge durch getrennte Tunnelröhren, nachdem eine Röhre neu gebaut wurde.

wandern nun oberhalb der Weinberge mit Blick auf Klotten. Sehr nett ist auf der linken Seite das *Klottener Wingerts Budche*, eine liebevoll ausgestaltete Weinhütte. Das Einzige, was fehlt, ist der Wein, den haben wir hoffentlich nicht vergessen mitzunehmen. Wir lernen, dass es noch 2517 Schritte bis Klotten sind. Nun, das werden wir ja wohl schaffen.

Am Ende der Weinberge gehen wir kurz links in den Wald, dann macht unser Weg einen sehr scharfen Rechtsknick, bitte nicht verpassen! Wir wandern bergab, bis wir eine asphaltierte Straße erreichen. Wir gehen rechts am Kreuzweg entlang die Straße hinunter.

Wir sind schon in Klotten angekommen, wandern aber noch eine sehr schöne Extraschleife. Wir gehen also links in die Burgstraße und laufen unterhalb der Burgruine Coraidelstein entlang bis zum Moselschieferblick. Wenn man den

Blick vom Pinnerkreuz auf die Reichsburg

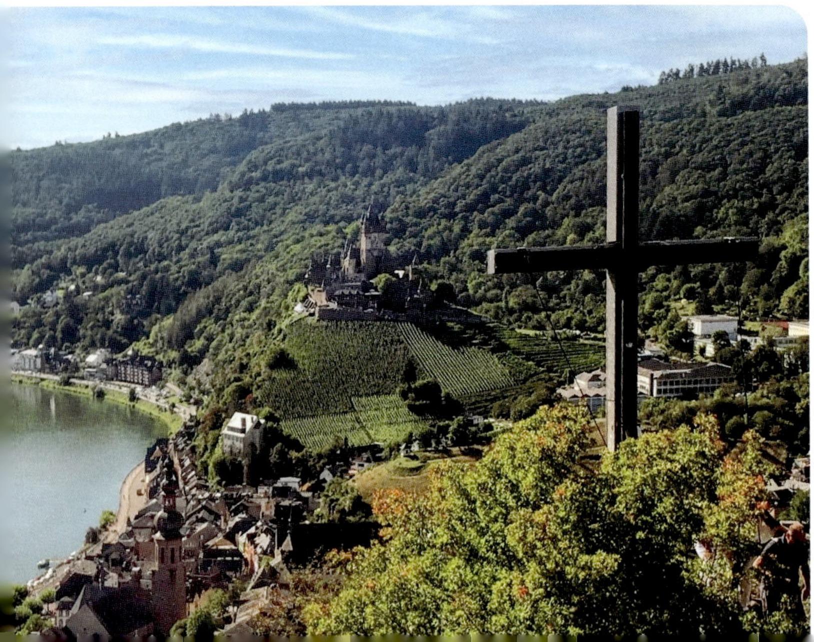

ANDRACKS GASTRO-TIPPS

Gabi's Moselschiefer Bistro Grill direkt am Haltepunkt Klotten. Es muss nicht immer gehobene Gastronomie sein, wenn die Lage so genial ist: Moselblick, Informationen eine Tür weiter, 20 Meter vom Bahnsteig entfernt. Sehr zu empfehlen ist die ungarische Snack-Spezialität Langos (gesprochen Langosch) der Besitzerin Gabi. Das ist frittierter Hefeteig in herzhaften Versionen (zum Beispiel mit Käse und Knoblauch oder mit Speckwürfeln) oder in süßen Varianten (mit Nutella oder Omas Marmelade).

Kopf sehr zur Seite neigt, wird der Blick noch schiefer. Nur ein Scherz!

Dann geht es in Serpentinen bergab, in Kehren über die Straßen, in einer schmalen Gasse unter einem Gebäude hindurch. Schon bald haben wir den Bahnhof von Klotten beziehungsweise die Infostelle Moselschieferhaus erreicht. Das waren auf einer kurzen Tour jede Menge Eindrücke vom Moselsteig, hinaufgestiegen und hinabgestiegen.

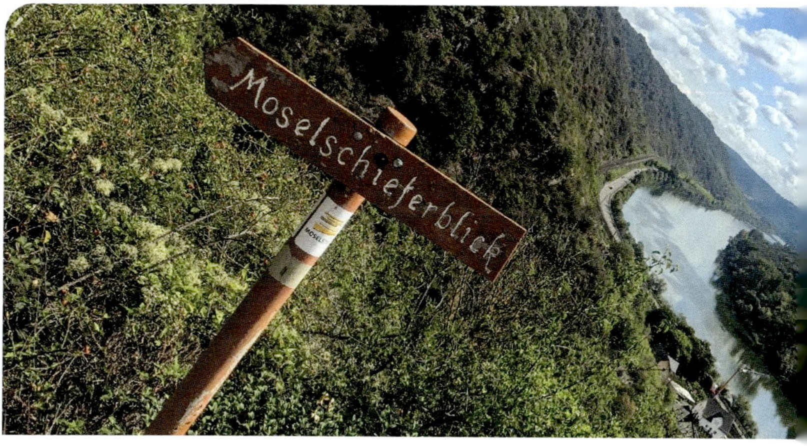

Ob die Perspektive gemeint ist? Oder das einstige Produkt der Region – der Moselschiefer?

GESCHICHTE(N)

Viele Städte und Ortschaften wurden im 19. Jahrhundert und Anfang des 20. Jahrhunderts mit einem C wie „Cäsar" geschrieben und einem K wie „Kartoffel" ausgesprochen. „Cöln am Rhein", „Cleve", „Cassel". Das fand man irgendwie schick, so ein wenig „retro", „old school". Aber auch Orte im Verkehrsverbund VRM trugen das mondäne C, sozusagen das hohe C. Nicht zuletzt „Coblenz" (wobei es bei dieser Stadt wegen des Ursprungs „confluentes" auch Sinn ergab) und eben auch „Clotten". Fast alle C-Schreibungen wurden rückgängig gemacht, nur das gute, alte Cochem an der Mosel blieb bei seinem C.

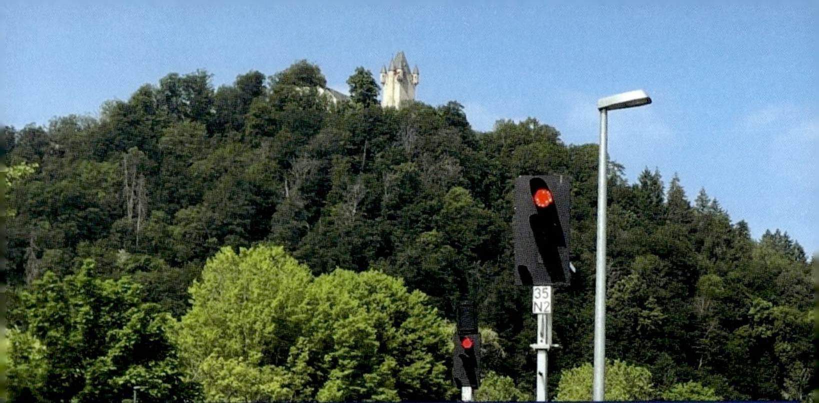

Auf dem Lahnwanderweg von Nassau nach Dausenau

TOUR 36

Hoch auf dem Burgberg thront Burg Nassau

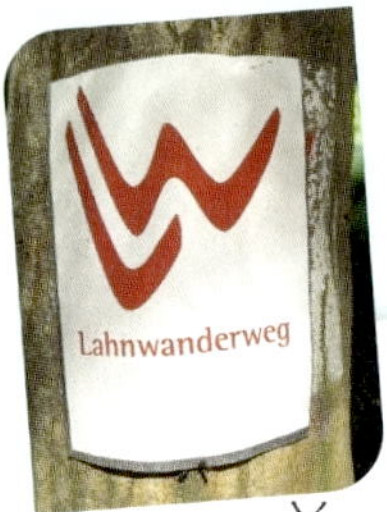

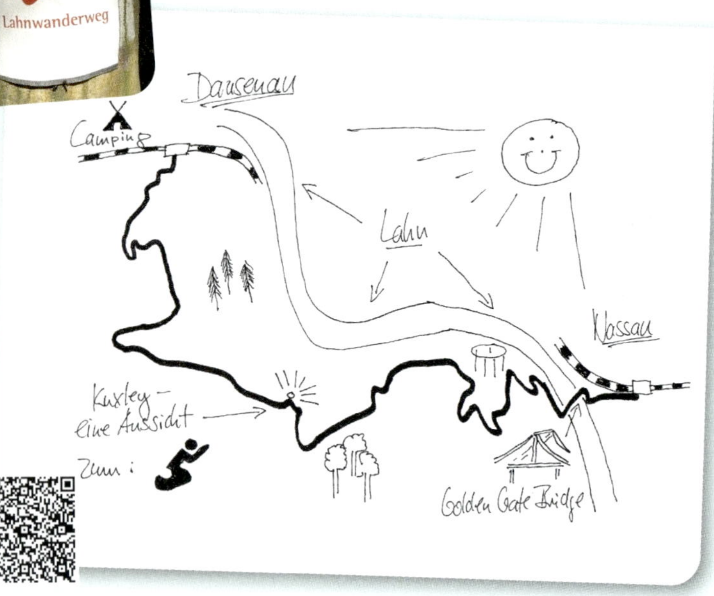

GPX-TRACK

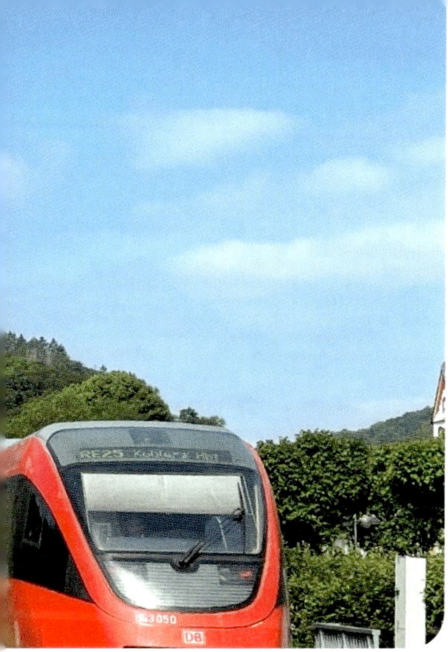

schwer

8,1 Kilometer

312 Höhenmeter

Start:
Bahnhof Nassau
Ziel:
Bahnhof Dausenau

Der komplette Lahnsinn!

DER WEG

Wir starten am Bahnhof von Nassau und gehen über die schicke Brücke (so eine Art „Golden Gate Bridge" von Nassau) über die Lahn. Kurz geht es an der Straße entlang – bitte Vorsicht, manche Autofahrer „übersehen" gerne Wanderer. Dann folgen wir einem Forstweg in langgestreckten Serpentinen den Berg hinauf. Schon bald stehen wir vor der schwierigen Entscheidung, ob wir den 700 Meter langen Abstecher zur Burg Nassau wagen. Das verlängert die gesamte Strecke um 1,4 Kilometer (weil wir ja auch wieder zurück zum Lahnwanderweg müssen).

Mein Tipp: machen! Weiter auf dem Lahnwanderweg erreichen wir die Freiherr-vom-und-zum-Stein-Aussicht oberhalb der Lahn. Schöner Ausblick, hässlicher Pavillon. Auf Waldpfaden wandern wir weiter, in einigen Serpentinen hinunter und dann durch ein Wiesental. Nach der Brücke über den Mühlbach knickt der Lahnwanderweg links ab und wir gehen den nächsten Berg hinauf. Das ist noch kein ernsthafter Aufstieg und schon bald gehen wir ohne Steigung in halber Hanglage oberhalb der Lahn.

Freiherr-vom-Stein-Denkmal

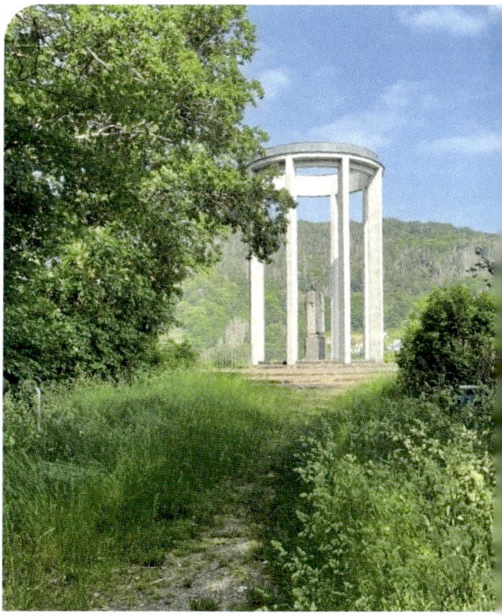

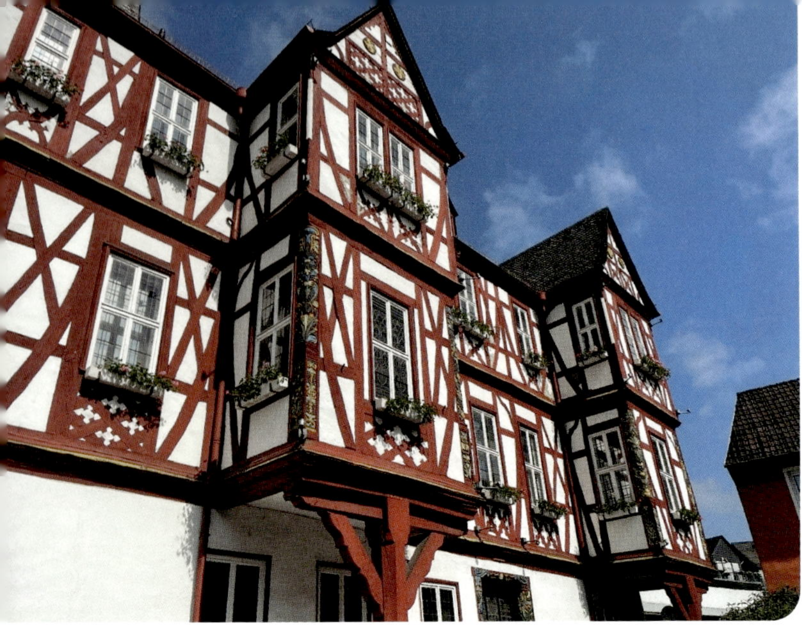

Rathaus der Stadt Nassau

Weiter geht es in ein Kerbtal, wieder bergan, am Ende des Tals über eine Brücke und in ein weiteres Wiesental. Gefühlt sind wir nun schon „oben", aber die über 300 Höhenmeter sind noch lange nicht geschafft. Denn nun geht es noch mal richtig in die hohe Lahnluft. An einer roten Stempelstelle des Lahnwanderwegs können wir Luft schnappen und irgendetwas stempeln, was aus Papier ist – Handys besser nicht.

Das absolute Highlight ist der Aussichtspunkt Kuxlay, 386 Meter über dem Meeresspiegel. Der ideale Ort, um in großer

EISENBAHNROMANTIK

Nicht sehr romantisch ist die Bombardierung von Nassau am 2. Februar und 19. März 1945 mit zahlreichen Toten. Als Grund der Bombardierung wurde von den Alliierten angegeben, dass am Bahnhof Nassau Zulieferteile für den Bau der V2 verladen würden. Betroffen aber waren vor allem Krankenhäuser, Lazarette und das Kurhaus. Es gab 300 Tote zu beklagen und 80 Prozent der Stadt wurden durch Brandbomben zerstört.

ANDRACKS GASTRO-TIPPS

Ungefähr 100 Meter vom Bahnhof in Dausenau entfernt können wir in der *Pizzeria Roma* am Campingplatz einkehren. Auf der Terrasse sitzt man sehr schön in Lahnnähe und die Öffnungszeiten sind wandererfreundlich: Mittwoch bis Sonntag ab 12:00 Uhr geöffnet, Dienstag ab 17:00 Uhr.

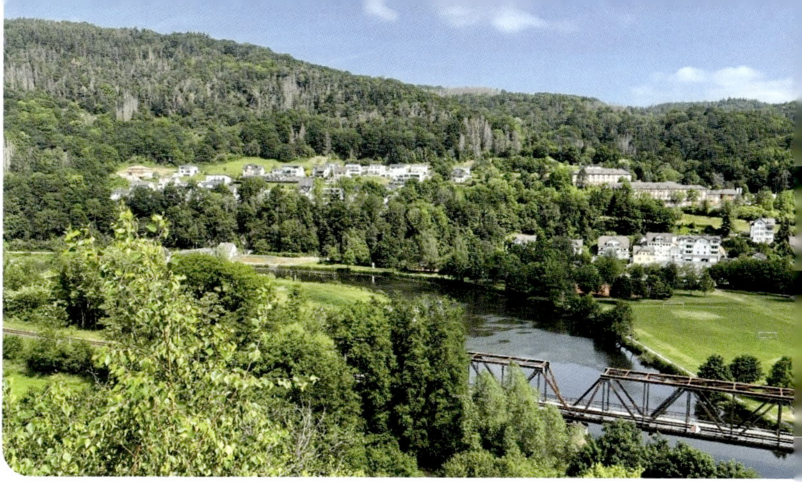

„Golden Gate Bridge" Nassau

Höhe die Blicke nach Nassau und Dausenau zu genießen. Ich wünsche euch Glück, dass die Bänke nicht besetzt sind. Ab dem Aussichtspunkt geht es ungefähr drei Kilometer auf breiten Forstwegen hinunter zur Lahn. Das ist recht angenehm, wir können die tolle Flusslandschaft genießen. Über einen Wiesenabschnitt schlängelt sich unser Weg hinab, als wären wir bei Alice im Wunderland. Als ich die Strecke gegangen bin, war ich so im Trott, dass ich immer auf dem Feldweg hinuntergegangen bin. Da hatte ich zwar irgendwann die Markierung des Lahnwanderwegs verloren, aber alle Wege führen zum Bahnhof von Dausenau, darauf ist Verlass.

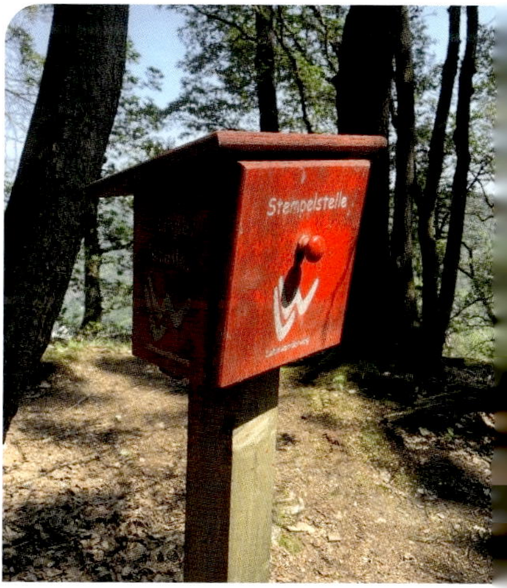

Stempelstelle Lahnwanderweg

GESCHICHTE(N)

Die Nassauer Studenten hatten es gut in Göttingen. Da ihr eigener Landesherr, der Herzog von Nassau-Weilburg, keine eigene Universität unterhielt, durften sie in Göttingen studieren. Um ihnen die weite Anreise von der Lahn an den Harz schmackhaft zu machen, bekamen sie in Göttingen freie Kost. Wenn ein Nassauer die kostenlose Völlerei nicht in Anspruch nahm, schnorrten andere Göttinger Studenten (die Gebrüder Grimm?) ein Essen. Das waren dann die berühmten Nassauer. Und wenn sie nicht gestorben sind …

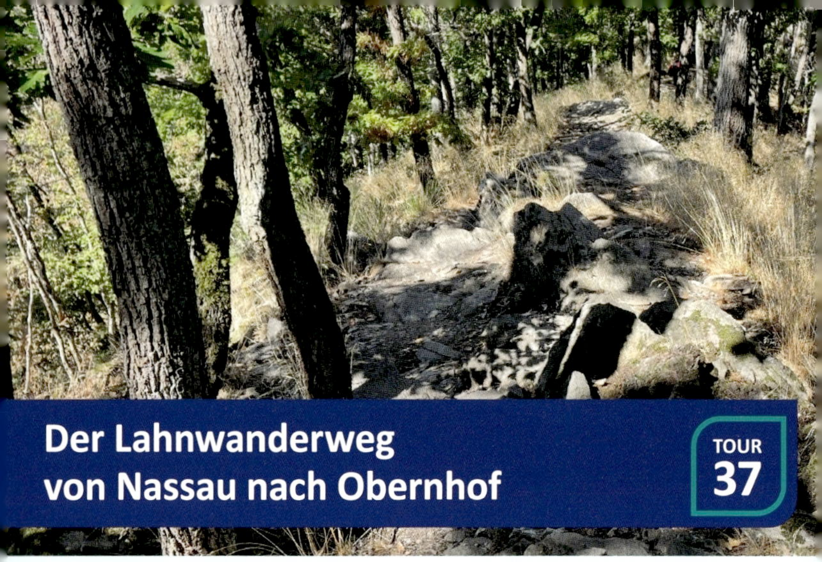

Der Lahnwanderweg von Nassau nach Obernhof

TOUR 37

Gratwanderung im wahrsten Sinne des Wortes oberhalb der Lahn

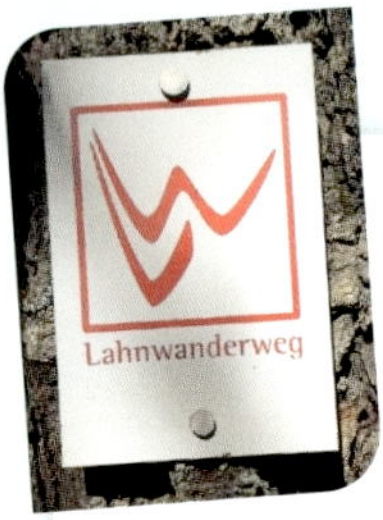

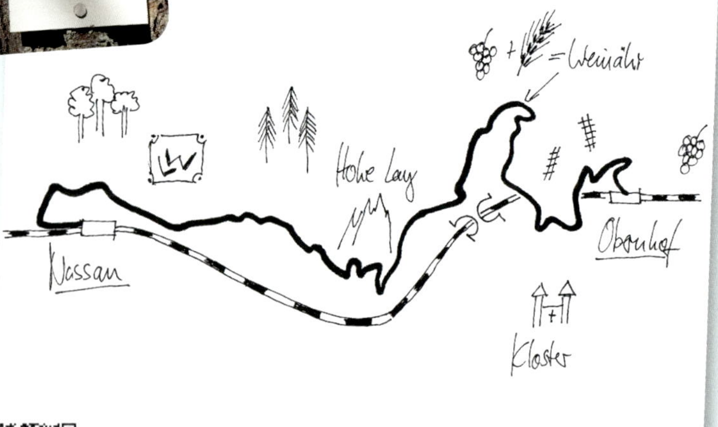

GPX-TRACK

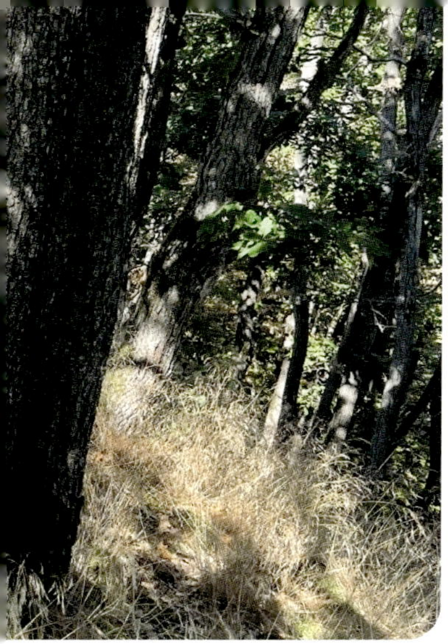

schwer

8,2 Kilometer

343 Höhenmeter

Start:
Bahnhof Nassau
Ziel:
Bahnhof Obernhof

So schön kann es mit Lahnwein an der Lahn sein

DER WEG

Wir starten am Bahnhof in Nassau und gehen die Bahnhofstraße Richtung Lahn. An einer Grünfläche treffen wir auf die Zuwegung des Lahnwanderwegs und schlendern danach durch die Altstadt des Ortes mit dem weltberühmten Namen. Zumindest existieren auf allen Erdteilen Orte mit dem Namen: „Nassau".

An der Straße „Obertal" erreichen wir den Hauptweg und wenden uns rechts Richtung Obernhof. Langsam geht es bergan und nach den letzten Häusern von Nassau wandern wir auf einem sehr schönen Weg in Hanglage. Schon bald sehen wir – an einer Schutzhütte – den ersten Hinweis auf die Hohe Lay. „Lay", manchmal auch „Ley" geschrieben, ist der altmodische Ausdruck für Schieferfelsen. Wenn wir die Hohe Lay schließlich erreichen, stellen wir fest: Dieser Felsen ist ein richtiger Brocken. Nichts wie hoch, Entdeckerlust packt uns. Über Stahltreppen mit Geländer erreichen wir das Aussichtsplateau hoch über der Lahn. Das sind sensationelle Ausblicke, die man gerne auf sich einwirken lässt.

Von der Hohen Lay folgen wir weiter unseren rot-weißen Markierungen und gehen hinab in das Seitental des Gelbachs und durch den Weinort Weinähr. Theoretisch könnte man in einem Weingut schon mal einen Schoppen testen. Wir wandern am Bach entlang und steigen dann auf einem schmalen Pfad den Berg hinauf. Am Wegrand begegnet uns schon bald ein sehr skurril anmutendes Gebäude, ein ehemaliger Pulverturm. Weil dort vermutlich das Schießpulver gelagert wurde, entstand der Bau sicherheitshalber weit außerhalb des Ortes, man wusste ja nie, ob das Zeug nicht irgendwann in die Luft fliegt. Nach einer kurzen Weile erreichen wir einen wunderbaren Platz für Trainspotter. Genau unter uns verläuft

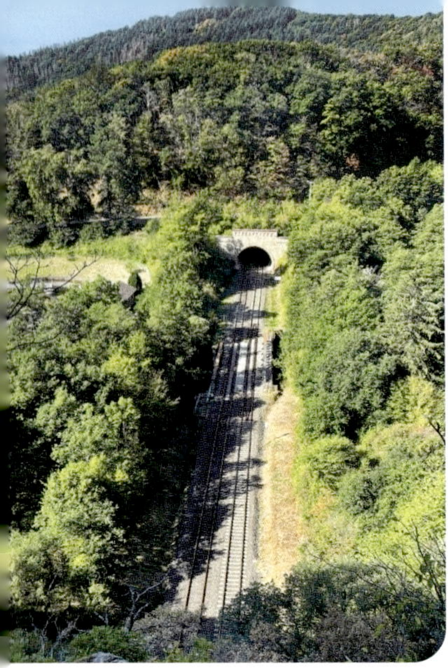

Trainspotting vom Feinsten: die Lahntal-Strecke

die Lahntal-Strecke und wir haben Einblick in einen Gleisabschnitt zwischen zwei Tunneln. Da die Lahntalbahn in beiden Richtungen insgesamt viermal pro Stunde verkehrt, Güterverkehr nicht eingerechnet, sind die Chancen groß, dass wir einen Zug sehen.

Wenige Meter nach der Trainspotter-Bank erwartet uns ein Kletter-Ereignis. Es gibt auch eine leichte Wegvariante, aber wer Wanderabenteuer liebt, klettert gerne über die Leitern und an Handseilen durch die Felsen bergan. Der Lohn der Kletterei auf dem Gipfel des Himmelsbergs: Ausblicke nach Oberndorf und zum Kloster Arnstein. Wir gehen bergab und an einer Wegkreuzung verabschieden wir uns vom Lahnwanderweg und gehen mit der Zuwegung scharf rechts Richtung Bahnhof Obernhof. 900 Meter später haben wir nach einem Gang durch den schönen Weinort den Bahnhof erreicht.

Steil hinauf an der „Hohen Lay“

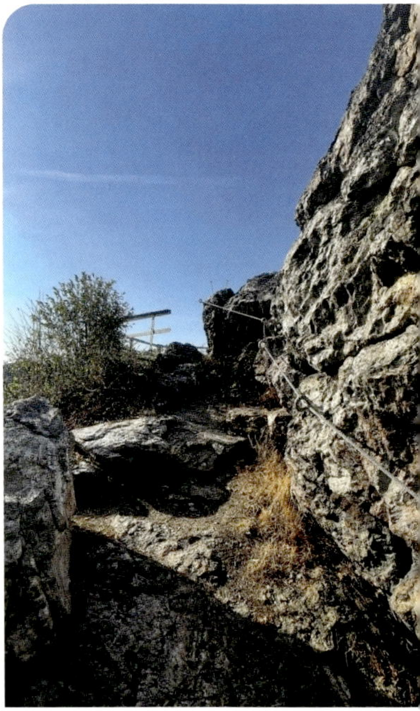

GESCHICHTE(N)

Aus dem Kreisblatt „Aar-Bote“ über den 23. Mai 1884: „Von schönem Wetter begünstigt, fand gestern die Einweihung des Goethe-Punkts statt. Der eingeweihte Tempel, ein schönes Erholungsplätzchen für müde Touristen, wird stets der Dank der Letzteren für diejenigen eintragen, welche sich um die Errichtung desselben verdient gemacht haben.“ Zitat Ende. Puh, da verliert man fast den Überblick bei „Letzteren“, „diejenigen“ und „desselben“.

ANDRACKS GASTRO-TIPPS

An unserem Zielort in Obernhof (der Ort wird auch „Perle der Lahn" genannt) sollten wir unbedingt vom köstlichen Lahnwein probieren. Immerhin ist Obernhof das Zentrum des Lahnweinbaus, der zum Anbaugebiet Mittelrhein gehört. Unweit des Bahnhofs habe ich für euch das *Weingut Haxel* getestet. Man sitzt wunderschön auf der weinlaubumkränzten Terrasse mit Blick auf die Lahn. Im Glas funkelt der weiße und rote Traubensaft aus der Lage Goetheberg am nördlichen Lahnufer, herrlich.

EISENBAHNROMANTIK

Aktuell fahren nur Nahverkehrszüge durch das Lahntal mit Halt in Nassau und Obernhof. In den 1970er Jahren war das anders. Einmal am Tag hielt ein sogenannter „Heckeneilzug" in Nassau. Man konnte durchgehend nach Trier oder Sylt fahren. Aber was ist ein Heckeneilzug? Das war ein Fernverkehrszug, der auf seinem Weg ländliche Regionen durchquerte und verband, die damit mit den Metropolen durchgehend verknüpft wurden. Eigentlich kein schlechtes Konzept, oder?

Am Lahnufer kultiviert – der Lahnwein

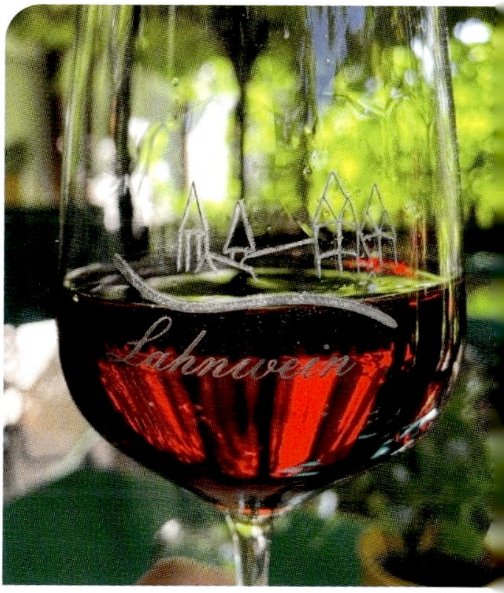

Blick über das Lahntal nach Nassau

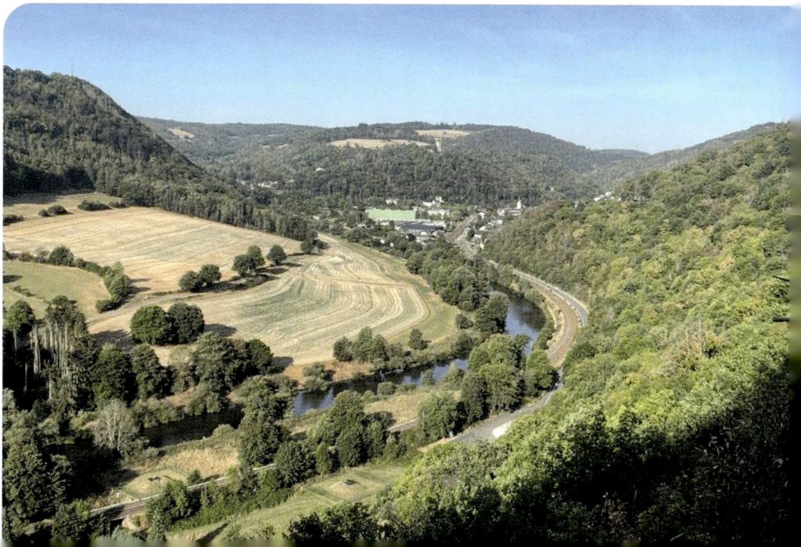

Der Premiumspazierwanderweg Spitzer Stein

TOUR 38

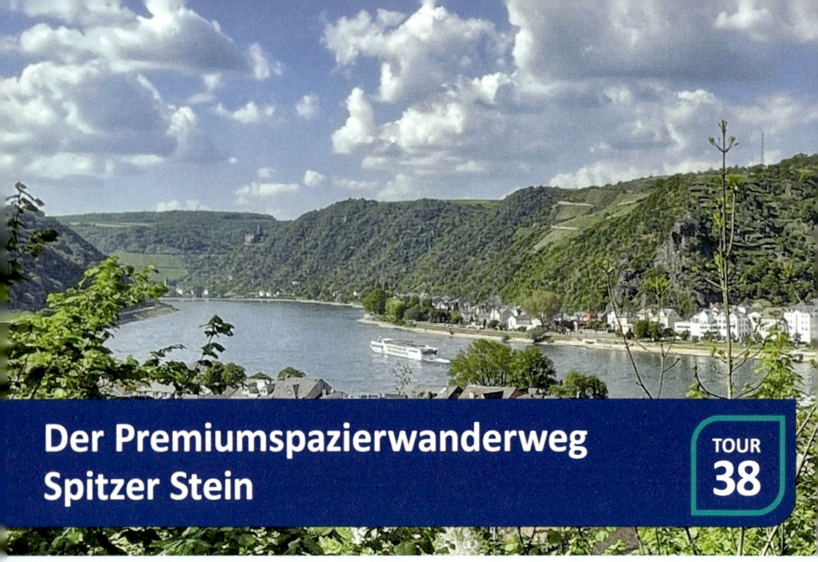

Blick über St. Goar nach St. Goarshausen

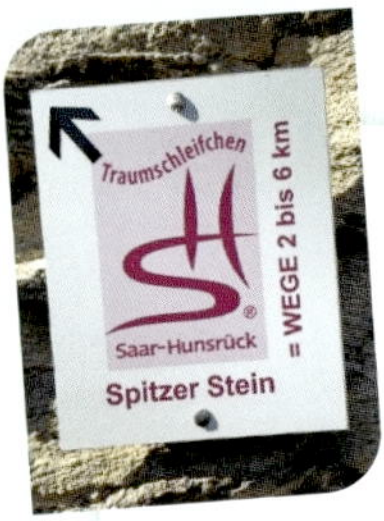

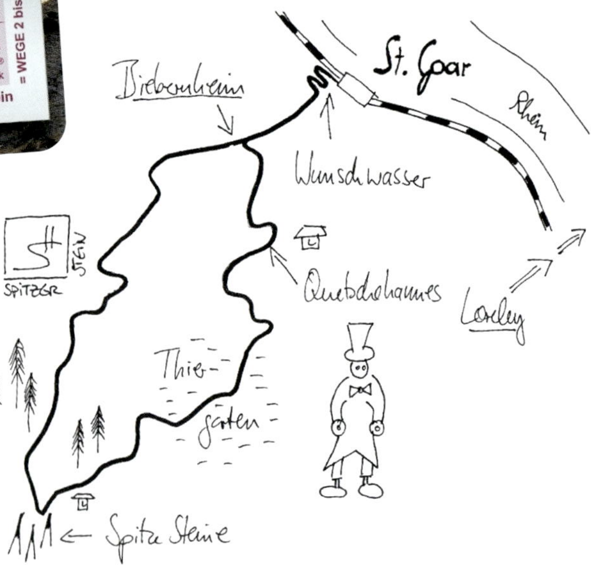

GPX-TRACK

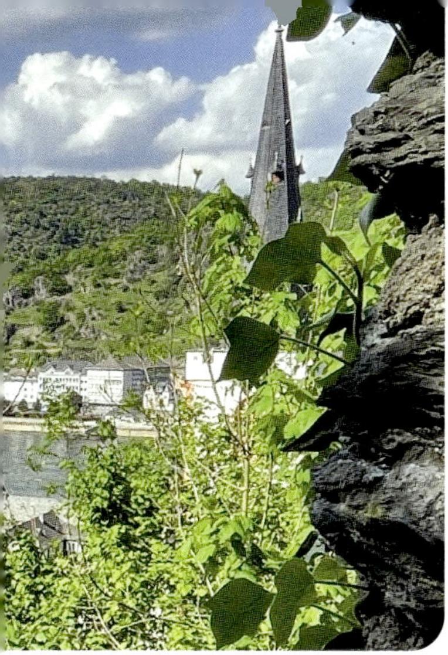

schwer

8,3 Kilometer

355 Höhenmeter

Start und Ziel:
Bahnhof St. Goar

Schabernack mit dem Quetschehannes auf der Dorfkirmes

DER WEG

Am Bahnhofsgebäude von St. Goar wenden wir uns links und gehen direkt links durch die Bahn-Unterführung. Dort sehen wir auch schon die in zartem Rosa gefärbte Zuwegungs-Markierung unseres Traumschleifchens.

Wir gehen einige Treppenstufen in Serpentinen bergauf und holen am Wasserfall ein wenig Luft. Man soll, so will es die Legende, an diesem Ort seinen Wunsch auf eine Schiefertafel schreiben. Zu kompliziert. Ich habe das getestet, der Wunsch geht auch ohne Schiefertafel in Erfüllung.

Weiter geht es bergan, bis wir Biebernheim erreicht haben. Auf dem Dorfplatz an der Linde können wir uns in der Outdoor-Leihbücherei eine Reiselektüre mitnehmen. Wir gehen geradeaus die Straße hinauf, dann weiter auf Graswegen mit leichter Steigung bergan. Wir überqueren eine Landstraße, wandern weiter im Zickzack, bis wir einen schönen Mischwald erreicht haben. Nun ist es nicht mehr weit bis zum Gipfel. Wir überqueren eine wenig befahrene Straße mit einer Bushaltestelle, die am Wochenende nicht bedient wird.

Kurz darauf stehen wir neben einem alten Gemäuer am Spitzen Stein. Ehrlich gesagt, ist es nicht nur ein, sondern mehrere spitze Steine. Vermutlich siedelten schon die Kelten an diesem geheimnisvollen Ort, der damals mit Sicherheit unbewaldet war. Wer schwindelfrei ist, kann den kühn gestalteten Aussichtsturm hinaufsteigen. Auf der Aussichtsplattform ist die Loreley in einer Entfernung von exakt 2700 Meter Luftlinie zu erkennen. Wenn wir wieder festen Boden unter den Füßen haben, können wir in der Schutzhütte am Spitzen Stein rasten, dort ist auch Platz für eine größere Wandergruppe. Wir folgen unserer Markierung in

Rosa und wandern hinunter durch den Wald. Am Waldrand stehen wir vor einer Freifläche. Das ist das Jagdrevier des Landgrafen Philipp des Älteren von Katzenelnbogen, der Tiergarten. Eine stolze Fläche von 18 Hektar ließ der Adlige vor fast 600 Jahren mit einer zwei Meter hohen Mauer eingrenzen. Auf dieser Fläche wurde dann gejagt. Eine etwas merkwürdige Variante eines Tiergartens. Großartig ist es, wie auf einem grünen Teppich – kein roter Teppich – geradeaus Richtung Rhein und Loreley zu wandern. Die Loreley erkennt man an dem weißen Kugel-Dach des Open-Air-Geländes.

Spitze Steine mit altem und neuem Turm

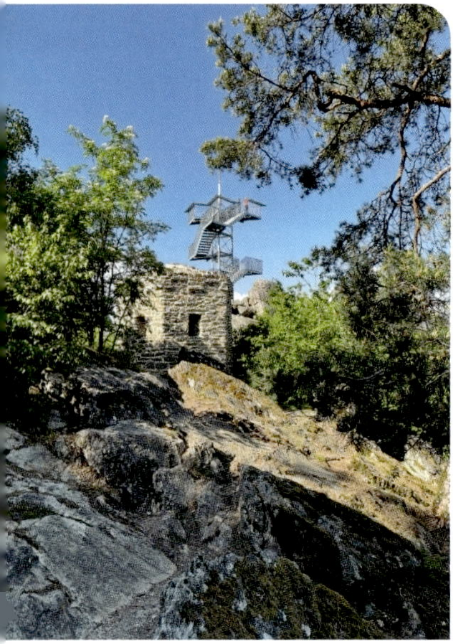

EISENBAHNROMANTIK

Das augenfälligste Merkmal des Bahnhofs von St. Goar ist die keck geschwungene Schrift am Backsteingebäude, die den Reisenden direkt am Bahnsteig willkommen heißt. Der Bahnhof von St. Goar verfügte bis in die 1980er Jahre über ein drittes Gleis. Als der Bahnhof 1859 gebaut wurde, spielte der Denkmalschutz noch keine Rolle – die alte Stadtburg von St. Goar wurde abgerissen. Ebenfalls unvorstellbar: Genau an der Stelle, an der das Traumschleifchen die Bahngleise in der Unterführung unterquert, gab es vor 150 Jahren einen ebenerdigen, ungesicherten Übergang über die Gleise.

GESCHICHTE(N)

Es war einmal der Johannes aus dem Hunsrück, der verkaufte den Jungs und Mädels auf der „Biewerumer Quetschekerb“ – übersetzt: die „Biebernheimer Pflaumen-Kirmes“ – Süßigkeiten. Der Hunsrücker Johannes, der bald den Spitznamen Quetschehannes bekam, trug einen schwarzen Frack, Zylinder und eine Zigarre – die durfte nicht fehlen. Wenn er seinen Erlös versoffen hatte, trugen ihn die Biebernheimer Jugendlichen auf ihren Schultern durchs Dorf. 1882 starb der Quetschehannes. Das war traurig, denn eine „Biewerumer Quetschekerb“ ohne Quetschehannes war unvorstellbar. Also bastelte die Dorfjugend eine Puppe, die dem Hunsrücker Händler mit der Zigarre ähnelte. Und wenn sie nicht gestorben sind, dann machen sie das noch heute.

ANDRACKS GASTRO-TIPPS

Direkt am Startpunkt des Traumschleifchens kann man im *Landgasthof Rebstock* einkehren. Anscheinend werden in den Wäldern oberhalb von Biebernheim (in der Nähe des historischen Thiergartens) immer noch Wildschweine geschossen, denn auf der Karte findet sich ein Wildschweinbraten. Alternativ kann man über den Rheinburgenweg zur *Burg Rheinfels* oberhalb von St. Goar wandern. Dort könnt ihr nicht nur gehobene Küche, sondern auch das wahrscheinlich schönste Rheinpanorama der Welt genießen.

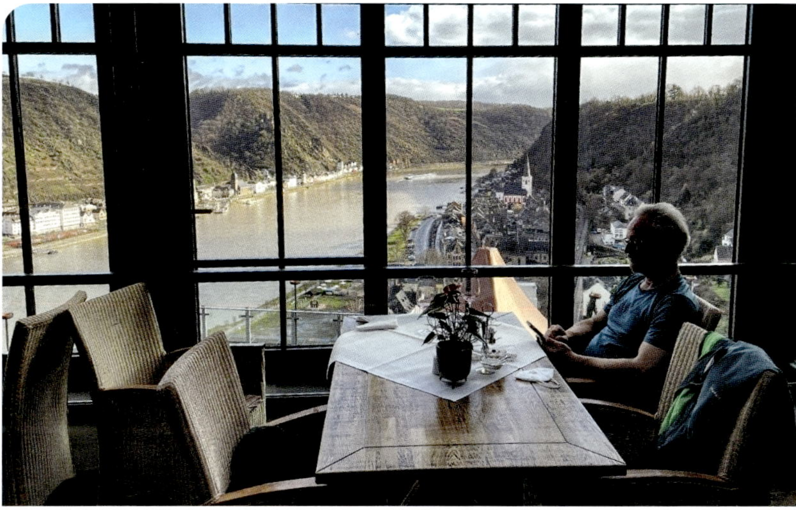

Panoramaaussicht von Burg Rheinfels

Kaum vorstellbar, dass zwischen uns und der Loreley noch das Rheintal liegt. Wir wandern über Feldwege bergab (und einmal noch kurz bergan) und erreichen die Krähenhütte. An der Holzhütte steht überlebensgroß der Quetschehannes aus Stahl, sozusagen das Maskottchen von Biebernheim.

Wir gehen durch den Ort, zum Lindenplatz und weiter über die Zuwegung bergab Richtung Rheintal. Oberhalb des Bahnhofs queren wir wieder den Rheinburgenweg und haben St. Goar bald erreicht.

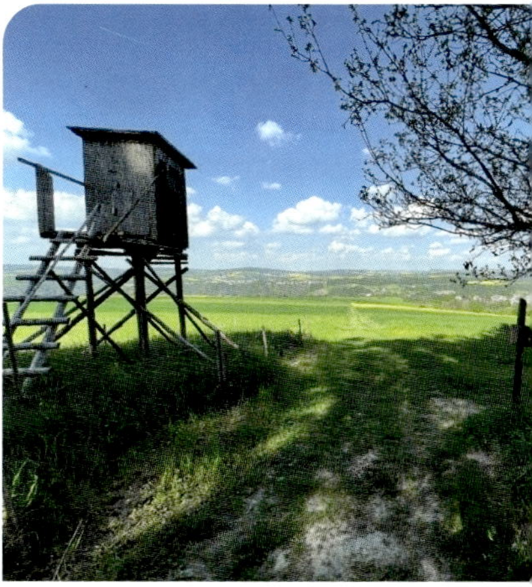

Jagdhochsitz bei Biebernheim

Das Borjer Ortsbachpädche an der Mosel

TOUR 39

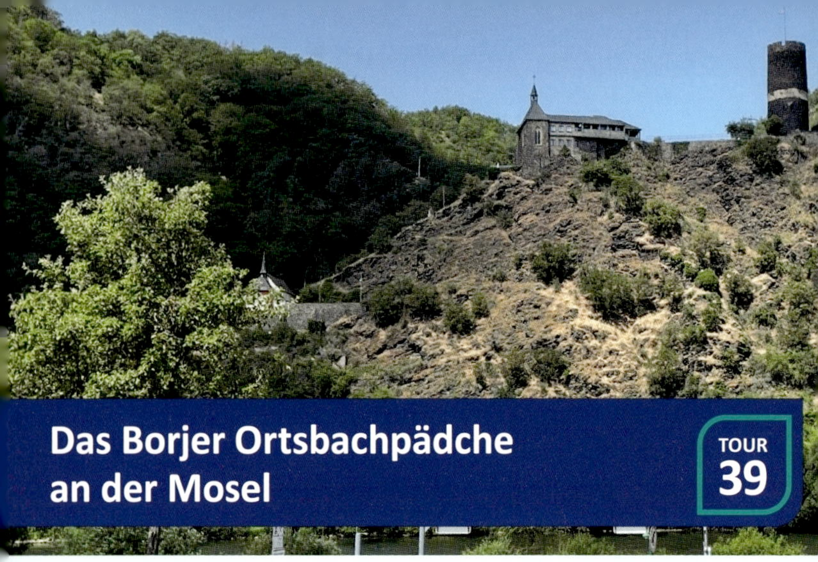

1689 zerstört und in den 1930er Jahren wieder aufgebaut – Burg Bischofstein

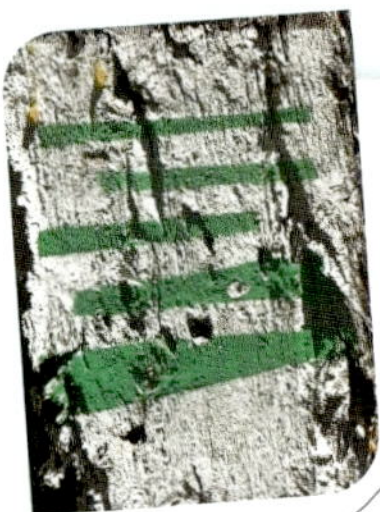

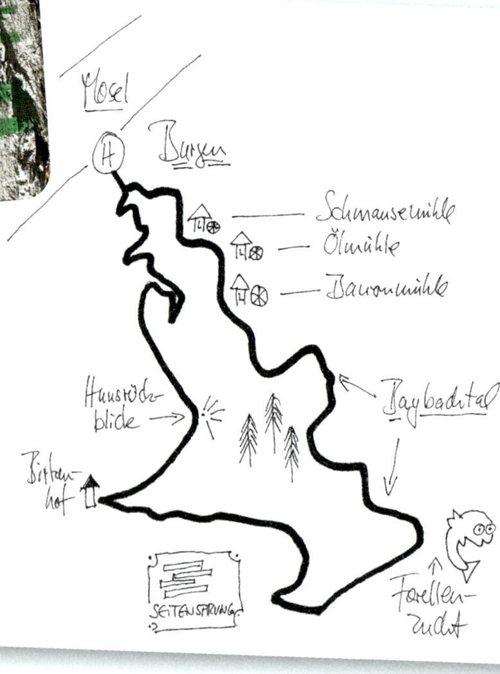

GPX-TRACK

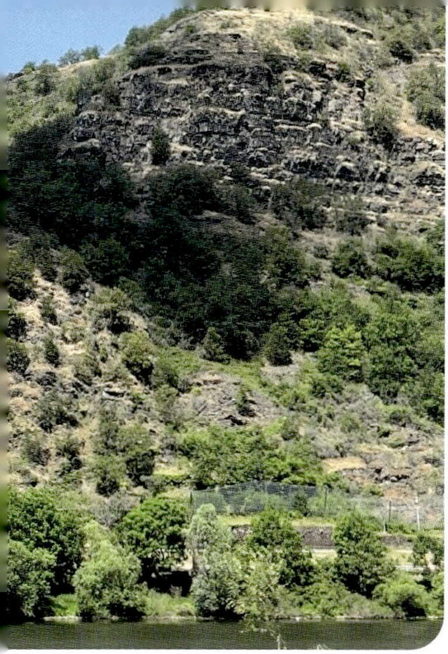

schwer

8,7 Kilometer

323 Höhenmeter

Start und Ziel:
Bushaltestelle Burgen, Marktplatz

Ein wunderschöner Premiumweg

DER WEG

Oh Mosella! Wunderschön, wieder an deinen Gestaden zu wandern! Gegenüber der Burg Bischofstein steigen wir in Burgen aus dem Bus (oder dem AST) und orientieren uns an den blauen Wegweisern des Moselsteig-Seitensprungs. Kurz gehen wir durch den schönen Ort, dann knickt der Weg links ab. Steil führt uns der Pfad den Berg hinauf, teilweise über Stufen. Schon bald wird die Steigung des Premiumwegs humaner und wir können am ersten Aussichtspunkt „Moselblick" ausruhen. Bei meiner Probewanderung waren allerdings beide (!) Bänke von einem holländischen Paar besetzt, die beiden waren in ihre Roman-Lektüre vertieft. Nun gut, schon bald wartet die nächste Schutzhütte am Wegrand. Doch die Bank-Tisch-Kombination ist – wahrscheinlich nicht immer, aber eben bei meiner Testwanderung – von einer siebenköpfigen Rentner-Truppe besetzt. Die alten Zausel haben doch tatsächlich die Füße auf dem Tisch, man glaubt es nicht. Den meiner Meinung nach schönsten Ausblick, den gibt es sowieso auf den Höhen oberhalb des Baybachtals, den sogenannten „Dörfer-Blick". Man kann den östlichen Hunsrück überblicken, bis zu den Bopparder Ortsteilen Oppenhausen und Buchholz. Eine Info-Tafel sorgt dafür, nicht den Überblick zu verlieren.

Gastrotipp 2: Weinbar Rebglück

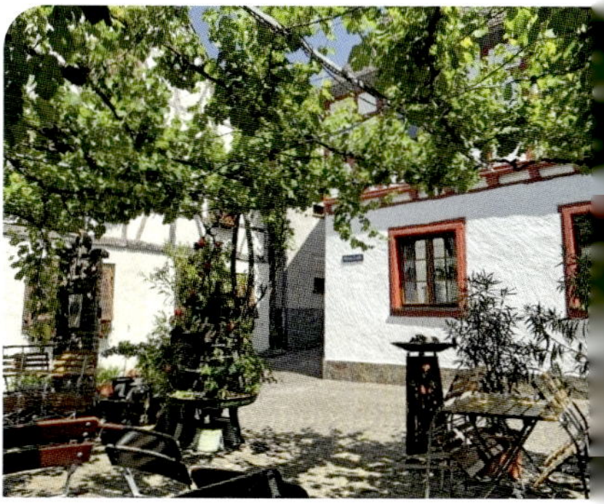

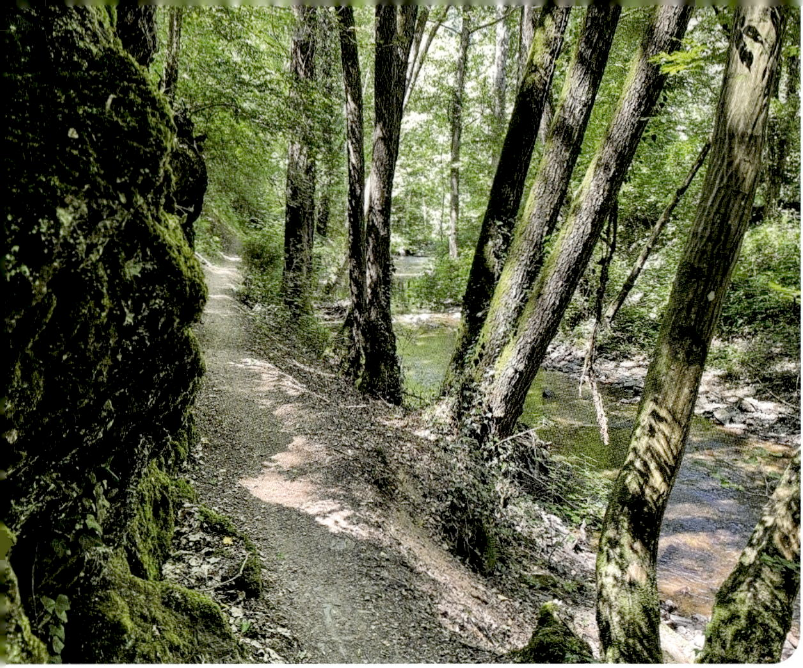

Über Stock und Stein den Baybach entlang

Auf Feldwegen wandern wir weiter und erreichen am Waldrand die sogenannte Zwergenhütte. Sind wir geschrumpft oder handelt es sich um sehr große Zwerge? Immerhin sind alle Bänke und Tische an der Hütte normal dimensioniert. Im Wald geht es schon bald wieder bergab Richtung Tal. Vorbei an der Schutzhütte Waldesruh erreichen wir auf feingeschotterten Forstwegen das Baybachtal. Ein kurzer Abstecher zum Hotel/Restaurant *Forellenzucht* ist sehr zu empfehlen, hinter dem Baybach gibt es einen Weg.

GESCHICHTE(N)

Diese Geschichte ist meiner Hinfahrt zum Borjer Ortsbachpädche gewidmet. Meine VRM-App zeigte mir eine passende Verbindung von Hatzenport nach Burgen mit dem AST (Anrufsammeltaxi) – oje, hatte ich noch nie ausprobiert. Ist das nicht schrecklich kompliziert, muss man doch vorab bestellen, ist das überhaupt zuverlässig? Um es vorwegzunehmen: Ich musste alle Vorurteile über Bord werfen, es war sensationell. Bestellen kein Problem, das Taxi überpünktlich am Bahnhof. Da sonst keine Bestellungen vorlagen, fuhren wir sofort los und ich war 10 Minuten vor Fahrplan in Burgen. Ich bin jetzt AST-Fan! Übrigens: Auch die Rückfahrt mit dem 31er-Bus Richtung Koblenz war der Knaller. Doppeldeckerbus, oben vorne gesessen und das herrliche Moselpanorama genossen!

EISENBAHNROMANTIK

Es gab tatsächlich früher einen Haltepunkt Burgen auf der gegenüberliegenden Moselseite und eine Fähre, die hinüber nach Burgen fuhr. Dieser Haltepunkt zwischen Hatzenport und Moselkern – exakt 28,76 Kilometer von Koblenz Hauptbahnhof entfernt – wurde am 28. Mai 1967 „aufgelassen". Sehr hübsches Eisenbahnerdeutsch: Man spricht bei der Schließung von einer „Auflassung", dabei wurde der Haltepunkt ja eben nicht offengelassen.

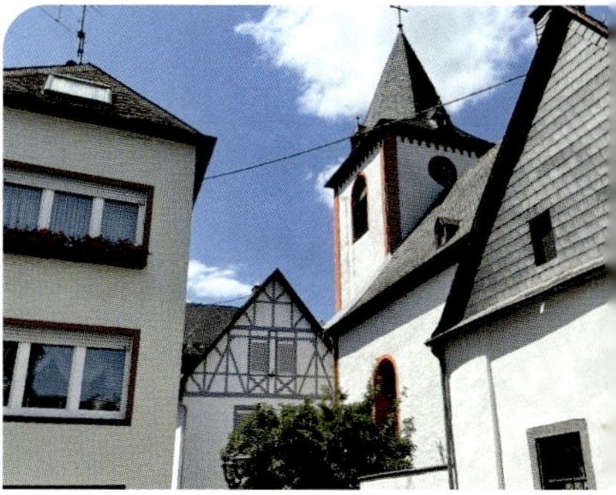
Pfarrkirche St. Sebastian in Burgen

Gestärkt kommen wir zurück zu unserem Borjer Ortsbachpädche. Zunächst geht es an einem Fußweg an der Talstraße entlang, dann auf einem Pfad. Das Finale unserer Tagestour am Baybach ist wunderschön. Teilweise verläuft der Pfad direkt am Bach entlang, vorbei an Felsen, die Waldbilder wechseln dabei häufig. Auf vielen Info-Tafeln am Wegrand werden unter anderem die Geschichte der zahlreichen Mühlen (Bauernmühle, Ölmühle, Schmausemühle) aufgearbeitet. 800 Meter vor der Mosel überqueren wir den Bach und die Landstraße und gehen eine Weile an der Straße entlang. Kurz vor

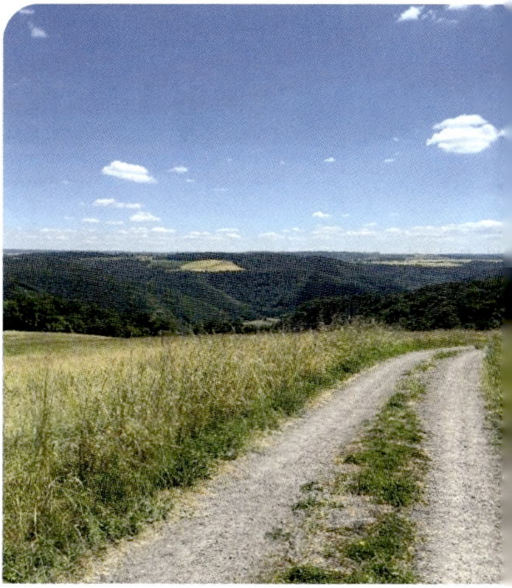
In der Nähe des „Dörferblicks"

Ende des Wegs kommt noch ein kurzer Wegabschnitt durch den Ort, ein richtiges Ortspädche, vorbei am Friedhof.

ANDRACKS GASTRO-TIPPS

Tolle Einkehrmöglichkeiten gibt es am Weg:
1. Etwas abseits, im Baybachtal, das legendäre Restaurant *Forellenzucht*. Pflicht für alle Forellen-Fans, blau oder nicht, das sollte egal sein.
2. Im Ort die herrliche Weinbar *Rebglück*. Geniale Weine, feine Snacks, wunderbare Atmosphäre. Geöffnet ab 1. Juni mittwochs bis sonntags.
3. Direkt an der Bushaltestelle: *Café Belda*. Noch schnell ein Stück Kuchen beim Warten auf den Bus. Täglich außer montags geöffnet.

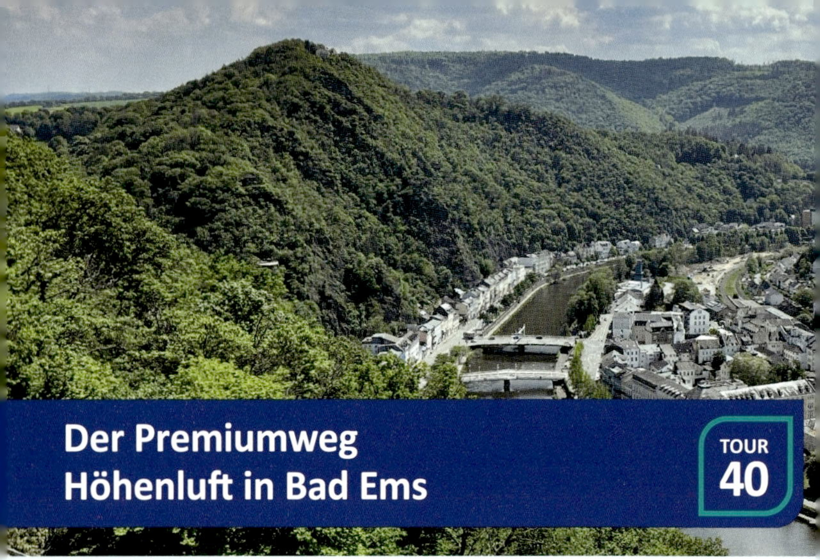

Der Premiumweg Höhenluft in Bad Ems

TOUR 40

Bad Ems an der Lahn

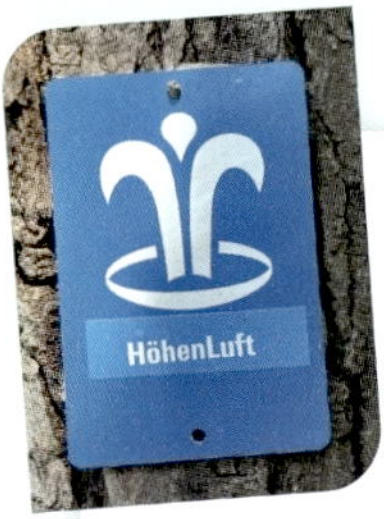

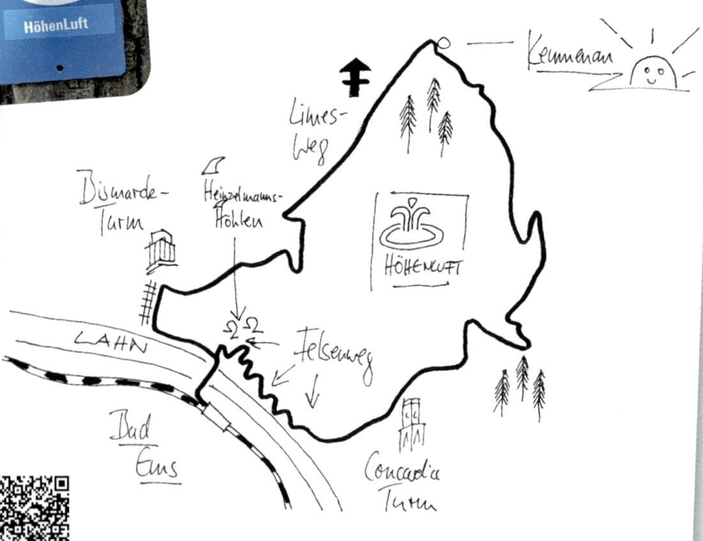

GPX-TRACK

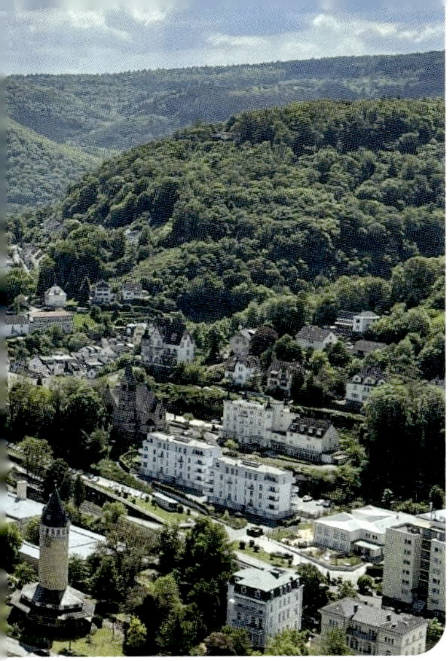

- schwer
- 9,4 Kilometer
- 431 Höhenmeter
- Start und Ziel: Bahnhof Bad Ems

Die malerischsten Felsen der Welt

DER WEG

Vom Bahnhof in Bad Ems wandern wir Richtung Lahn und gehen über die Bahnhofsbrücke. Auf der Kurpromenade promenieren wir zur Talstation der Kurwaldbahn. Alternativ können wir ab der Uferpromenade schon den Wegzeichen des Premiumwegs Richtung Bismarckturm folgen. In diesem Fall verlängert sich die Wanderstrecke um 2,3 Kilometer. Wir fahren bequem mit der Standseilbahn zum Bismarckturm. Dieser Bismarckturm erinnert an eine Raketen-Abschuss-Station und ist nach dem Musterentwurf des Modells „Götterdämmerung" gebaut worden. Das heißt, dass dieses Modell insgesamt an 46 anderen Orten in Deutschland errichtet wurde.

Ausgehend von der Bismarckhöhe wandern wir durch die Wälder im Hinter-

Aussicht von der Bäderlei auf Bad Ems

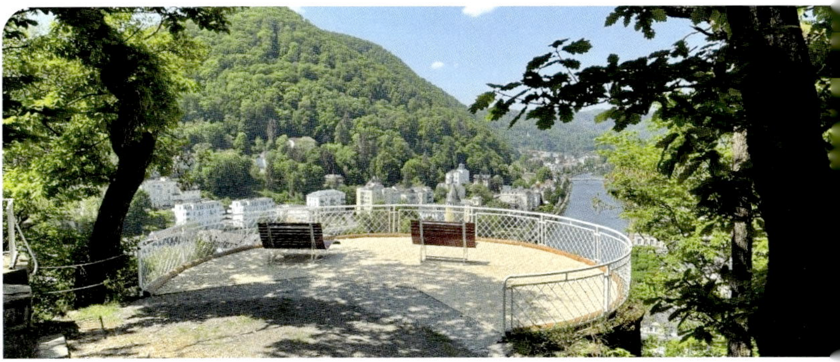

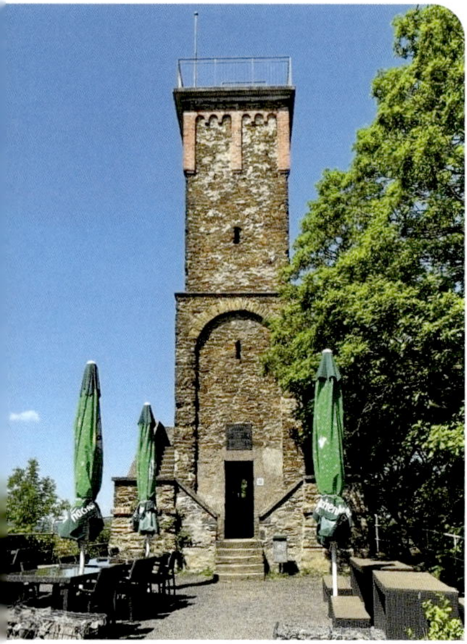

Aussichtspunkt Concordiaturm

EISENBAHNROMANTIK

Wenn ihr mit dem Zug in Bad Ems ankommt, dann fühlt euch doch bitte hoheitlich empfangen, der rote Teppich ist quasi ausgerollt. Denn Bad Ems war ein Fürstenbahnhof. Eigentlich logisch, denn die Oberhäupter Europas, russische Zaren und deutsche Kaiser, haben ja nicht auf dem zugigen Bahnsteig gewartet, bis die Regionalbahn nach Koblenz einrollte. Nein, für die feinen Herren wurden – so wie in Bad Ems – separate Bahnhofsanbauten errichtet, die sogenannten Fürstenzimmer. Und dort wartete man dann, bis der Zug mit dem Salonwagen nach St. Petersburg bereitgestellt wurde.

land von Bad Ems und steigen langsam, aber merklich in die Höhe. Teilweise verläuft unser Weg parallel zum Limeswanderweg, der mit einem stilisierten schwarzen Römerturm gezeichnet ist. Bad Ems war nicht nur ein legendäres europäisches Kurbad, sondern auch der Ort, an dem der römische Grenzwall Limes die Lahn überquerte. Nach einer Weile haben wir in ungefähr 400 Metern Höhe den Ort Kemmenau erreicht, den höchsten Punkt unserer Wanderrunde. Wir durchqueren Kemmenau, der Ort wird auch als „Sonnenterrasse über dem Lahntal" bezeichnet. Dann tauchen wir wieder ein in dichte Mischwälder und wandern am Rahmberg vorbei hinunter in ein Tälchen mit vielen Weiden. Wir überqueren den Odenbach und gehen auf der anderen Tal-Seite hoch Richtung Concordiaturm. Dort können wir einkehren (siehe Gastro-Tipp) und dann das absolute Highlight unserer Wandertour erleben. Wir

ANDRACKS GASTRO-TIPPS

Bevor man wieder über Baedekers Felsenweg ins Tal wandert, kann man von Freitag bis Sonntag ganztägig im *Restaurant des Concordia-Turms* einkehren. Passend zur Lokalität empfehle ich von der Speisekarte die Concordia-Pfanne, die in trauter Eintracht Schweinefilet und Roastbeefstreifen vereint. Der Concordiaturm wurde 1901 gebaut, quasi zeitgleich und als Pendant zum Bismarckturm in unmittelbarer Nähe. Auf der Aussichtsplattform des Turms kann man vor oder nach der Einkehr die Höhenluft von Bad Ems schnuppern.

GESCHICHTE(N)

Die Emser Pastillen sind weltberühmt. Schon die Römer schätzten das salzhaltige Thermalwasser von der Lahn. Anfang des 19. Jahrhunderts entdeckte man, dass eine Inhalation des Emser Wassers Atemwegsbeschwerden lindert. Nach der Inhalation blieb Salz als Extrakt zurück. 1858 kamen ein Kurarzt, ein Apotheker und ein Hausverwalter (!) auf die Idee, das Emser Salz in Pastillen zu pressen. Seitdem kann man sich gesund lutschen.

gehen den spektakulären Baedekers Felsenweg hinunter. Der Pfad wurde vor über 200 Jahren für Reitesel erbaut, damals war man noch etwas bequem und nicht so gut zu Fuß. Da der Felsenweg schon 1846 im Reiseführer Baedeker erwähnt wurde, trägt er seitdem dessen Namen. Der russische Schriftsteller Fjodor Dostojewski schrieb 1874 über seinen Kuraufenthalt in Bad Ems: „Das Städtchen Ems liegt in einer tiefen Schlucht zwischen bewaldeten Hügeln. An Felsen, die malerischsten der Welt, lehnt sich das Städtchen." Diese malerischsten Felsen der Welt genießen wir beim Weg hinab in den Kurort ebenso wie die zahlreichen fantastischen Ausblicke ins Lahntal, zum Beispiel von der trutzigen Mooshütte. Schließlich können wir noch die mythischen Heinzelmannshöhlen bestaunen. Wie diese Höhlen entstanden, möchte ich an dieser Stelle nicht verraten, das sollte man sich schon selber anschauen. Wir erreichen schließlich durch ein Parkhaus (ziemlich schreckliches Treppenhaus) wieder die Kurpromenade und den Bahnhof von Bad Ems.

Stetes Heinzelmännchen höhlt den Stein

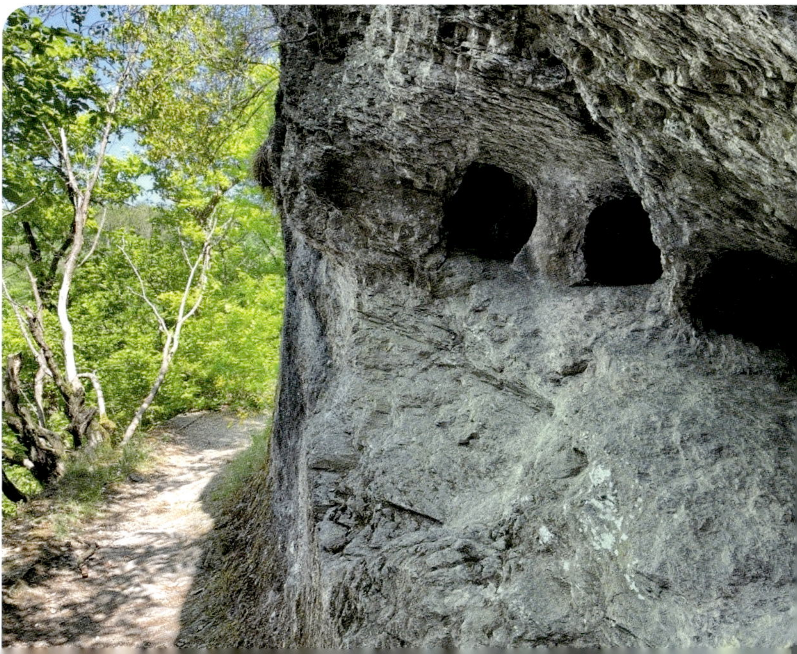

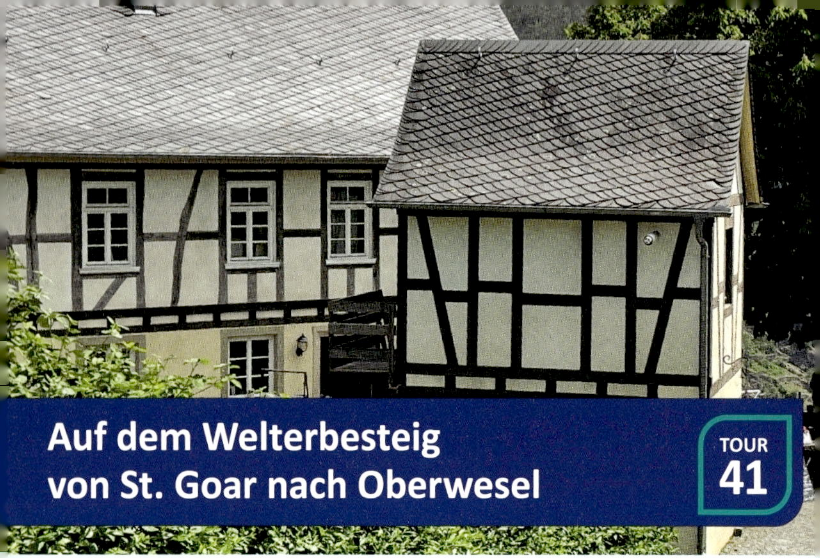

Auf dem Welterbesteig von St. Goar nach Oberwesel

TOUR 41

Filmhaus „Heimat 3“ – das Günderodehaus

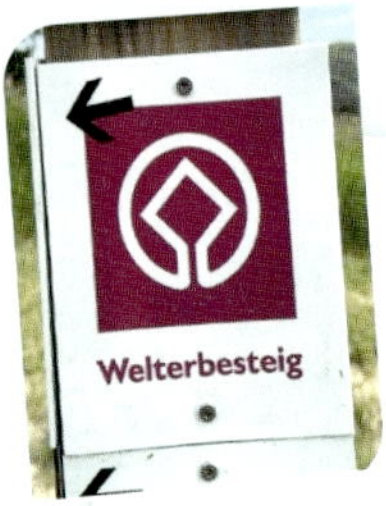

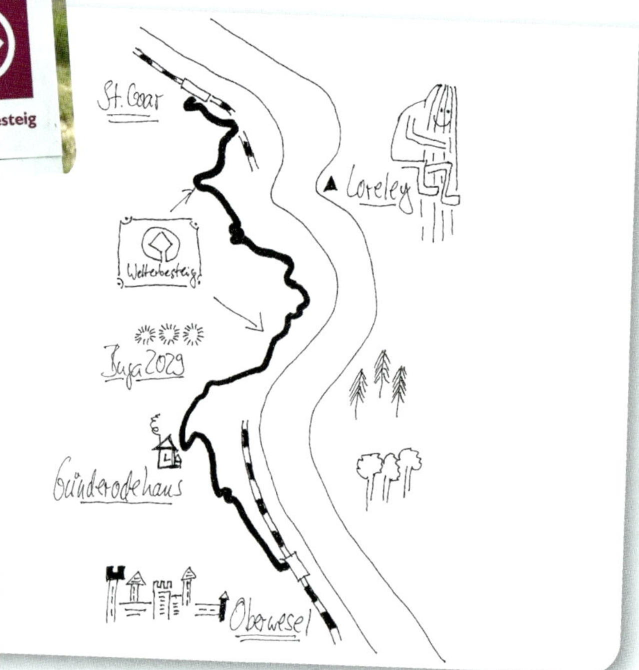

GPX-TRACK

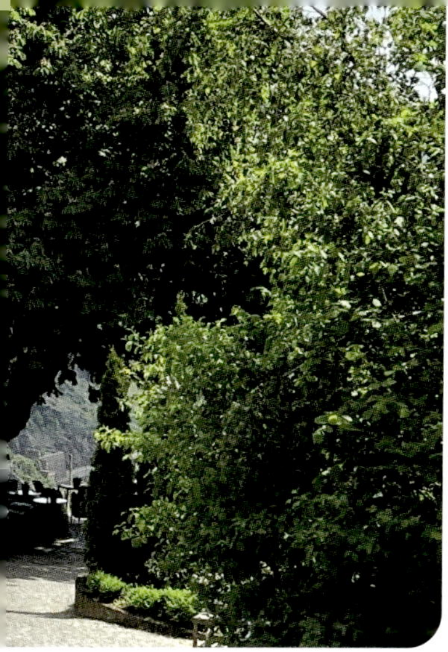

schwer

9,5 Kilometer

323 Höhenmeter

Start:
Bahnhof St. Goar
Ziel:
Bahnhof Oberwesel

Die Loreley immer im Blick

DER WEG

Vom Bahnhof in St. Goar gehen wir links und durch die Unterführung. Schon früh sehen wir die violette Markierung des Welterbesteigs. Es geht einige Stufen bergan mit dem ersten tollen Rheinblick, dann einige Serpentinen hinauf – Hauptsache schön langsam gehen, man sollte sich immer noch unterhalten können (auch Selbstgespräche sind erlaubt). Erstaunlich schnell erreichen wir das Flachplateau oberhalb des Rheins. Die ersten Ausblicke auf Burg Katz sind phänomenal. Burg Katz hat ihren Namen von den Herren von Katzenelnbogen, die dereinst dort Burgherren waren. In einiger Entfernung hat sich die Maus als Burg Maus versteckt. Darum (unter anderem) ist es am Rhein so schön.

Wir gehen über einen Wiesenweg, durchqueren auf schmalen Pfaden Kerbtäler – das sind die Bachtäler, die wie Kerben in die Landschaft Richtung

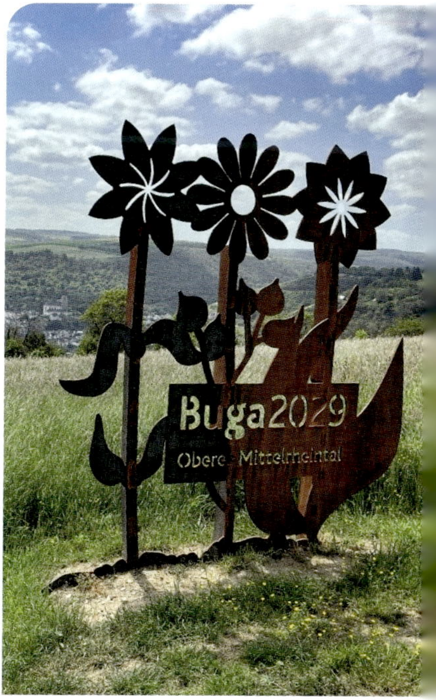

2029 – Bundesgartenschau im Mittelrheintal

GESCHICHTE(N)

2006 war ich auf Einladung des Goethe-Instituts in China. In Nanjing (eine chinesische Kleinstadt mit 6,5 Millionen Einwohnern in der Nähe von Shanghai) durfte ich an der Uni über meine Wanderabenteuer an der Loreley vorlesen. Ich fragte die chinesischen Studenten, ob sie die Loreley kennen. Der ganze, wirklich der ganze Saal mit 150 Studenten fing an zu singen:

Ich weiß nicht, was soll es bedeuten,
dass ich so traurig bin.
Ein Märchen aus uralten Zeiten,
das kommt mir nicht aus dem Sinn.

Die chinesischen Studenten kannten wirklich alle Strophen!

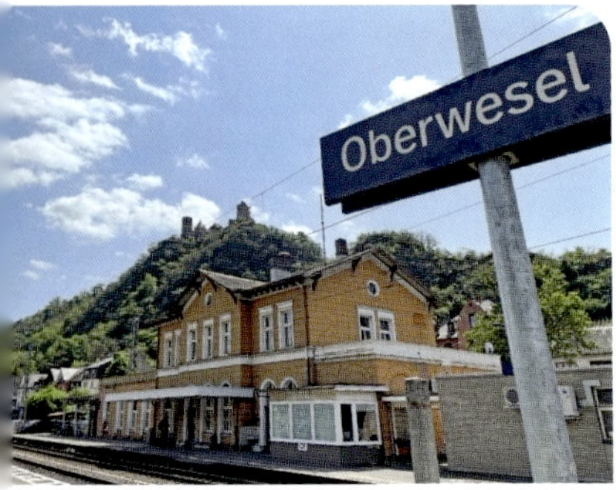

Bahnhof Oberwesel

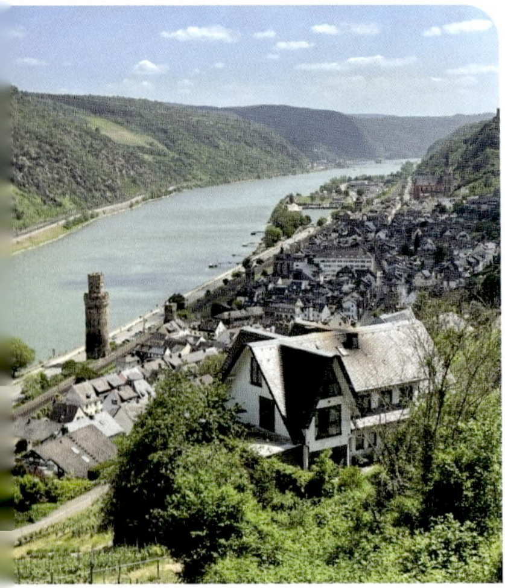

Blick über Oberwesel und den Ochsenturm

Rhein schneiden. Schließlich kommen wir an den Aussichtspunkt von Urbar gegenüber der Loreley. Viele Wanderer denken, man könne den mythischen Felsen am besten auf dem rechtsrheinischen Rheinsteig erleben. Weit gefehlt! Das komplette Loreley-Erlebnis gibt es nur auf der gegenüberliegenden, also auf „unserer" Seite, auf dem Welterbesteig. Die Aussichten auf die Loreley lassen uns eine Weile nicht los, werden aber schon bald von Weinbergen und einer Sicht auf Oberwesel abgelöst.

EISENBAHNROMANTIK

Der Bahnhof von Oberwesel kann auf eine sehr lange Geschichte zurückblicken. 1859 – vor über 160 Jahren – wurde das Bahnhofsgebäude gebaut. 1907 wurde der Bahnhof erweitert. Es entstand ein Wartesaal für die 3. Klasse (wichtig für die Seele), ein Raum für den Fahrdienstleiter (wichtig für die Sicherheit) und ein Bahnhofsrestaurant (wichtig für Leib und Seele). 1927 wurde ein Toilettengebäude (wichtig für – ihr wisst schon) gebaut und 2004 wieder abgerissen.

ANDRACKS GASTRO-TIPPS

Die urige Gastronomie *Günderodehaus* mit dem herrlichen Blick aufs Rheintal ist ein „Fake-Haus". Edgar Reitz ließ für seine Serie „Heimat 3" die Überreste eines alten Fachwerkhauses an den Rhein verfrachten, wo es wiederaufgebaut wurde. Ein Haus „to go". Eigentlich eine gute Idee, denn im Hunsrückdorf Seibersbach hätte es bestimmt nicht diese Landschaftskulisse gegeben. Das Haus ist nach der romantischen Dichterin Carolin von Günderode benannt, die sich wegen einer unglücklichen Liebe an den Gestaden des Rheins mit einem Dolch entleibte.

Unübersehbar erinnert uns eine kunstvoll rostig gestaltete Stahlplatte daran, dass 2029 im Mittelrheintal die Bundesgartenschau stattfindet. Save the date! Witzig ist der sogenannte Trollweg. Die Trolle sind originell gestaltete Metall-Burschen, die am Wegesrand stehen und sitzen. Oberhalb von Oberwesel erreichen wir das bezaubernde *Günderodehaus* (siehe Gastro-Tipp). Dort können wir Heimat pur genießen – die Ausblicke, das Essen, den Wein, das Heimat-Ambiente der Reitz-Filme – herrlich! Vom *Günderodehaus* steigen wir steil hinab zum Rhein und folgen dann unserer Markierung nach Oberwesel, der Stadt der Türme und des Weins. Gut, dass wir mit dem Zug fahren, um Türme und vor allem den Wein in vollen Zügen genießen zu können.

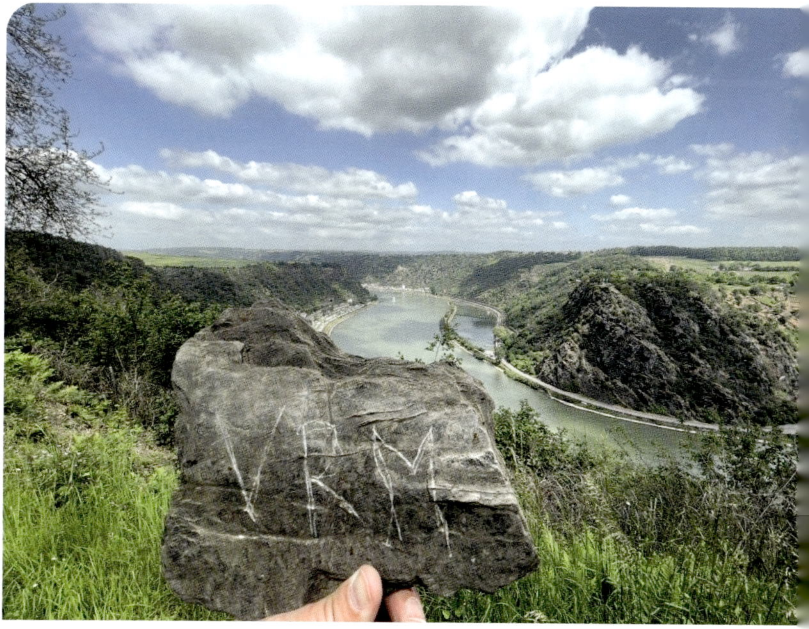

Mit dem VRM zu atemberaubenden Landschaften

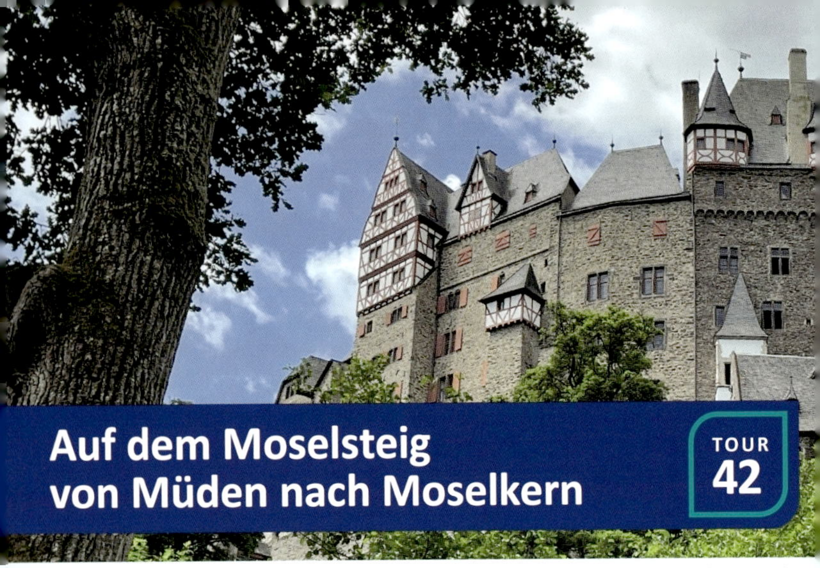

Auf dem Moselsteig von Müden nach Moselkern

TOUR 42

Die märchenhafte Burg Eltz

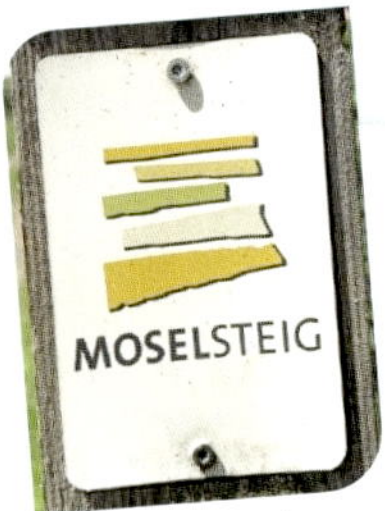

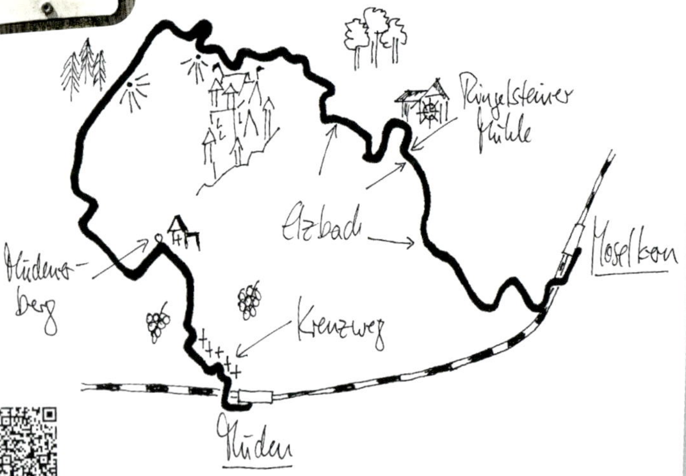

GPX-TRACK

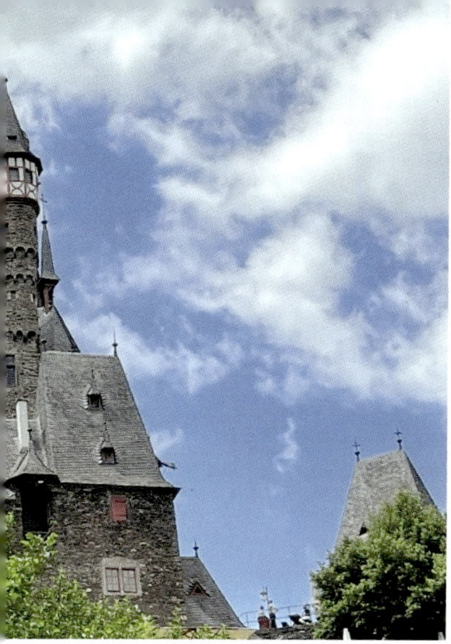

schwer

9,6 Kilometer

292 Höhenmeter

Start:
Bahnhof Müden (Mosel)
Ziel:
Bahnhof Moselkern

Die schönste Burg Deutschlands

DER WEG

Wir starten am Bahnhof von Müden und gehen durch die schmalen Gassen des Weinorts. Wir folgen den braun-weißen Markierungen der Moselsteig-Zuwegung durch den Ort. An einer kleinen Kapelle geht es steil bergauf. Wir wandern durch die Weinberge und folgen gleichzeitig einem Kreuzweg.

Am nächsten größeren Querweg treffen wir auf den „richtigen" Moselsteig mit seinen blauen Wegweisern. An dieser Stelle lohnt es sich sehr, einen Blick zurück auf die geniale Mosellandschaft zu werfen. Denn nun geht es hinein auf einem schönen Weg in den Wald, weiter bergan, bis wir Müdenerberg erreicht haben. In dem Ort wenden wir uns links auf einen Feldweg, der nicht wie gewohnt markiert ist. Auf einer gesonderten Hinweistafel im Ort wird aber der Wegverlauf genau erklärt. Ich vertraue darauf, dass ihr euch nicht verlauft.

Wir verlassen schließlich die Felder oberhalb der Mosel und gehen in einem Wald leicht bergab, vorbei an einem Forsthaus. Auf dem folgenden Wegabschnitt solltet ihr immer wieder nach rechts schauen. Etwas abseits vom Weg eröffnet sich nämlich rechter Hand die erste Aussicht auf Burg Eltz, umgeben von grünen Wäldern. Weiter geht es bergab, kurz vor dem Tal auf einem sensationellen Gratweg.

Wir überqueren das erste Mal den Elzbach und erreichen schon bald einen mächtigen Schieferfelsen an einer Linkskurve. Genießt diesen Moment, denn wenn man um diesen Felsen herumgeht, hebt sich der Vorhang und – tata! Die Burg Eltz zeigt sich überraschend nah von ihrer schönsten Seite. Meiner Meinung nach ist das die schönste Burg Deutschlands. Die Eltz'sche Burg verfügt über acht Wohntürme, die bis

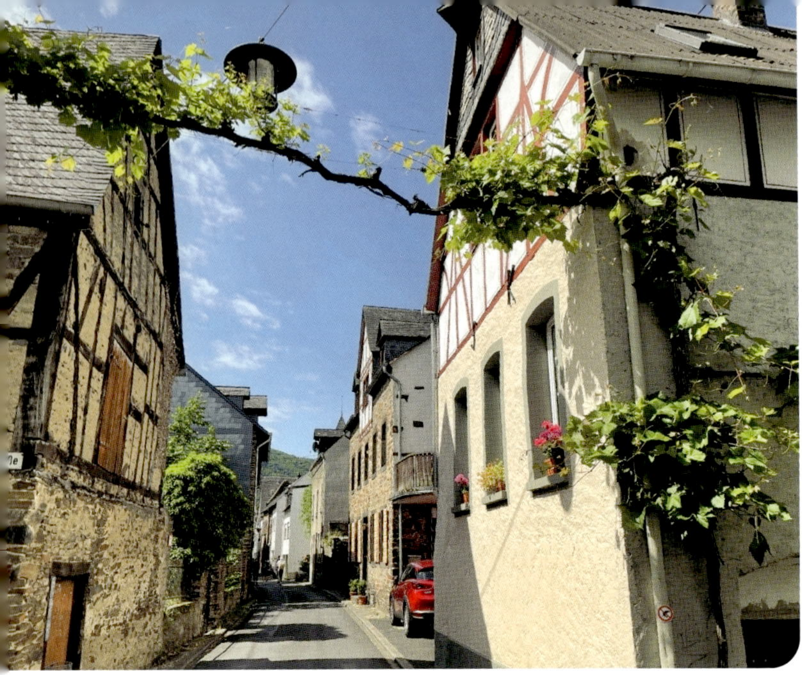

Im Ortskern von Müden

GESCHICHTE(N)

Der Besitzer der Burg Eltz ist ein Nachfahre der ursprünglichen Eigentümer, die seit 800 Jahren die traumhafte Burg bewohnen. Sein Name ist Karl Graf und Edler Herr von und zu Eltz-Kempenich, genannt Faust von Stromberg. Die Wappen der Eltz-Kempenichs und der Fausts von Stromberg sind vereint. Die Geschichte zur Herkunft des Namens „Faust“ geht so: Der ursprüngliche Stromberg stritt sich mit seinem Lehnsherren wegen eines Schachspiels. Wahrscheinlich hatte der Lehnsherr gemogelt, vermute ich. Da schlug ihn der Stromberg mit der Faust. Zur Strafe (!) verfügte der Kaiser, dass der Wüterich (und seine Nachfahren) den Namen Faust tragen und das Schachspiel im Wappen führen müssen.

zu 35 Meter hoch sind. Warum so viele Wohntürme? Nun, Burgenfachleute sprechen von einer Ganerbenburg. Immer, wenn sich im Mittelalter das Geschlecht der Eltz'schen Edelleute durch Erbschaft teilte, hat die neue Generation einen separaten Turm gebaut. Eine Art Hochhaussiedlung für Adlige auf kleinstem Raum, auf dem Bergsporn oberhalb des Elzbachs.

Für kurze Zeit wird es sehr voll, denn ein Shuttle-Bus bringt zahlreiche Gäste zur Burg. Die neue Linie 365 verkehrt übrigens zwischen der Burg Eltz und Hatzenport, wo man Anschluss an die Bahn hat. Nach den Burg-Besichtigungen ge-

ANDRACKS GASTRO-TIPPS

Freitag bis Sonntag kann man in der *Ringelsteiner Mühle* kurz vor Moselkern einkehren. Die Gastronomie in der Burg Eltz ist nur bedingt zu empfehlen. Erstens liegt sie hinter der Bezahlschranke, zweitens muss man (zumal an Wochenenden und Feiertagen) in der Schlange stehend (Selbstbedienung!) Wartezeiten von 30–45 Minuten einplanen.

hen wir an der Burgmauer hinunter zum Elzbach, den wir auf einer Brücke überqueren. Wer denkt, dass diese Tour keine Highlights mehr hat, irrt. Denn der Weg oberhalb des Elzbachs ist wunderschön, mit schmalen, felsigen Pfaden. Hinter der Ringelsteiner Mühle überqueren wir ein letztes Mal den Elzbach und sagen einigen Lamas „Hallo". Wir gehen auf der Moselsteig-Zuwegung auf einem naturnahen Weg links des Bachs, an einer Steinbrücke wechseln wir dann auf die Straße, die uns zur Mosel führt. Nach der Unterquerung der Moselstrecke wenden wir uns links und gehen durch Moselkern bis zum Friedhof, der an den Bahnhof angrenzt.

EISENBAHNROMANTIK

Was für ein Glück, dass wir so bequem mit der Regionalbahn an der Mosel nach Müden und Moselkern fahren können. Selbstverständlich ist das nicht, denn vor dem Baubeginn 1874 gab es Anfang der 1860er Jahre Pläne, die Verbindung von Koblenz nach Trier über die Eifel (Koblenz – Weißenthurm – Mayen – Monreal – Ulmen – Daun – Manderscheid – Quint – Ehrang – Trier) zu führen. Schön, dass dann doch anders entschieden wurde, sonst müssten wir nach Müden und Moselkern mit dem Schiff fahren.

Blick aus den Weinlagen auf Müden und Mosel

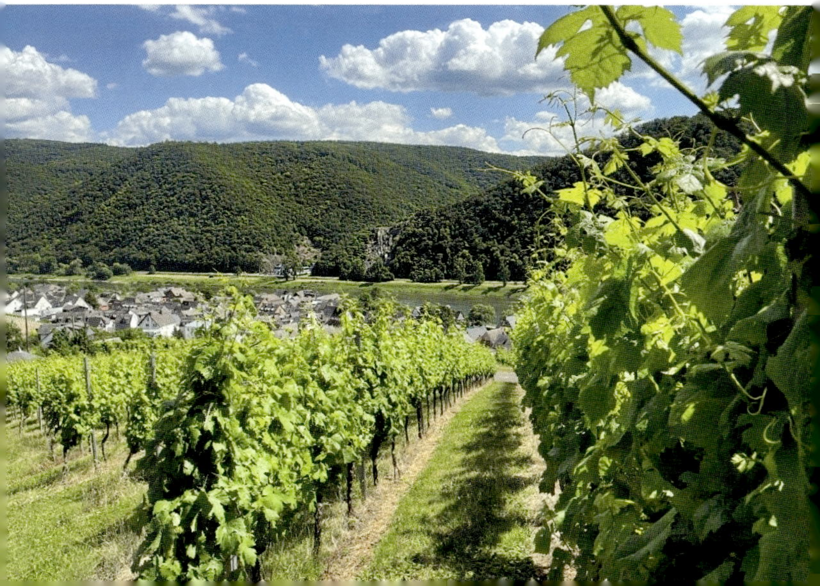

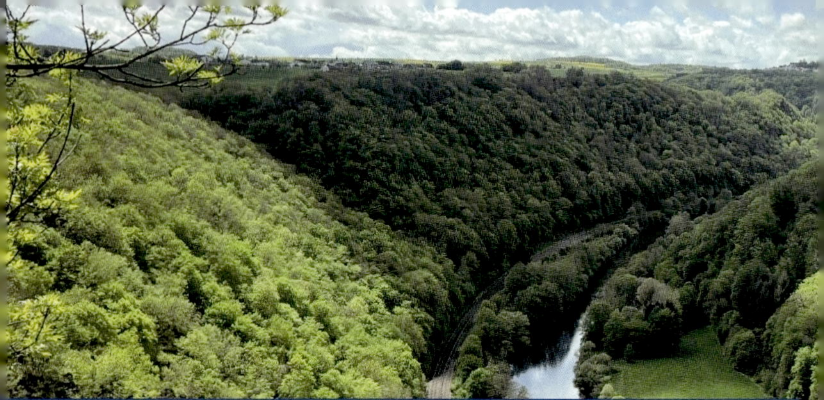

Auf dem Lahnwanderweg von Laurenburg nach Balduinstein

TOUR 43

Blick ins Lahntal

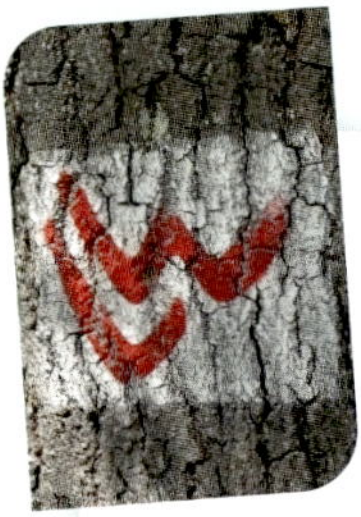

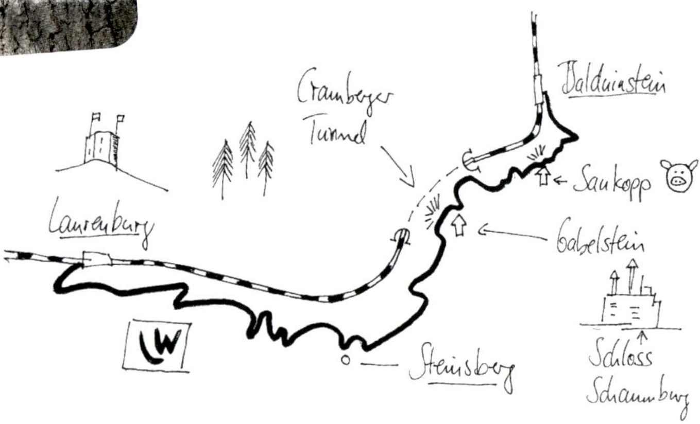

GPX-TRACK

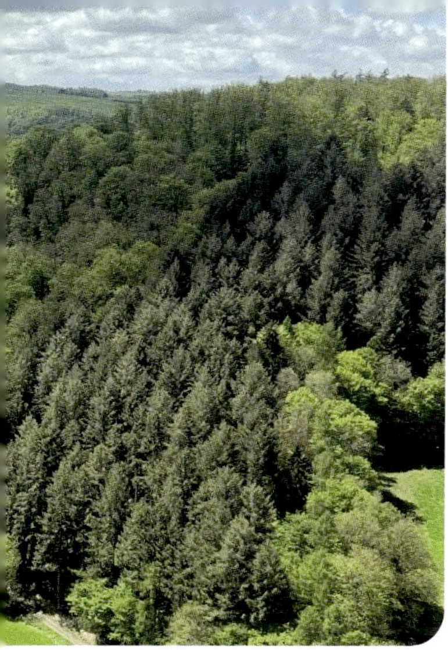

schwer

9,8 Kilometer

412 Höhenmeter

Start:
Bahnhof Laurenburg
Ziel:
Bahnhof Balduinstein

Saukopp, Lahnblicke und 300 Weine zur Belohnung

DER WEG

Am Bahnhof in Laurenburg genießen wir zunächst den tollen Blick auf die Burg Laurenburg mit dem charakteristischen fünfeckigen Burgturm. An der Bahnhofstraße haben wir schon den Lahnwanderweg erreicht und gehen linker Hand den Berg hinauf.
Der Lahnwanderweg ist ein insgesamt 295 Kilometer langer Weitwanderweg, der von der Quelle der Lahn in Nordrhein-Westfalen über Marburg, Gießen, Wetzlar, Limburg und Bad Ems bis zur Mündung in den Rhein bei Lahnstein verläuft. Wir folgen unserem Weg in Hanghalblage und unseren Markierungen – geschwungenes rotes „L“ und „W“ auf weißem Untergrund.
Wir queren zweimal eine Kreisstraße und gehen auf schmalen Pfaden hinab ins Rupbachtal. Über die Brücke und direkt auf der anderen Straßenseite wieder hinauf Richtung Steinsberg, einer Ortschaft auf dem Hochplateau oberhalb der Lahn. Auf einem herrlichen Grasweg wandern wir leicht bergab, am Horizont scheint das Schloss Schaumburg über den Wiesen und Feldern zu schweben. Wir queren über eine Holzbrücke den Hellbach und haben schon bald über einen kurzen Abstecher die Aussichtshütte Gabelstein erreicht. Die Blicke ins Lahntal sind gigantisch – Natur pur, kein störender Autoverkehr, nur Wälder, Auenwiesen, die Lahn und die Bahnstrecke. Wir gehen weiter, verlassen die Wälder des Naturschutzgebiets Gabelstein-Hölloch und wandern über sehr schöne Feldwege. Die Zeit scheint hier stehengeblieben zu sein.
Wieder im Wald geht es stetig bergan, eine letzte Steigung auf die Anhöhe, und dann: Saukopp! Nein, nein, ich möchte niemanden beleidigen. Aber die Berganhöhe oberhalb von Baldu-

ANDRACKS GASTRO-TIPPS

In Balduinstein kann ich das *Landhotel zum Bären* empfehlen. Auf einer gemütlichen Terrasse kann man unter altem Platanenbestand exquisite Speisen verzehren und einen guten Tropfen aus der umfangreichen Weinkarte (300 Weine!) auswählen. Eine etwas rustikalere Einkehrmöglichkeit gibt es an der *Imbissbude* des Bootverleihs direkt hinter dem Bahnhof von Balduinstein. Die Spezialität ist eine herzhafte Wildbratwurst. Und vielleicht habt ihr ja auch noch Lust auf eine kleine Bootstour auf der Lahn.

instein heißt nun mal: Saukopp. Und ein gleichnamiger Aussichts-Pavillon ermöglicht wieder spektakuläre Blicke ins Lahntal. Übrigens ist auch Goethe 1772 die Lahn entlanggewandert, auch am Saukopp wird er gewesen sein. Der Dichter fand es an der Lahn „zum Sterben schön". Lieber Johann Wolfgang, das ist doch eine falsche Metapher, das würde jeder Deutschlehrer rot anstreichen. Wenn man ins Lahntal blickt, denkt man doch eher an das pralle Leben und nicht an den Tod! Nachdem wir am Saukopp verschnauft haben, geht es Richtung Balduinstein auf schmalen Wegen nur noch bergab. Ein Schild an einem Baum verrät uns, dass wir „Ober den Häuser" gehen. Das kann man sehen, wir gehen oberhalb an Hausgärten vorbei, die die

Blick auf Laurenburg im Lahntal

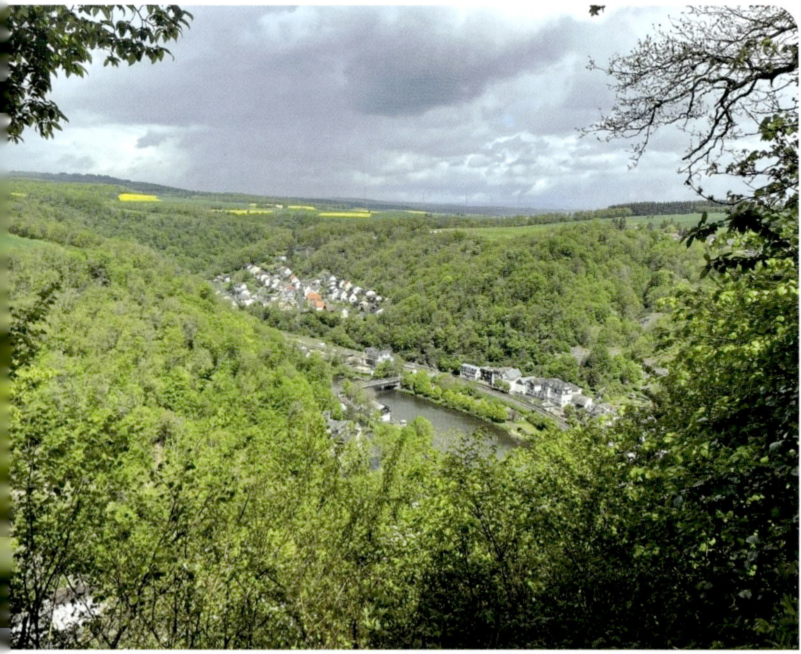

Besitzer dem Berg abgerungen haben. Über viele Treppenstufen geht es ins Dorf hinunter, an der Pfarrkirche erreichen wir die Hauptstraße mit Blick auf die Burgruine Balduinstein. Namensgeber von Burg und Ort ist der ehrgeizige Trierer Kurfürst Balduin aus dem Geschlecht der Luxemburger. In Balduinstein endet unsere tolle Wandertour an der Lahn!

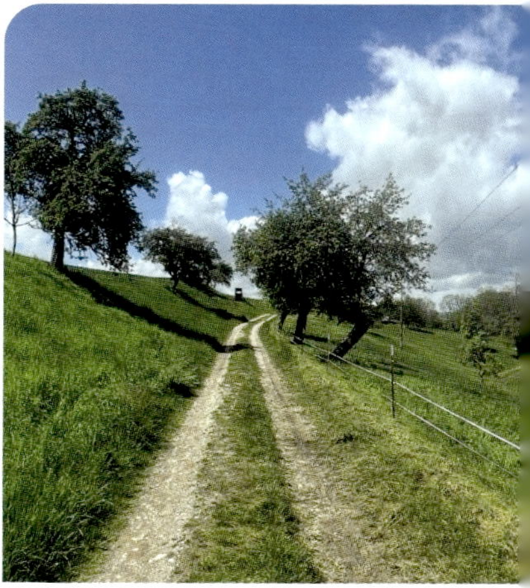

EISENBAHNROMANTIK

Die Lahntalstrecke ist nicht nur landschaftlich wunderschön, sondern war für die Eisenbahningenieure des 19. Jahrhunderts eine besondere Herausforderung. Insgesamt 18 Tunnel (unter anderem der Cramberger Tunnel, durch den wir zwischen Balduinstein und Laurenburg fahren) mit einer Gesamtlänge von sechs Kilometern liegen an der Strecke. Die Lahntalbahn war Teil der militärisch geplanten Kanonenbahn von Berlin nach Metz und wurde daher schon früh zweispurig ausgebaut. Die Strecke blieb aber nicht-elektrifiziert, weil die Tunnelbauten zu niedrig für die Strommasten gebaut wurden.

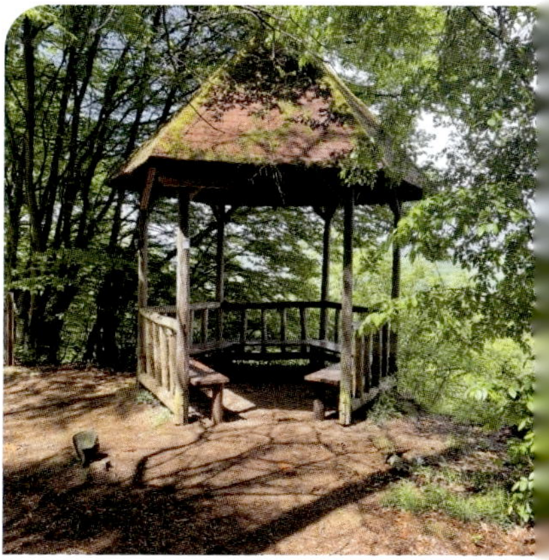

Saukopp-Aussichtspavillon über dem Lahntal

GESCHICHTE(N)

In vino veritas – das war der Plan von Kurfürst Balduin. Die Geschichte geht so: Balduin fand es an der Lahn so schön, dass er 1319 Burg Balduinstein baute. Ihm gehörte allerdings nicht das Grundstück, er baute quasi ohne Baugenehmigung. Das Land gehörte nämlich dem Grafen von Westerburg, der wegen der illegalen Burg Balduinstein mächtig sauer auf ihren Namensgeber war. Doch dieser lud den Grafen zum Richtfest ein und füllte ihn mit Wein ab. Am nächsten Tag (wahrscheinlich hatte der Graf noch einen schnurrenden Kater) stand der Deal. Balduin kaufte dem Grafen das Land rund um die Burg ab und legte dort einen Weinberg an, dessen Ertrag dem Grafen zugutekommen sollte.

Auf dem Natursteig Sieg von Alsdorf nach Kirchen (Sieg)

TOUR 44

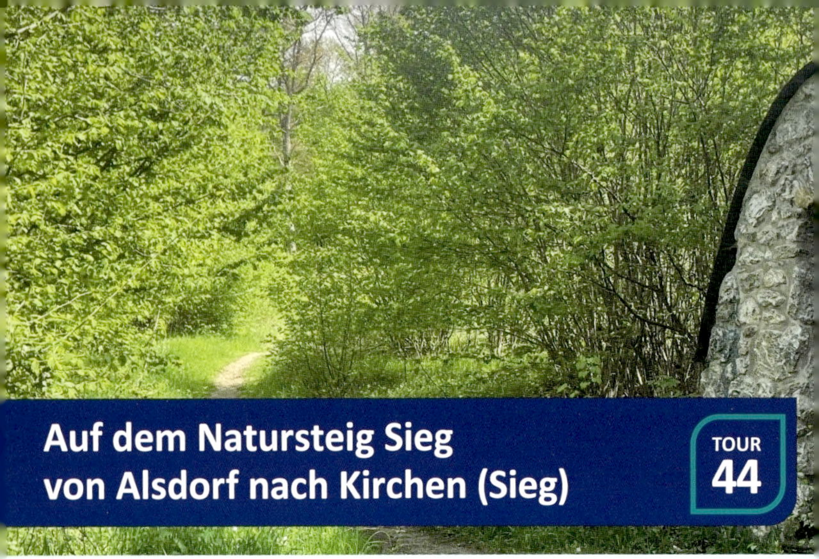

Historischer Kreuzweg zum Druidenstein

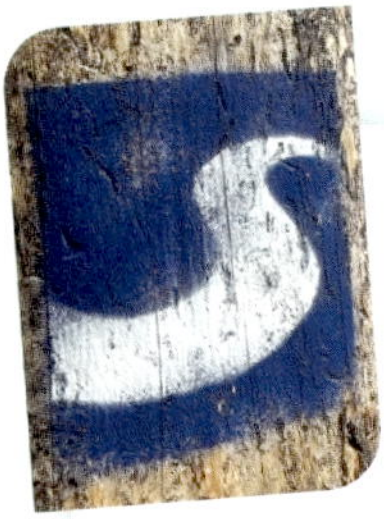

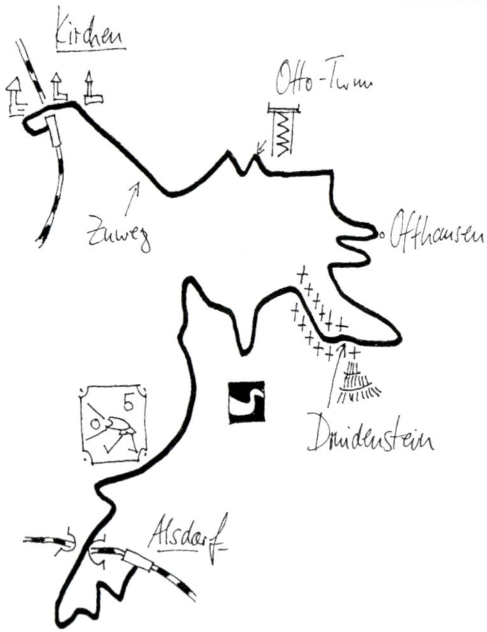

GPX-TRACK

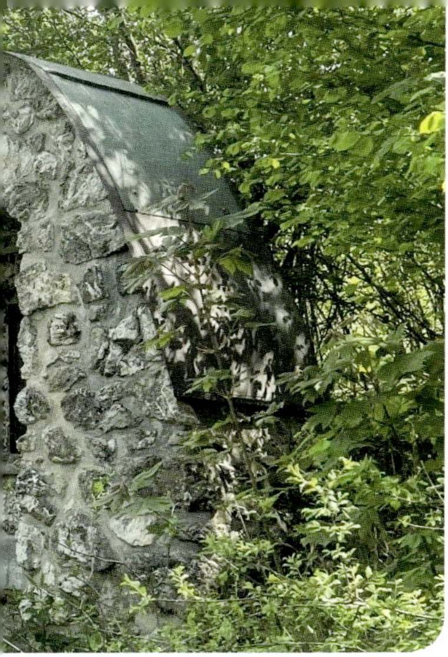

schwer

8,4 Kilometer und 2,5 km Zuwege

333 Höhenmeter

Start:
Bahnhof Alsdorf (Westerwald)
Ziel:
Bahnhof Kirchen (Sieg)

Ein wahrhaftiger Druidenstein!

DER WEG

Am Haltepunkt Alsdorf sehen wir eine Übersichtskarte des Natursteigs Sieg. Die Betonung unserer Wandertour liegt auf „Natur", die Sieg werden wir nämlich nicht sehen. Wir folgen den gelb-orangen Markierungen durch ein kleines Industriegebiet. Nach 500 Metern haben wir den Natursteig Sieg mit seinen blauen Wegweisern und Markierungen erreicht.

Wir wenden uns rechts und wandern über die Heller. Es geht einmal um die Kirche herum, dann am Friedhof bergan und weiter auf unserem Natursteig. Wir wandern auf dem Grat eines Bergrückens und gehen hinunter in das Imhäuser Tal. Über den Imhäuser Bach links hoch und dann in einem scharfen Rechtsknick weiter. Wir befinden uns nun anscheinend auf einem in die Jahre gekommenen Trimm-Dich-Pfad – eine blaue Tafel fordert uns zu Rumpfbeugen auf. Nun, wer noch so weit runterkommt, dem wünsche ich viel Spaß dabei.

Wir gehen ungefähr zwei Kilometer durch das Imhäuser Tal, dann führt uns die blaue Markierung einen Hang rechter Hand hinauf. Nachdem man nach einigen Richtungswechseln denkt, man hätte den Berg bezwungen, kommen wir an die erste Station eines Kreuzwegs. Das kann nur eines bedeuten – jetzt geht es noch mal ordentlich bergauf! Aber der Kreuzweg schlängelt sich sehr schön den Hang hinauf, das macht großen Spaß. Auf dem Kreuzweg wandern wir parallel zum Europäischen Fernwanderweg 1 von Nordschweden bis nach Süditalien und stehen schon bald staunend vor einem großartigen Naturdenkmal.

Der Druidenstein mit seiner charakteristischen Oberfläche und Form erhebt sich majestätisch auf dem Gipfel des Berges. Der Druidenstein (Miraculix

GESCHICHTE(N)

Es war einmal die Druidin Herke, die hatte eine wirklich dumme Idee. Sie wollte so eine Art keltische Nonne sein, sich aufopfern sozusagen. Herke schwor, nur noch für das Heiligtum am Druidenstein zu leben und dort ein Leben als Priesterin zu führen. Ach herrje, Herke – es kam, wie es kommen musste: Sie verliebte sich Hals über Kopf in einen charmanten, blendend aussehenden jungen Mann und wurde seine Frau – Pech gehabt, Herke. Denn weil sie ihr Gelübde nicht eingehalten hatte, wurde sie am Druidenstein den Göttern geopfert. Und weil sie alle gestorben sind, leben sie heute nicht mehr.

wäre stolz auf das Ding!) besteht aus erstarrter und abgekühlter Lava, daher die merkwürdige Struktur des Steins. Einige Stahlbetonbalken müssen den Felsen zusammenhalten, nachdem vor ein paar Jahren ein Blitz dort eingeschlagen hat. Hinter dem Druidenstein wandern wir über eine Kahlfläche, dann scharf links und durch Wald den Berg hinunter bis in die Ortschaft Offhausen. Wir queren den Ort an der Druidensteinhalle und am Tennis-Club Druidenstein.

Dann kurz und fies bergan und nach einem weiteren Kilometer Natursteig sind wir am Otto-Turm angekommen.

Druidenstein

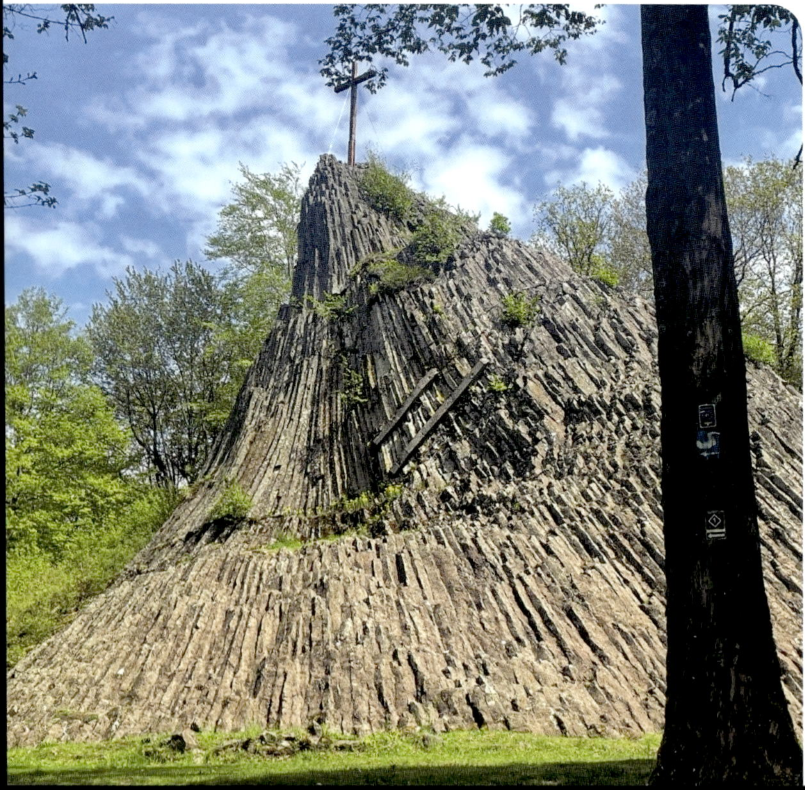

ANDRACKS GASTRO-TIPPS

Das ist eine famose Schlusseinkehrmöglichkeit! Im alten Bahnhofsgebäude von Kirchen kann man im *Casa* unter anderem italienische Spezialitäten verköstigen – oder ein einfaches Belohnungsbier zischen. Alternativ lockt (nicht nur) bei Sonnenschein ein Eis aus dem *Eiscafé* des *Casa*. Da kann man getrost auch mal den nächsten Zug sausen lassen.

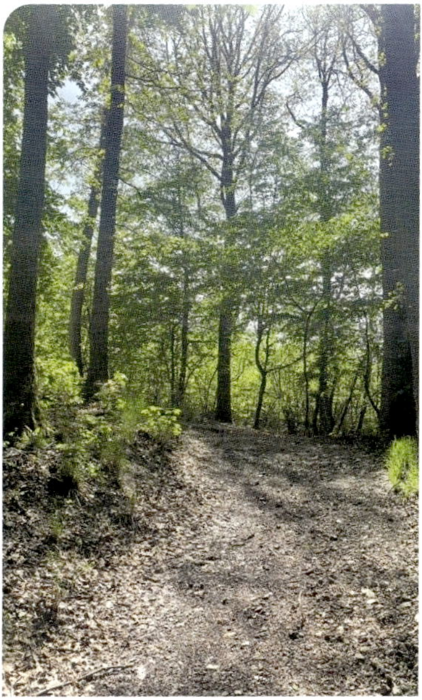

EISENBAHNROMANTIK

Die Daadetalbahn zwischen Betzdorf (Sieg) und Daaden ist die kürzeste Bahnstrecke im VRM, ganze 9,9 Kilometer lang! Immerhin befinden sich (inklusive Betzdorf und Daaden) sieben Bahnhöfe an der Strecke. Die kürzeste Entfernung zwischen zwei Bahnhöfen auf dieser Strecke beträgt genau 300 Meter! Großartig, dass so eine Nebenstrecke noch betrieben wird! Im Pendelverkehr reicht eine Zugeinheit, um den Stundentakt zu garantieren.

Der 102-stufige Ottoturm

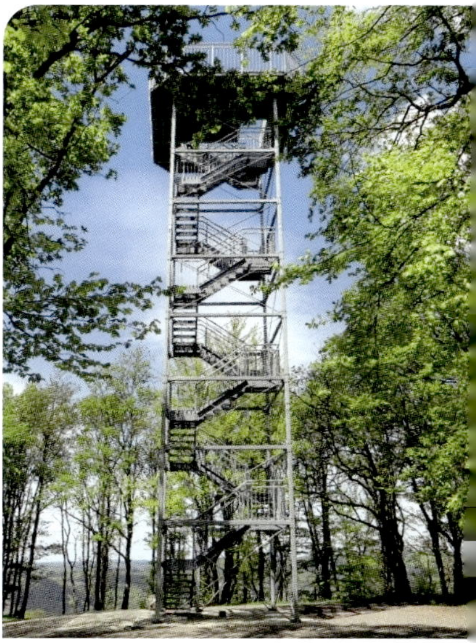

Man braucht die Metall-Stufen nicht zu zählen, die sind nummeriert und mit den Namen der Sponsoren versehen. Die letzte Stufe ist Nummer 102, gestiftet vom Herkersdorfer Carnevals Club. Alaaf! Oben angekommen hat man herrliche, weite Blicke ins Siegtal und in den Westerwald.

Kurz hinter dem Otto-Turm verlassen wir den Natursteig Sieg und nehmen den zwei Kilometer langen Zuweg zum Bahnhof in Kirchen. Zunächst durch Wald, dann an der Hauptstraße entlang, an den Kirchen von Kirchen vorbei bis zum Bahnhof.

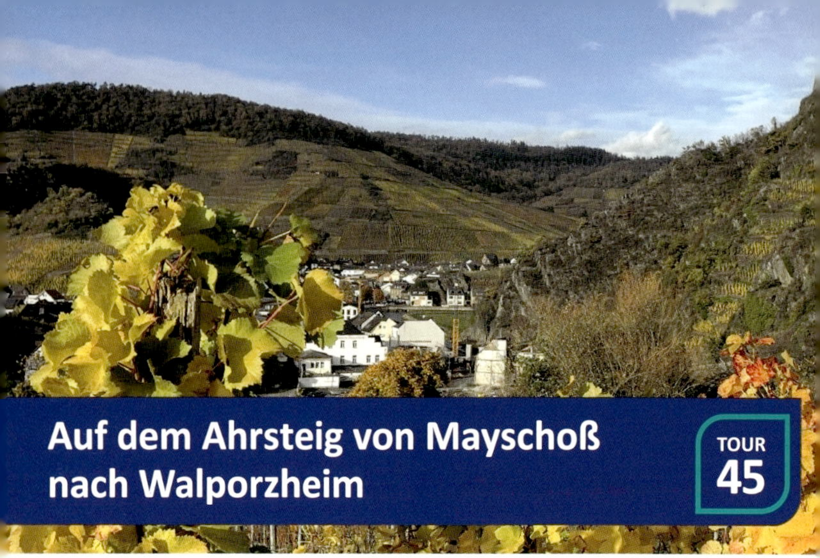

Auf dem Ahrsteig von Mayschoß nach Walporzheim

TOUR 45

Weinort Walporzheim mit Steilhängen und Saffenburg

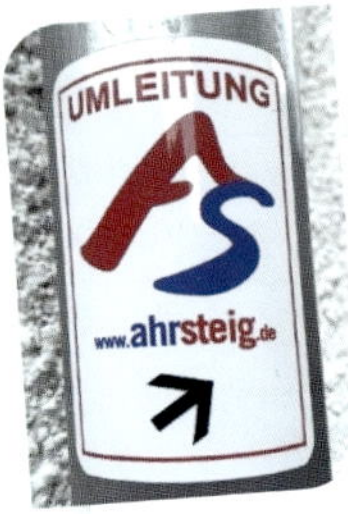

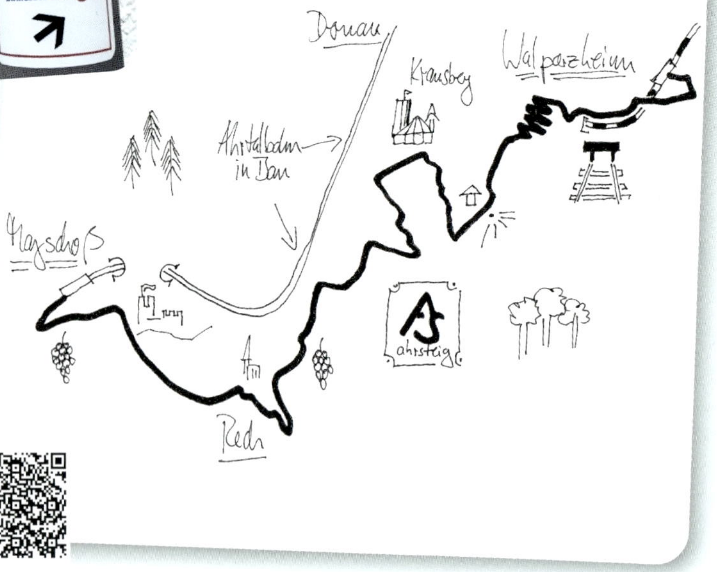

GPX-TRACK

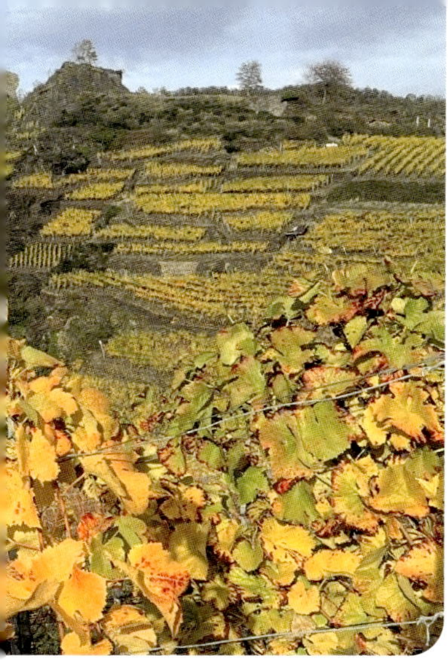

schwer

8,8 Kilometer von der Winzergenossenschaft in Mayschoß bis zur Behelfsbrücke an der *Bunten Kuh*. Dazu kommen noch 1,2 Kilometer Zuweg zum Bahnhof Walporzheim.

381 Höhenmeter

Start: Bahnhof/Winzerverein, Mayschoß
Ziel: Walporzheim (DB)

Von der Saffenburg zur Bunten Kuh

DER WEG

Die letzte Ahrwanderung dieses Buchs führt uns in das enger werdende Tal der Ahr – an anderer Stelle sind wir schon durch Bad Bodendorf und Bad Neuenahr gewandert, dort, wo die Ahr bald in den Rhein mündet und das Tal breit ist.
Wir starten an der Bushaltestelle Bahnhof/Winzerverein, Mayschoß des Schienenersatzverkehrs. „Dank an alle Helfer (Herzsymbol)innen" steht auf einem Plakat an der Vinothek der *Winzergenossenschaft Mayschoss Altenahr.*
Zwischen diesen beiden Weinorten beginnt der Weinbau an der Ahr mit seinen exzellenten Spätburgunder-Weinen. Die Genossenschaft wurde 1868 von Herrn Nikolaus Näkel zusammen mit 18 anderen Winzern gegründet und ist damit die älteste Weingenossenschaft der Welt. Aktuell sorgen ungefähr 460 Winzer im Ahrtal dafür, dass das Motto des Genossenschafts-Erfinders Friedrich Wilhelm Raiffeisen weitergelebt wird: „Was einer alleine nicht vermag, das schaffen viele". Aber es ist erschütternd zu sehen, wie viele Flutschäden in diesem Teil des Ahrtals auch noch zweieinhalb Jahre nach der Flutkatastrophe zu erkennen sind.
Wir queren über eine Behelfsbrücke die Ahr und gehen am ehemaligen Bahnhof (siehe Gastro-Tipp) vorbei. Nicht zu übersehen sind die Container der Bautrupps, die die Ahrtalbahn wieder ertüchtigen. Wir laufen über den geschotterten Wohnmobilstellplatz und wandern auf einer Brücke über die ehemalige Strecke. Allen bekennenden Eisenbahnfans muss es weh tun, über diese Brücke zu gehen und auf das ehemalige Gleisbett zu schauen – dort ist nur Schlamm. Aber das ist nicht für immer, die Strecke wird nach allen Regeln der Eisenbahnbaukunst wieder hergerichtet. Schön ist der Weg durch die Weinberge hinauf zur Saffenburg.

Blicke auf die Weinreben, auf Mayschoß, auf die Ahr, auf die Burg – so geht Wanderglück. An der Saffenburg stoßen wir auf den Hauptweg des Ahrsteigs. Natürlich sollte, nein, muss man einen Abstecher zur Saffenburg machen. Die alten Mauern haben viel erlebt, das kann man in der Rubrik „Geschichte(n)“ nachlesen. Und die Blicke das Ahrtal hinunter Richtung Rech sind zum Niederknien – einfach zauberhaft. Ab der Saffenburg verläuft der Ahrsteig sanft bergab. Nach ungefähr einem Kilometer geht linker Hand eine Treppe bergab – das war der ursprüngliche Ahrsteigweg. Vorbildlich haben die Ahrsteig-Leute das gemacht; an jeder Stelle des Wegs, an der sich etwas wegen der Flut verändert hat, informiert eine Orientierungstafel über gesperrte Strecken und Umleitungen. Wir gehen also nicht die Treppe hinunter, sondern bleiben auf dem Weg Richtung Rech, entlang an alten Steinmauern, bis der Ort erreicht ist. Im Prinzip geht es erstmal geradeaus, bis zum *Winzerhaus Alfons Hostert*. Schräg gegenüber lockt die Weinstube des Weinguts *Joh. Jak. Hostert*. Was soll man machen? Am besten zweimal einkehren.

Vor lauter Begeisterung über so viele attraktive Weinstuben in Rech sollte man nicht die Markierung des Ahrsteigs übersehen, die nach rechts weist, noch vor dem Weingut *Joh. Jak. Hostert*. Vor dem Weingut also rechts und dann kreuz und quer durch schmale Gassen

Weinbau an der Bunten Kuh

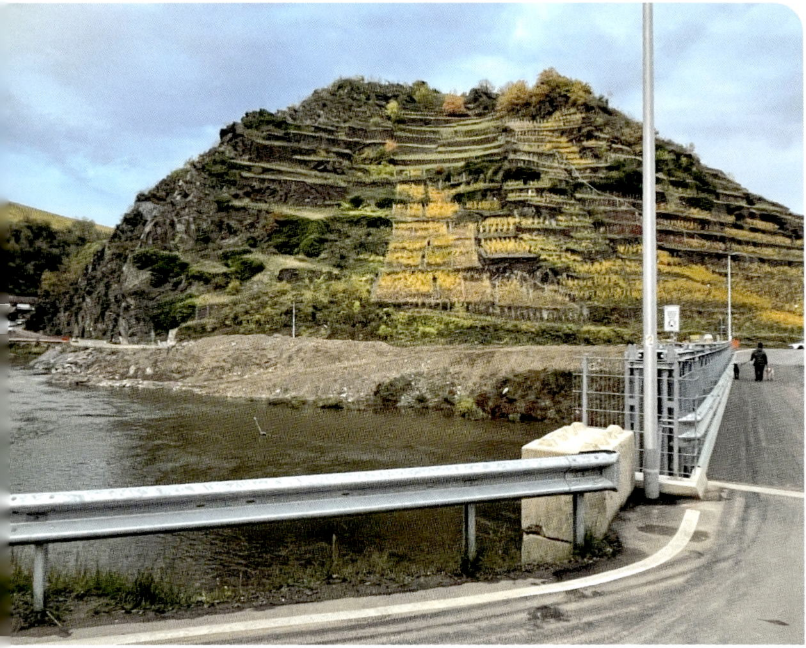

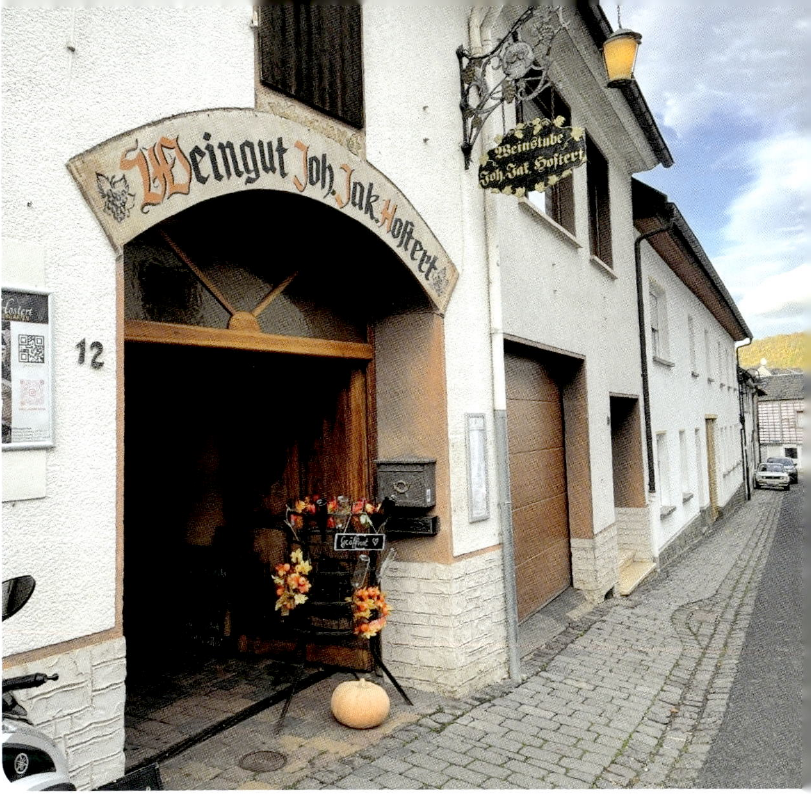

Weingut Joh. Jak. Hostert in Rech

ANDRACKS GASTRO-TIPPS

Genial, wie viele Einkehrmöglichkeiten entlang der kurzen Strecke es gibt. In Mayschoß direkt am Start das Restaurant *Bahnsteig 1* – falls dieses geschlossen hat, hilft der 24-Stunden-Weinautomat weiter. In Rech kann man nicht nur im *Winzerhaus Alfons Hostert* und bei *Joh. Jak. Hostert* Weine verkosten, sondern sich am Ortsausgang auch explizit in der „Wanderrucksack Aufladestation" den Rucksack mit Wein auffüllen. Sonntags ist die *Krausberghütte* bewirtschaftet und am Ziel in Walporzheim gibt es einen ganzen Strauß von Gastro-Angeboten. Erwähnt seien die *Winzergenossenschaft Mayschoß-Altenahr*, Standort Walporzheim, sowie für Gourmets das Feinschmecker-Restaurant *Brogsitter* mit einer unglaublichen Weinkarte. Mein persönlicher Favorit ist die *Sebastianus-Klause*, ein einfaches, aber sehr gastfreundliches Weinlokal. Ein gutes Zeichen: sehr viel einheimisches Publikum. Ich habe mich dort pudelwohl gefühlt. An einem Donnerstagnachmittag sehr gut gefüllt, trotzdem war der Wirt so aufmerksam, mir ohne umständliche Bestellung jeden (Wein-)Wunsch sofort zu erfüllen.

EISENBAHNROMANTIK

Die Strecke bis Ahrbrück soll bis Dezember 2025 zweigleisig und elektrifiziert gebaut werden. Das ist eine Mammutaufgabe: elf Brücken müssen errichtet werden, sechs Stationen neu gebaut werden. Und vor allem sollen – wie es bei der Bahn heißt – die Schwellen und Schienen „hochwasserresilient" verlegt werden. Das ist vorausschauend, denn ausschließen kann man eine weitere Flut in Zeiten des Klimawandels nicht. Hoffen wir also, dass uns die Bahn zum Weihnachtsfest 2025 die fertige Ahrtalstrecke unter den Baum legt.

(eine davon heißt tatsächlich Hostert-Gasse, Smiley), dann viele Treppen hoch, und immer schön den Ahrsteig-Umleitungs-Markierungen folgen.

Wir wandern einen asphaltierten Weg, der langsam aber stetig an Höhe gewinnt – ein tolles Erlebnis. Eine Mischung aus Weinbergen, Wald und fabelhaften Aussichten Richtung Ahrtal, Rech, Saffenburg und später Dernau. Auch aus der Höhe kann man erkennen, wie viele Narben im Ahrtal aktuell noch zu sehen sind.

Auf den nächsten beiden Kilometern gibt es erst einmal keine weiteren Aussichten, wir wandern durch den Wald und gewinnen weiter an Höhe. Die Umleitungsmarkierungen des Ahrsteigs

Endstation – die Ahrtalstrecke im Umbau

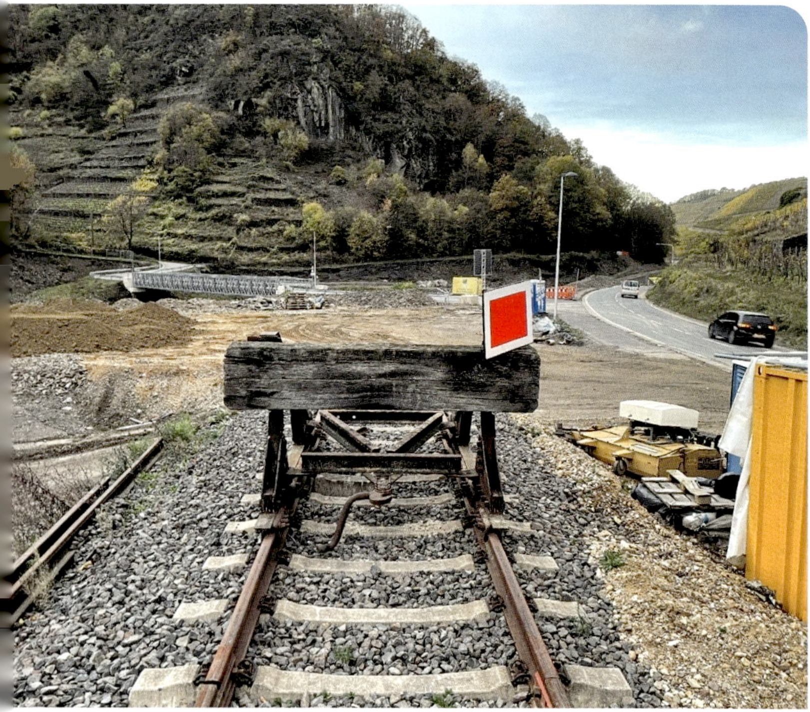

führen uns zu einem Wegweiser, der das Ende der Umleitungsstrecke anzeigt. Von links kommt ein Weg von Dernau hinauf, wir gehen weiter Richtung Walporzheim. Nach einem steilen Stichweg hinauf Richtung Krausberg kann man sich in der *Krausberghütte* (die ein wenig versteckt linker Hand liegt) bewirten lassen – aber das ist nur sonntags möglich. Auf den Höhen des Krausbergs gehen wir über schöne Wege (komisch, eigentlich sind wir doch schon „oben", aber immer wieder geht es doch noch mal kurz bergan, wenn man es nicht erwartet) bis zum Alfred Dahm Turm. Der Turm ist gesperrt, aber in der Hütte kann man sich niederlassen.

Auf einem sensationellen Pfad geht es auf einem Bergsporn bergab, ein alpines Wandervergnügen. Genauso sensationell ist kurz darauf der Ausblick in das Ahrtal bis Bad Neuenahr-Ahrweiler. Auf dem alpinen Bergpfad wandern wir bergab in – wenn ich das auf meiner Testwanderung richtig gezählt habe – 20 Kehren hinab. Das ist eine Kehre weniger als in Alpe d'Huez. Dann nur noch ein gutes Stück oberhalb des Flusses weiter und schon können wir die Behelfsbrücke über die Ahr sehen, die wir kurze Zeit darauf überqueren. Linker Hand erhebt sich ein auffälliges Felsmassiv, mit Weinreben bestückt. Das ist die berühmte ***Bunte Kuh***. Sehr auffällig ist der Prellbock am nördlichen Ahrufer, der das vorläufige Ende der Ahrtalstrecke markiert. Wir gehen auf dem Bürgersteig an der Bundesstraße weiter, an der nächsten Möglichkeit rechts unter der Brücke hindurch nach Walporzheim hinein und bis zum Bahnhof. Natürlich sollte man vor der Abfahrt mit der Regionalbahn Richtung Remagen noch in Walporzheim einkehren, siehe Gastro-Tipp. Meine ganz persönliche Meinung: ich kann empfehlen, so oft wie möglich im Ahrtal zu wandern, weil es einfach sehr großen Spaß macht.

GESCHICHTE(N)

Während des Spanischen Erbfolgekriegs besetzten im Oktober 1702 während der Weinlese (!) die Franzosen die Saffenburg oberhalb von Mayschoß. Mon Dieu, welcher Frevel! Im Mai 1703 wurden die Franzosen von einer alliierten Truppe belagert – kaiserliche Soldaten, Preußen, Niederländer, Engländer.

Ich stelle mir vor, wie die Franzosen von den Zinnen der Saffenburg herab die Belagerer wie in dem Film „Ritter der Kokosnuss" beleidigten. Als die Franzosen einsahen, dass weiterer Widerstand zwecklos war, baten sie – der Ehre wegen – um ein paar Pseudo-Schüsse vor Einnahme der Burg. Der französische Kommandant Monsieur le Ballu flehte (angeblich):

So tut mir erst der Schüsse drei
Nie sah man das sein Leben,
Dass eine Burg so fest und stark
Sich ohne Schuss ergeben

Lustlos feuerten die Alliierten zwei Schüsse ab und stürmten die Burg.

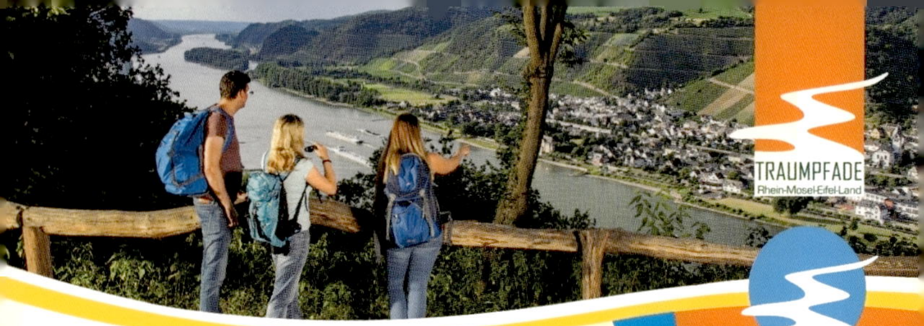

TRAUMPFADE
Rhein-Mosel-Eifel-Land

traumpfädchen
Rhein-Mosel-Eifel-Land

Wandergenuss im Doppelpack!

Die Traumpfade und ihre kleinen Geschwister Traumpfädchen erfüllen Ihre kühnsten Wanderwünsche!

27 Rundwege im Tagesausflugsformat sowie vierzehn knackig kurze und weniger anstrengende Spazierwanderwege nehmen Sie mit in herrliche Wald- und Vulkanlandschaften, über Plateaus und Weinberge, vorbei an Schlössern und Burgen mit wunderbaren Blicken ins Rhein- und Moseltal. Und dies in feinster Premiumqualität, perfekt ausgeschildert, gut kombinierbar und mit vielen attraktiven Einkehrmöglichkeiten ...

Lassen Sie sich verführen!

Projektbüro Traumpfade
Bahnhofstr. 9 I D-56068 Koble
Tel. +49(0)261/108-419
www.facebook.com/traumpfade.info
#lovetraumpfade
www.traumpfade.info

Premium Spazierwanderweg

Premium Wanderregion

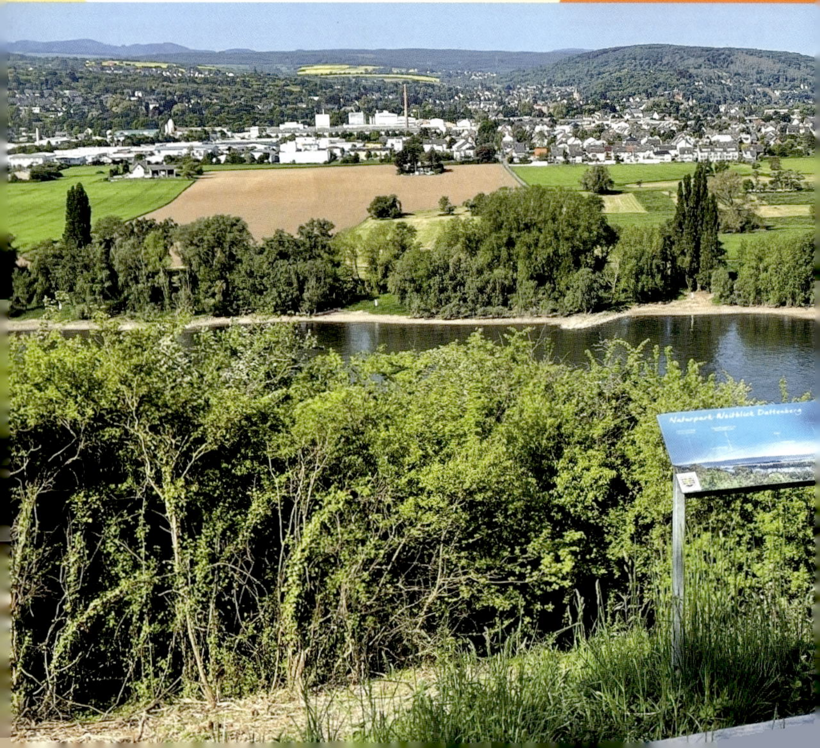

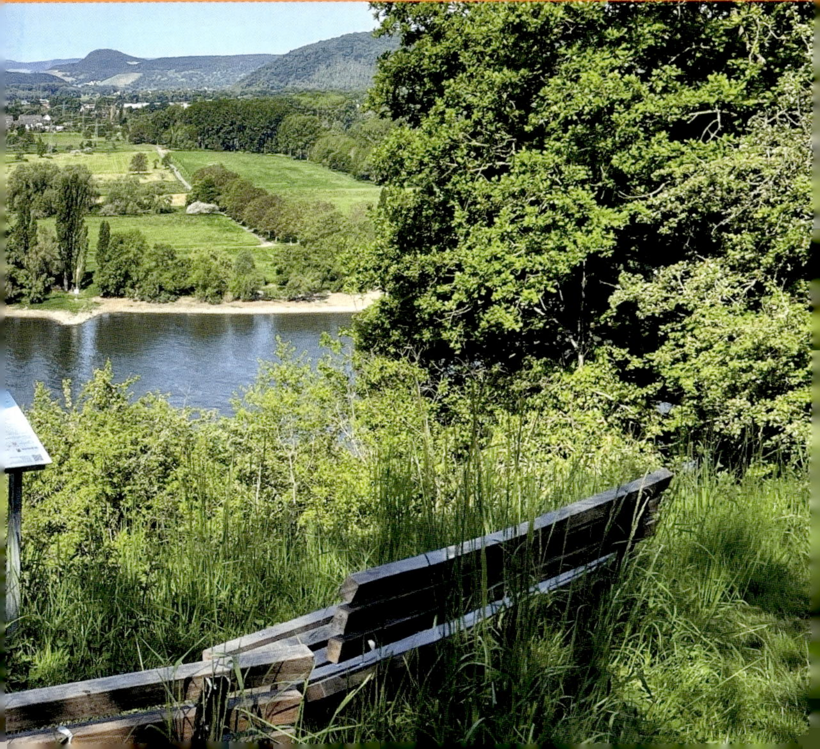

Impressum

Titel:	UNSER HEIMAT-WANDERBUCH
Untertitel:	45 kurze Touren Rhein · Mosel · Ahr · Lahn · Sieg Eifel · Hunsrück · Westerwald
Autor:	Manuel Andrack
Fotos:	Manuel Andrack, soweit nicht anders vermerkt
S. 20:	Koblenz-Touristik GmbH, www.koblenz-touristik.de, Dominik Ketz
S. 32:	Touristinformation Remagen, www.remagen.de
S. 46 u. / S. 47:	Traumpfade & Traumpfädchen, Rhein Mosel Eifel Land, www.traumpfade.info, Klaus-Peter Kappest
S. 146:	Tourist-Information Ferienland Cochem, www.ferienland-cochem.de
S: 182 r.:	TI Kirchen, www.druiden-hexen-siegerland.de, Andreas Hof
Liniennetzplan:	Verkehrsverbund Rhein-Mosel GmbH
Kartengrundlagen:	openstreetmap.org opendatacommons.org
Kartengestaltung:	Robin Koßmeier, vr
Herstellung:	verlag regionalkultur
Satz:	Charmaine Wagenblaß, vr
Umschlag:	Andrea Sitzler, vr

Alle Angaben ohne Gewähr.

ISBN 978-3-95505-445-8

Bibliografische Information der Deutschen Nationalbibliothek:

Die Deutsche Nationalbibliothek verzeichnet diese Publikation in der Deutschen Nationalbibliografie; detaillierte bibliografische Daten sind im Internet über http://dnb.dnb.de abrufbar.

Diese Publikation ist entsprechend den Frankfurter Forderungen auf alterungsbeständigem und säurefreiem Papier (TCF nach ISO 9706) gedruckt.

verlag regionalkultur
Ubstadt-Weiher · Heidelberg · Speyer · Stuttgart · Basel
Verlag Regionalkultur GmbH & Co. KG
Bahnhofstraße 2 · D-76698 Ubstadt-Weiher
Tel 07251 36703-0 · Fax 07251 36703-29
E-Mail kontakt@verlag-regionalkultur.de · www.verlag-regionalkultur.de